100 mitos de la Historia de México

VOLUMEN 2

BIBLIOTECA

FRANCISCO MARTÍN MORENO

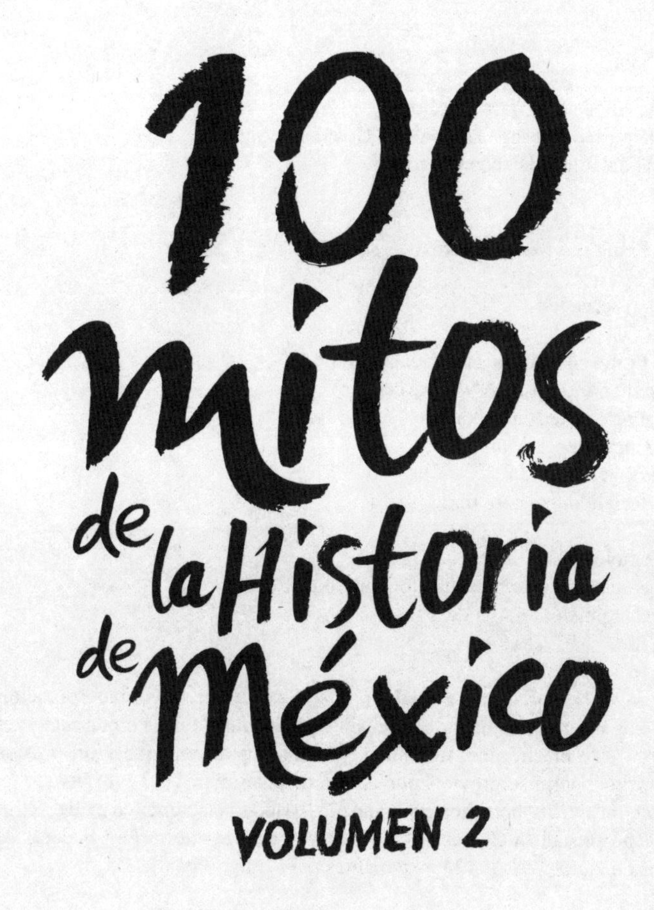

Diseño de colección: Marco Xolio
Diseño de portada: Jorge Garnica / La Geometría Secreta
Fotografía del autor: Blanca Charolet

Bajo el sello editorial PLANETA M.R.
Avenida Presidente Masarik núm. 111, 2o. piso
Colonia Chapultepec Morales
C.P. 11570 México, D.F.
www.editorialplaneta.com.mx

Primera edición: 2011
Primera edición en esta presentación: enero de 2015
Primera reimpresión: mayo de 2015
ISBN: 978-607-07-2516-6

Impreso en los talleres de Programas Educativos, S.A. de C.V.
Calzada Chabacano no. 65, local A, colonia Asturias, México, D.F.
Impreso y hecho en México – *Printed and made in Mexico*

Índice

Carranza, el creador de la Constitución

Venustiano Carranza, al igual que la mayoría de los héroes de nuestra historia oficial, ha sido consagrado en muchos murales que honran su administración y en otros que mitifican sus acciones. Uno de ellos –*La Constitución de 1917*, de Jorge González Camarena–, nos ofrece una imagen que cumple a cabalidad con todas las expectativas oficiosas. Ahí, en el Castillo de Chapultepec, está el fresco que muestra al Varón de Cuatro Ciénegas: es un hombre robusto, con una gran barba blanca y sus infaltables quevedos... con la mano derecha firma el proyecto de la Constitución de 1917 mientras observa con valentía y seguridad el futuro prometedor que les aguarda a los mexicanos. Carranza, según este mural y los libros de texto, es el artífice de nuestra Carta Magna.

Sin embargo, esta afirmación carece de sustento histórico: ¡Carranza no fue el autor de nuestra Constitución! ¡El primer jefe de la Revolución se opuso a que nuestra Carta Magna tuviera las características que la distinguen!, de modo que es válido asentar que ¡Venustiano Carranza fue uno de los principales enemigos de la promulgación de la Constitución de 1917!

Los afanos constitucionalistas

Aunque Venustiano Carranza se levantó en armas contra Victoriano Huerta y acaudilló a los ejércitos constitucionalistas, no podemos ver en él al político progresista: sus convicciones porfiristas lo acompañaron durante toda su vida y, en el terreno político, determinaron la mayor parte de sus decisiones. Por ello no debe extrañarnos que su lucha se concentrara en el reestablecimiento y la reforma del orden constitucional de 1857, tal como se lee en el artículo 2° de sus *Adiciones al Plan de Guadalupe*, que señala con precisión que su movimiento se proponía llevar a cabo las «reformas políticas que garanticen la verdadera aplicación de la Constitución de la República, y en general de todas las demás leyes que se estimen necesarias para asegurar a todos los habitantes del país la efectividad y el pleno goce de sus derechos y la igualdad ante la ley». Carranza, según sus propias palabras, era un reformista, no un revolucionario.

Carranza ni siquiera creía en la educación pública: «Sólo cuando se sustraiga la educación del Gobierno –dijo el 13 de septiembre de 1914–, se formarán caracteres independientes. Por eso el señor Palavicini trata de suprimir el Ministerio de Instrucción Pública».[1] Recordemos también que en 1915 lanza a los batallones rojos contra los campesinos, y que en 1916 pone en vigor el decreto de pena de muerte para los huelguistas obreros.[2] ¡Ese era el verdadero Carranza!

En 1916, una vez iniciado el proceso de pacificación, don Venustiano se vio obligado a ceder a las presiones de sus compañeros de armas que deseaban ir más allá de la Carta Magna de 1857 y no tuvo más remedio que reunir al Congreso Constituyente: la convocatoria se hizo pública en septiembre y las sesiones para redactar la nueva Constitución se celebraron de diciembre de 1916 a finales de enero de 1917.

En aquella legislatura se reunieron dos grupos extremos: los jacobinos, que pugnaban por transformar a México, y los conservadores, que –a pesar de aceptar la separación de la iglesia y el Estado– no tenían la más mínima intención de cumplir con algunos de los ideales de los grupos revolucionarios, como era el caso de la educación laica y gratuita que impulsaba Francisco J. Múgica, y de la reforma agraria y el control absoluto de las riquezas del subsuelo que defendía Pastor Rouaix –uno de los diputados jacobinos más lúcidos del Constituyente y acucioso lector de *Los grandes problemas nacionales*, el libro de Andrés Molina Enríquez que terminó definiendo el contenido del artículo 27–. El grupo jacobino estaba vinculado

[1] Alfonso Taracena, *La verdadera Revolución Mexicana. Tercera Etapa (1914 a 1915)*, Jus, México, 1972, p. 28.

[2] José Revueltas, *Ensayo sobre un proletariado sin cabeza*, México, 1962, p. 147.

a Álvaro Obregón y a los generales más radicales, mientras que los conservadores coincidían con Carranza. En la sesión inaugural del Constituyente, el 1 de diciembre de 1916, Venustiano Carranza presentó a los diputados su proyecto de ley, el cual sólo pretendía adecuar la Carta Magna de 1857. La postura reformista de Carranza está más allá de cualquier duda, ya que, en esa ocasión, según se afirma en el *Diario de los debates*, el primer jefe pronunció un discurso en el que dejaba perfectamente claro su punto de vista:

> Se respetará escrupulosamente el espíritu liberal de dicha Constitución, a la que sólo se quiere purgar de los defectos que tiene ya que por la contradicción u oscuridad de algunos de sus preceptos, ya por los huecos que hay en ella o por las reformas que con el deliberado propósito de desnaturalizar su espíritu original y democrático se le hicieron durante las dictaduras pasadas.

El mensaje de Carranza no dejaba lugar a la duda: «Ajustemos la Constitución a los tiempos y continuemos adelante»; sin embargo, desde aquella sesión, el ala jacobina del Congreso se opuso tajantemente a sus ideas. Así, Hilario Medina –uno de los representantes de Guanajuato– dejó bien sentado su proyecto de país desde su primera intervención: «La Constitución de Querétaro es una nueva Constitución, no una simple reforma a la anterior».

A pesar de las divisiones entre los reformistas y los revolucionarios, desde el primer día de sesiones fue evidente que Carranza obstaculizaría la promulgación de una nueva Constitución: retrasó la entrega del proyecto constitucional –los diputados lo recibieron el 6 de diciembre– y mientras tanto, según lo narra Charles C. Cumberland en su libro *La revolución mexicana. Los años constitucionalistas*, el Primer Jefe hizo todo cuanto estuvo a su alcance para controlar a la Comisión de la Constitución, que tenía a su cargo la responsabilidad –de acuerdo con don Venustiano– de presentar un proyecto para cada artículo.

Así, luego de fuertes enfrentamientos, Carranza fue derrotado y las comisiones que redactarían los artículos de la nueva Constitución quedaron integradas por sus partidarios y por jacobinos. Una de las primeras batallas que enfrentó a ambos bandos fue la propuesta que hizo Francisco J. Múgica para el artículo tercero, la cual decía a la letra:

> Habrá libertad de enseñanza; pero será laica la que se dé en los establecimientos oficiales de educación, lo mismo que la enseñanza primaria, elemental y superior que se imparta en los establecimientos particulares. Ninguna corporación religiosa, ministro de algún culto o persona perteneciente a alguna asociación semejante podrá establecer o dirigir escuelas de instrucción primaria, ni impartir enseñanza personalmente en ningún colegio. Las escuelas primarias particulares sólo podrán establecerse sujetándose a la vigilancia del gobierno. La enseñanza primaria será obligatoria para todos los mexicanos y en los establecimientos oficiales será impartida gratuitamente.

Félix Palavicini –representante de Carranza en el Constituyente– vociferó en contra del radicalismo de Mújica y, argumentando que los padres podían llevar a sus hijos a las escuelas confesionales si así lo deseaban, exigió que no se aprobara. No obstante, las maniobras de Carranza –tendientes a sabotear el trabajo de los diputados con acciones tan pueriles como cortarles el suministro de energía eléctrica durante las noches– no tuvieron éxito y la laicidad de la educación quedó consagrada en el artículo tercero. Un diputado carrancista protestó públicamente:

> Cuando (en 1914) las playas de Veracruz eran azotadas por las aguas turbulentas del océano, en las cuales se mecían tranquilos y amenazantes los barcos americanos; cuando el gobierno de los Estados Unidos leía y meditaba las notas de sus agentes [...] el ciudadano Primer jefe dio un manifiesto: se respetará la conciencia humana, los derechos del hombre serán reconocidos de la manera más amplia, no habrá más reformas que las indispensables a la Constitución con objeto de adaptarla a las necesidades del pueblo. ¿Y sabéis cuál fue el resultado de este manifiesto, transmitido en una varonil nota al gobierno de los Estados Unidos? [...] El reconocimiento del gobierno constitucionalista [...] y bien, señores, ¿Qué creéis que dirá de nosotros ahora el gobierno de los Estados Unidos? ¿Qué dirá de nosotros? (Voces: «que diga lo que quiera») ¿Qué va a decir el gobierno de los Estados Unidos? Carranza [...] ofreció que no se perseguiría a las creencias católicas [...] Nuestro deber es conservar la

Constitución de 1857 en sus principios fundamentales, y no restringir sus libertades; dar sus libertades al pueblo y hacer que se cumpla con esas leyes.[3]

Pero los conflictos entre los jacobinos y los carrancistas no se limitaron a la disputa por la educación y por la conciencia de los mexicanos, la propuesta de Pastor Rouaix para el artículo 123 también causó graves problemas. Efectivamente, Carranza –como ya lo he demostrado en otro capítulo de esta edición– era un antiobrerista y se opuso a que se aprobara el conjunto de principios de protección al trabajo más avanzado del mundo en ese momento.

Con al artículo 27 ocurrió algo muy parecido, pues mientras Palavicini defendió a capa y espada un texto que mantenía el espíritu de la Constitución de 1857, los diputados jacobinos –acaudillados por Heriberto Jara, Juan de Dios Bojórquez y Pastor Rouaix– terminaron por imponerse a las ideas de Carranza y el país recuperó la propiedad de los recursos del subsuelo y pudo dar paso a una reforma agraria que –como ya lo demostré en otro de los tomos de esta colección– no necesariamente se convirtió en una fuente de riqueza y sí en una manera de repartir la pobreza entre los hombres del campo.

Así, batalla tras batalla, Carranza y sus diputados fueron derrotados por los jacobinos, que terminaron por imponer sus puntos de vista en la mayor parte de los artículos de la nueva Carta Magna y, de esa manera, según nos cuenta Charles C. Cumberland:

> Acabada la Constitución y completos sus artículos transitorios, en la tarde del 31 de enero todos los delegados y el Primer Jefe le juraron fidelidad en medio de un efluvio de emocionado entusiasmo [...] En sesenta y dos días condensados, trabajando por las noches, los domingos y los días de fiesta, la convención de Querétaro produjo la más larga Constitución jamás redactada hasta ese momento [...] los ultraconservadores y los ex seguidores de Huerta [que formaban parte del grupo carrancista], se convencieron de que la «ilegal» Constitución había sido redactada por una pequeña minoría en un congreso que representaba a una pequeña minoría de la nación.

[3] Carlos Pereyra, *México falsificado*, Polis, México, 1949, pp. 185-186.

Carranza y sus diputados conservadores fueron derrotados, al igual que su proyecto para remozar la Constitución de 1857, y sin embargo el Primer Jefe terminó siendo reivindicado –algo increíble– por los historiadores oficiales como el Padre de la Constitución de 1917, a pesar de haber sido uno de sus principales opositores. Y a pesar también de que

> al asumir las funciones de presidente, abandonando las de Primer jefe, Carranza resolvió poner de lado el artículo 3º de la nueva Constitución, y las disposiciones del 130 [y] preparó dos iniciativas de reforma para desbaratar en el próximo congreso lo que el de Querétaro había hecho contra su voluntad, hiriéndole en su amor propio, ultrajándole en su dignidad, contrariándole en sus planes de gobierno, desconceptuándole en sus relaciones con el protector yanqui, y para mayor agravio, atacándole en sus bien asentadas convicciones de viejo liberal doctrinario [...].

Pero volvería a fracasar, de modo que cuando Carranza, con lujo de megalomanía, dio por «definitivamente resueltas las cuestiones religiosas que en la pasada centuria ensangrentaron al país», únicamente estaba próxima a abrirse, como escribió Carlos Pereyra, una nueva agitación de la que fue parte su asesinato. Lo demás es bien sabido:

> Derrocado y muerto Carranza, sin que el Congreso aprobase sus iniciativas de reformas, Obregón mantuvo la misma actitud, y no aplicó los preceptos cuya derogación había pedido Carranza [y así] llegamos hasta el 1º de diciembre de 1924, sin que tres presidentes –Carranza, De la Huerta y Obregón– apliquen preceptos tan terminantes como los de esos artículos.[4]

[4] Pereyra, *op. cit.*, pp. 233-234.

Emiliano Zapata murió en la Revolución

El 11 de marzo de 1917 –con arreglo a la Constitución recién aprobada– se llevaron a cabo las primeras elecciones para nombrar legisladores federales y presidente de la República. Sin embargo, el estado de Morelos no se sometió al poder constitucionalista: sin reconocer al presidente Carranza, Emiliano Zapata estaba replegado en el sur de la capital del país, cada vez con menos fuerzas militares pero aún contando con el respaldo de su pueblo. Zapata, un líder terco, convencido de sus ideas, escéptico en relación con cualquier político, era sin duda uno de los enemigos más importantes de los constitucionalistas porque integraba una de las últimas facciones rebeldes, y para concluir el proceso de pacificación nacional era necesario destruirlo a como diera lugar.

A finales de 1918, Pablo González, siguiendo las instrucciones de Carranza, lanzó una nueva ofensiva para controlar militarmente el estado de Morelos. Junto con él apareció un enemigo igualmente feroz: la llamada influenza española, mortal entonces, que causó estragos en el territorio zapatista. La población, debilitada por la guerra, los desplazamientos, la mala alimentación y las destrucciones, fue rematada por la enfermedad. Una cuarta parte de la población falleció. A Zapata no le quedó más remedio que refugiarse en las montañas y así, en los primeros meses de 1919, las ciudades de Morelos fueron ocupadas por las tropas gonzalistas. En aquellos terribles días Zapata envió una carta a Francisco Vázquez Gómez en la que lo reconocía como Jefe Supremo de la Revolución. Esta misiva, sin duda alguna, fue el acta de defunción política del zapatismo.

Asimismo, dirigió una desafiante carta a Carranza, en la que le solicitaba que, por el bien del país, renunciara al cargo que detentaba... La irritación de Carranza llegó a su máximo: según él, Zapata no representaba las aspiraciones de los campesinos ni enarbolaba el programa social de la Revolución. Para colmo de males, Carranza fracasó en su intento de hacer que los batallones rojos, formados por los sindicatos anarquistas de la Casa del Obrero Mundial, se enfrentaran a las tropas zapatistas. Fue entonces cuando decidió aplastar a su enemigo político utilizando las propias armas del así llamado Caudillo del Sur...

La campaña militar del general González fue devastadora. Ninguna ciudad o pueblo quedó bajo el control zapatista. El daño fue incalculable..., sí, sólo que entre los zapatistas la traición era imposible: aún tenían la esperanza de su resurgimiento. A mediados de marzo, Zapata se enteró de una profunda discordia entre Pablo González y el coronel Jesús Guajardo, el comandante del 15º Regimiento de Caballería. González le había ordenado a Guajardo que atacara a los zapatistas, éste no lo hizo y fue sorprendido en una cantina: lo arrestaron por insubordinación. Estalló entonces el escándalo y Zapata, a través de una carta, invitó a Guajardo a unirse a sus tropas. La misiva fue interceptada por González, quien, después de leerla, se entrevistó con Carranza y obtuvo la anuencia de armar el plan para aniquilar a Zapata. El presidente de la República estuvo de acuerdo en los términos en que debería efectuarse el asesinato. González justificaría su acción alegando que, si bien era una traición, el jefe suriano también había propuesto a Guajardo cometer la misma acción...

González comprometió la participación de Guajardo: lo amonestó y lo acusó no sólo de ser un borracho sino también, más grave aún, de ser un traidor, y le mostró como prueba la carta enviada por Zapata. Si aún quería demostrar su inocencia sólo tenía una opción: atrapar al «Atila del Sur». Así, en abril de 1919 Guajardo, de acuerdo con sus superiores, aceptó desde la hacienda de San Juan Chinameca la invitación de Zapata para unirse a sus fuerzas a cambio de garantías para él y sus compañeros...

El 8 de abril, Guajardo hizo pública en Cuautla su «rebelión», saliendo con todos sus hombres rumbo a Jonacatepec, tal como Zapata le había ordenado, y en la mañana del 9 de abril ocupó la población. Zapata llegó con su escolta hasta una pequeña estación de ferrocarril al sur de ese poblado. A pesar de haber recibido informes de que se le preparaba una trampa, mandó llamar a Guajardo con treinta de sus hombres de escolta. Guajardo se presentó con seiscientos soldados y una ametralladora. Zapata lo recibió con un abrazo. El futuro asesino le regaló un fino caballo alazán, el «As de Oros». Los dos militares avanzaron hasta Tepalcingo. El traidor rechazó la invitación de Zapata para cenar juntos y, pretextando un dolor de estómago, se retiró a la hacienda de Chinameca. El jueves 10 de abril, en esa hacienda discutirían el futuro.

Zapata pasó la noche en Tepalcingo con la mujer que amaba. Muy temprano partió con su escolta hacia Chinameca. La conversación entre Zapata y Guajardo se interrumpió con la supuesta noticia de que las fuerzas nacionales se acercaban a la zona: el general ordenó a Guajardo que preparara la defensa. Zapata, luego de reconocer el terreno, volvió a la hacienda a la una y media de la tarde. Guajardo había dispuesto que diez de sus oficiales de confianza, disfrazados de soldados, montaran la guardia en la puerta del casco de la hacienda con la consigna de disparar contra Zapata tan pronto lo tuvieran al alcance de sus balas. Zapata, quizá sospechando lo peor, decidió esperar a un contingente de sus hombres. Guajardo insistió en que pasara al interior de la hacienda… a las dos y diez, montado en el «As de Oros», Zapata hizo su entrada trágica acompañado de tan sólo diez de sus inseparables hombres. Un testigo de los hechos narró la desgracia:

> La guardia formada parecía preparada a hacerle los honores. El clarín tocó tres veces llamada de honor. Al apagarse la última nota con la llegada del General en Jefe al dintel de la puerta [...] a quemarropa, sin dar tiempo para empuñar ni las pistolas, los soldados que presentaban armas descargaron dos veces sus fusiles y nuestro general Zapata cayó para no levantarse jamás.

Antes de que Guajardo llegara a Villa de Ayala con el cuerpo de su víctima atravesado en una mula, la noticia ya había cundido. A Cuautla, la información llegó por teléfono. Pablo González preparó al mismo tiempo la defensa de esta ciudad y ordenó que el cadáver fuera fotografiado. Un escueto comunicado del Estado Mayor presidencial, firmado por González y dirigido a Venustiano Carranza, consignaba:

> Cuautla, Mor., 10 de abril.- Venustiano Carranza: Con la más alta satisfacción tengo el honor de comunicarle a usted que en estos momentos (9:30 p.m.) acaba de llegar a esta Ciudad el C. Coronel Jesús Guajardo con sus fuerzas trayendo el cadáver de Emiliano Zapata, que por tantos años fue el jefe de la Revolución del Sur y la bandera de la irreductible rebeldía de esta región. De acuerdo con los informes verbales que debe haber rendido a usted el Gral. Vizcaíno jefe del Estado Mayor, se desarrolló el movimiento preparado, dando por resultado que el famoso cabecilla suriano se viera precisado a combatir con las fuerzas del Coronel Guajardo, siendo muerto en lucha, así como tres o cuatro de los principales jefes que lo acompañaban, y respecto de los cuales se hará la identificación precisa para comunicar sus nombres, junto con otros detalles que por el momento omito, a fin de enviar sin demora la importante noticia que le comunico. Felicito a usted calurosamente Sr. Presidente, y felicito por conducto a la Nación entera, por el señalado triunfo que ha obtenido el Gobierno constituido y por el importante adelanto que se obtiene de la pacificación efectiva de una región importante del país, con la muerte del cabecilla del sur, que por tantos años había de mantenerse fuera del alcance de las más terribles persecuciones que se le habían hecho, cayendo ahora sólo en virtud de los planes especiales que se desarrollaron contra él. El cadáver de Zapata ha sido perfectamente identificado, y se procede a inyectarlo para mañana tomar las fotografías del mismo y para que pueda ser visto por cuantos lo deseen o pudieran dudar de que es un hecho efectivo que sucumbió el famoso jefe de la rebelión sureña. Con enviado especial remito mañana las fotografías. Salúdolo respetuosamente. Gral. en Jefe Pablo González.

Carranza, satisfecho por el asesinato de Zapata y para sellar el episodio, ascendió a los oficiales y soldados que habían participado en el crimen. Guajardo no sólo fue elevado de rango en la jerarquía militar a general de brigada, sino que también recibió una recompensa de cincuenta mil pesos, los cuales repartió entre los hombres que lo habían ayudado a traicionar a Zapata. Su supuesta gloria le hizo suponer que contaba con el prestigio público para lanzarse como precandidato a la presidencia de la República en las elecciones de 1920. No pudo alcanzar esa aspiración política, pues murió fusilado unos meses después por rebelarse contra el presidente De la Huerta.

El 12 de abril a las dos de la tarde el general Emiliano Zapata fue sepultado en el cementerio de Cuautla. Largas caravanas integradas por el pueblo de Morelos, consternadas y desmoralizadas, siguieron el cortejo del jefe de la Rebelión del Sur. Ellos quedarían como huérfanos agrícolas y políticos… hasta nuestros días.

En 1920, muerto Zapata, los revolucionarios de Morelos fueron oficialmente reconocidos como cuerpo político legítimo de México, y uno a uno fueron deponiendo las armas. Álvaro Obregón, para tranquilizar a los exzapatistas, repartiría tierras en pequeña escala durante su gobierno, y más tarde se intensificaría la reforma agraria durante el cardenismo, cuando se repartió profusamente el patrimonio agrícola del estado. Se había logrado la conquista política, pero la reforma agraria sólo provocó una mayor pobreza, pues la tierra sin créditos, sin semillas y sin tecnología no resolvió el problema del empleo ni del hambre.

El asesinato de Zapata es una de las más estremecedoras traiciones de nuestra historia. Que quede claro: no murió durante la Revolución, sino que el presidente Venustiano Carranza y el general Pablo González lo mandaron matar.

Carlota no gobernó

La historia oficial siempre tiene un dejo machista. En sus páginas, las mujeres ocupan un lugar marginal y tienen que conformarse con vivir a la sombra de sus maridos. Así, Leona Vicario aparece bajo la férula de Andrés Quintana Roo, Margarita Maza sólo es vista como un apéndice de Benito Juárez, Carmelita Romero Rubio se considera un capricho de Porfirio Díaz y la Corregidora es vista como una casual conspiradora que espiaba a su marido... Sin embargo, estas mujeres –y muchas más– jugaron papeles definitivos en la historia, y en algunas ocasiones ejercieron el poder con gran entereza. Uno de los casos más interesantes y representativos del ejercicio del poder, por parte de las mujeres, es el de Marie Charlotte Amélie Augustine Victoire Clémentine Léopoldine de SaxeCoburg, mejor conocida en nuestro país como la emperatriz Carlota; la mujer que realmente gobernó durante el segundo imperio.

Carlota: la verdadera emperatriz de México

A muy temprana edad, Carlota, huérfana de madre desde niña, se vio obligada a desempeñar funciones propias de la reina de Bélgica: sabía derecho, economía, idiomas «y asistía a las juntas de ministros, en donde se ventilan altas cuestiones de Estado».[5] Por ello, muy pronto advirtió en Maximiliano una tremenda ineptitud para el gobierno: «Tengo miedo, padre de mi alma [escribía a Leopoldo I], he

[5] Campos, 1944, p. 8.

descubierto desde hace tiempo en mi marido una falta de iniciativa que me espanta [...] tiene más de burgués que de príncipe».[6]

Dado, pues, su carácter resuelto y emprendedor, a lo largo del segundo imperio Carlota jugó un papel definitivo en tres ámbitos distintos: el diplomático, el de sus «proyectos personales» y el de las acciones que llevó a cabo como regente del reino o como presidenta del Consejo de Ministros. Veámoslo con más detalle.

A su llegada a México el 12 de junio de 1864, la comitiva se dirigió a Palacio Nacional, pero «la Emperatriz, acostumbrada a la maravilla de Miramar, quedó horrorizada ante aquella extraña construcción de dos pisos»[7] y tomó la decisión –ella, no el emperador– de que la residencia imperial se estableciera en el Castillo de Chapultepec.

En una nota escrita en uno de sus diarios –conocidos como el *Almanaque imperial*–, Carlota se propone

> fundar un conservatorio de música y una academia de pintura [...] Modificar la división territorial [...] Ordenar informes periódicos a los prefectos y comandantes franceses [...] sobre el aspecto político y la seguridad pública [...] Saber en qué localidades deberían abrirse guarderías y asilos o casas de cuna.

Muchos de estos proyectos –como los asilos, las casas de cuna y algunas escuelas– se convirtieron en realidad durante el Imperio. Pero sería injusto limitar las acciones de Carlota a este solo ámbito. Cuando por las incontables ausencias de Maximiliano ella quedaba al frente del gobierno, el Imperio marchaba con mejor rumbo.

Así, en el verano de 1864 Carlota logró que los delincuentes y rateros fueran expulsados de los alrededores de la ciudad de México, organizó la reparación de las calles de la capital y dictó medidas para el saneamiento de la hacienda pública. Evidentemente, Carlota no era una mujer pasiva y sumisa; Susanne Igler, en su libro *Carlota de México*, cuenta que

> la resuelta soberana se mostraba bastante autoritaria [...] no sometía los asuntos a discusión, sino presionaba su aprobación en el consejo de ministros, el cual presidía [...] Preparaba todas las reuniones

[6] Moreno, 1944, p. 37.

[7] Moreno, *op. cit.*, p. 79.

> sumergiéndose en los informes y papeles hasta tarde en la noche, y en la mañana llegaba perfectamente informada [y] los ministros, acostumbrados a dejar las decisiones que se podían tomar hoy para mañana, como lo hacía el mismo emperador, se quedaban estupefactos ante una soberana con tantos conocimientos detallados sobre proyectos que ellos ni siquiera habían tomado en cuenta. Con un «¿estamos de acuerdo, señores?», Carlota solía hacerles tomar la decisión que ella había sugerido con resolución.

Pero Carlota no sólo era buena administradora: era una mujer de convicciones liberales y en más de una ocasión lo demostró enfrentándose a la jerarquía eclesiástica, que presionaba para recuperar los fueros perdidos a causa de las leyes de Reforma. En efecto, ella -aunque católica devota- siempre desconfió de los sacerdotes mexicanos, y con Francesco Pedro Meglia, el Nuncio Papal, sostuvo una fuerte discusión: «Por último [escribió Carlota a propósito del desafortunado encuentro], me dijo el nuncio que el clero había fundado el Imperio. Un momento –le respondí–, no fue el clero, fue el Emperador quien lo hizo el día que se presentó».

Sabemos, además, que Carlota leía a Voltaire y que vio con buenos ojos las medidas que los liberales mexicanos tomaron contra el clero. «El sistema de Juárez fue una mejora sensible», confesó, aunque -como señala Susanne Igler- era «lo suficientemente realista para no suponer que podría llegar a algún tipo de acuerdo con el implacable presidente republicano».

El fin

El padre de Carlota, el rey Leopoldo, le había dicho al oído al despedirse de ella: «Mientras viva tu padre, ha de poner en juego toda su influencia como decano de los reyes de Europa [...] Yo obligaré a ese Bonaparte a mantener su palabra».[8] Pero Leopoldo murió el 10 de diciembre de 1865 y un mes después Bonaparte escribió a los emperadores para «fijar definitivamente un término a la ocupación francesa [y] lo más pronto posible [...] fijar las fechas de la paulatina repatriación de mis tropas».[9]

[8] Moreno, *op. cit.*, p. 58.

[9] Campos, *op. cit.*, pp. 67-69.

Naturalmente, el Imperio entró en crisis debido a la inminente salida de las tropas francesas y al imparable avance de los ejércitos juaristas. Carlota, por su parte, intentó convertirse en una negociadora internacional. Por ello, y para ocultar su embarazo del general belga Alfred van der Smissen, otro suceso crucial que la historia oficial ha ocultado, en 1866 viajó a Europa. Para su desgracia, había poco que hacer. «Yo no puedo decirle a Max que venga [dijo a Napoleón III], puesto que fui yo quien le animó a partir y quien le hizo encariñarse con aquel pueblo que quiere arrojarle a tiros».[10]

El Imperio se desmoronó en unos cuantos meses y Maximiliano terminó sus días ante el pelotón de fusilamiento. Carlota no pasó a la historia como una gobernante resuelta, sino como una mujer enamorada que terminó enloquecida. Una gran falsedad, pues, de regreso en Europa, administró tan exitosamente su fortuna que se convirtió en una de las mujeres más ricas del mundo.

[10] Moreno, *op. cit.*, p. 125.

Los liberales combatieron a la religión

El ascenso al papado de Pío IX, cuyo pontificado se extendió de 1846 a 1878, marca con precisión el triunfo de las más rabiosas ideas antiliberales y antimodernas en el Vaticano, las cuales encontraron su formulación más violenta en la encíclica *Quanta Cura* y en el famoso *Catálogo de los principales errores de nuestra época*, también conocido como *Syllabus*. Efectivamente, en esos documentos no sólo se señalaba que el liberalismo era «el peor y más dañino de los errores de la época», sino que también se condenaba a la excomunión y a las llamas del infierno a quienes osaran hacer suya esa ideología política. Ello explica que este papa, famoso también por haber decretado la infalibilidad papal, se lamentara, a finales de 1856, de que el Congreso mexicano, «entre otros muchos insultos que ha prodigado a nuestra santísima religión», dispusieran:

> una nueva constitución compuesta de muchos artículos, no pocos de los cuales están en oposición abierta con la misma religión, con su saludable doctrina, con sus santísimos preceptos y sus derechos [...] Así es que, para que los fieles que allí residen sepan, y el universo católico conozca que Nos reprobamos enérgicamente todo lo que el Gobierno mexicano ha hecho contra la religión católica [...] levantamos nuestra voz pontificia con libertad apostólica [...] para condenar y reprobar y declarar írritos y de ningún valor los enunciados decretos y todo lo demás que allí ha practicado la autoridad civil con tanto desprecio a la autoridad eclesiástica y con tanto perjuicio de la religión.

Es cierto: por instrucciones del Vaticano, el clero mexicano se empeñó en hacer aparecer el conflicto que sostuvo con el gobierno nacional como una guerra de religión, un argumento divorciado de la realidad.

> ¿Por qué pues vemos en nuestros días [decía uno de los máximos artífices de la política religiosa de aquellos días] que una parte de nuestros hermanos declara la guerra a la religión y a los ministros; por qué ese empeño por abrir las puertas y romper los velos con que se cubren las esposas de Jesucristo; por qué ese fervor para quitarle al hombre la fuente de sus consuelos y esperanzas?[11]

¡Falso! Los liberales no hacían la guerra a la religión, pero el clero belicoso, como suele ser en México, se puso en guardia, y ante la legislación liberal impulsada tras la caída definitiva de Santa Anna comenzó a provocar un conflicto social de tremendas dimensiones apoyado en la mentira, la superstición y el fanatismo:

La profecía nos espresa
Lo que hoy día miramos ya
Así en la escritura está
dicho por Santa Teresa
Poca fe mucha impuresa
Y la gente pervertida
La religión perseguida
Se verá del calvinista
Más nunca será perdida
Por lo que está ya a la vista.

Lo que estaba a la vista era la reacción.

Los liberales no eran ateos

El clero se dio a la tarea, entonces, de sabotear el régimen constitucional a través de la organización y el financiamiento de golpes de

[11] Francisco Xavier Miranda, Panegírico de la doctora mística Santa Teresa de Jesús, pronunciado por el cura más antiguo del Sagrario de esta santa iglesia catedral en la solemne función que hicieron las religiosas del convento de la misma santa el día 16 de octubre de 1859.

Estado, apoyado siempre en el pretexto de que los liberales combatían a la religión. En su editorial del 13 de enero, intitulado «El clero y los movimientos reaccionarios», Francisco Zarco, ilustre liberal y uno de los mejores periodistas que hemos tenido, señaló:

> La experiencia enseña de qué han vivido los movimientos reaccionarios y cuáles son los recursos que los han alimentado. El gobierno, pues, por el país y por la religión, debe dictar alguna medida para evitar que los bienes de la Iglesia se distraigan de los fines piadosos a que están consagrados, dilapidándose en fomentar la guerra civil, y en causar muertes, robos y todo género de calamidades.

Y en efecto, como bien advirtió Carlos Pereyra, en el Congreso Constituyente de 1856-1857 «se atacaba al clero, pero en nombre de la religión». Los liberales del siglo XIX nunca pensaron en la descristianización, nunca asumieron la necesidad de perder la fe y salvo un caso tampoco consideraron la posibilidad del ateísmo. Para ellos, como para todos los hombres de su época, la moral era casi un sinónimo de formación católica. Ellos, como bien lo señala Carlos Monsiváis en su libro *Las herencias ocultas*, eran «anticlericales [...] por su apego al cristianismo primitivo, y fuera de Ramírez, los demás se declaran creyentes, y con gran frecuencia guadalupanos, [...] su laicidad radicaba en la separación de poderes: al César lo que es del Estado, y a Dios lo que es de la Iglesia».

Efectivamente, los liberales mexicanos no estaban en contra de la religión, sino del clero, que sangraba a la patria y promovía guerras fratricidas que tenían como única finalidad preservar la riqueza de la jerarquía eclesiástica, tal como lo señaló Justo Sierra en el libro *Juárez, su obra y su tiempo:*

> el clero convirtió la guerra civil en una contienda religiosa, y toda organización eclesiástica, con el supremo jerarca a su cabeza, y todos los dogmas hasta el fundamental de la existencia de Dios, y todos los temores, desde el temor del infierno hasta el del patíbulo, fueron hacinados en formidable bastilla para reparo del tesoro de la Iglesia.

Así que no debe extrañarnos que en más de una ocasión los liberales manifestaran al mismo tiempo su fe en dios y su oposición a los sacerdotes que embrutecían al pueblo mientras llenaban de oro sus alforjas. Los ejemplos sobre esta actitud son legión y, con el fin de desenmascarar la leyenda negra que la iglesia creó sobre ellos, bien vale la pena recordar algunos de los más significativos.

En su notabilísima *Historia del Congreso Extraordinario Constituyente de 1856 y 1857*, Francisco Zarco dijo de sí mismo:

> Soy católico, apostólico, romano y me jacto de serlo, tengo fe en Dios, encuentro la fe de todo consuelo en las verdades augustas de la revelación y no puedo concebir a un ateo, pero ni siquiera a un deísta. El sentimiento religioso es inherente al hombre, la aspiración a otra vida mejor está en lo más íntimo del corazón.

Pero Francisco Zarco no sólo dejó constancia de su catolicismo anticlerical en este libro, también nos muestra cómo el Constituyente de 1857, calificado de ateo por el clero católico, lo cual provocó una guerra fratricida que buscaba impedir la vigencia de la Carta Magna, también estuvo marcado por la fe en el momento en que se juró la Constitución liberal:

> el señor Valentín Gómez Farías, presidente del Congreso, conducido por varios diputados y arrodillados delante del Evangelio, juró enseguida. El señor Comonfort llegó a poco [...] y pronunció con voz firme y clara el juramento en estos términos:
>
> –Yo, Ignacio Comonfort, presidente constitucional de la República, juro ante Dios, reconocer, guardar y hacer guardar la Constitución Política de la República Mexicana que hoy ha expedido el Congreso.
>
> –Si así lo hicieres, Dios os lo premia, y si no, Dios y la Patria os lo demandan –dijo el señor vicepresidente de la Cámara.

Así, aunque la iglesia y la jerarquía católica acusaron a los diputados constituyentes de ateos y los excomulgaron por ese hecho, aquellos hombres juraron la Carta Magna frente al evangelio e invocaron a la divinidad en sus palabras. ¿A la iglesia le importó este acto de fe? En lo más mínimo, pues la exigencia de los diputados de dar a Dios lo de Dios y al César lo del César lesionaba la riqueza del Vaticano y de la alta jerarquía mexicana, y esto aunque fuera una fórmula dictada por el propio Jesús era inaceptable.

Efectivamente, los liberales nunca propugnaron la descristianización de México, sino que, como bien lo señala Carlos Monsiváis en su ensayo «El laicismo en México», opusieron «la República laica al fanatismo», al tiempo que intentaron diluir «el pensamiento monolítico de la Contrarreforma [...] gracias a la cultura francesa, los textos socialistas [y] la literatura liberal o libertaria».

En el famoso «Programa del Gobierno Constitucional» publicado el 21 de enero de 1861, cuando ya se había derrotado a los ejércitos clericales, el gobierno juarista señaló enfáticamente que:

> Las Leyes de Reforma no son, como ha dicho el espíritu de partido, una hostilidad contra la religión que profesa la mayoría de los mexicanos: lejos de eso, otorgan a la Iglesia la más amplia libertad, la dejan independiente para que obre en los espíritus y en la conciencia, la apartan del bastardo influjo de la política y hacen cesar aquel fatal consorcio de las dos potestades.

Es cierto, los liberales del siglo XIX fueron formados con una nueva visión del mundo, la cual, si bien permitía la práctica religiosa, también pugnaba por convertir en realidad las ideas de libertad, igualdad, fraternidad y progreso. Sin embargo, esta educación opuesta a la dogmática Contrarreforma también fue censurada por el clero católico, que deseaba proseguir con el proceso de embrutecimiento de los mexicanos para garantizar sus riquezas y su poder. Un ejemplo de estas censuras lo narra el propio Juárez en sus *Apuntes para mis hijos:*

> me pasé al Instituto a estudiar jurisprudencia en agosto de 1828. El Director y catedráticos de este nuevo establecimiento eran todos del partido liberal y tomaban parte, como era natural, en todas las cuestiones políticas que se suscitaban en el Estado. Por esto y lo que es más cierto, porque el clero conoció que aquel nuevo plantel de educación, donde no se ponían trabas a la inteligencia para descubrir la verdad, sería en lo sucesivo, como lo ha sido en efecto, la ruina de su poder, basado en el error y las preocupaciones, le declaró la guerra sistemática y cruel, valiéndose de la influencia muy poderosa que entonces ejercía sobre la autoridad civil, sobre las familias y sobre la sociedad. Llamaban al Instituto casa de prostitución y a los catedráticos y discípulos herejes y libertarios.

La iglesia, como bien lo señaló Juárez, sólo quería mantener la ignorancia de sus fieles, y asesinar a quienes osaran tomar sus riquezas para convertir en realidad el evangelio. La leyenda negra de los liberales ateos es falsa: ellos fueron los primeros que se aventuraron a «descubrir la verdad», a plantear un Estado laico donde la religión sólo fuera un asunto personal y ajeno a la política nacional. Pero la iglesia, permítaseme insistir, no estaba dispuesta a que se diera a Dios lo que correspondía a Dios y al César lo que era del César, pues no estaba interesada en ceder su poder y su riqueza para el bien de sus fieles. Por ello, como dijo Melchor Ocampo en su discurso del 15 de septiembre de 1858, «el Clero era independiente del poder civil [y] con el Clero tenía que tratarse como de potencia a potencia», un desafío que los liberales se vieron obligados a enfrentar durante la guerra de Reforma con tal de lograr la verdadera independencia de nuestra patria.

Curiosamente, el único liberal de aquellos tiempos que mostró abiertamente su ateísmo fue Ignacio Ramírez, como se puede leer en el libro *Memorias de mis tiempos*, de Guillermo Prieto:

> Ramírez sacó del bolsillo del costado un puño de papeles de todos tamaños y colores: algunos impresos por un lado, otros en tiras como recortes del molde de vestido, y avisos de toros o de teatro. Arregló aquella baraja y leyó con voz segura e insolente el título que decía: *No hay Dios*.
>
> El estallido inesperado de una bomba, la aparición de un monstruo, el derrumbe estrepitoso del techo, no hubieran producido mayor conmoción.
>
> Se levantó un clamor rabioso que se disolvió en altercados y disputas.
>
> Ramírez veía todo aquello con despreciativa inmovilidad. El señor Iturralde, rector del colegio [de Letrán], dijo: «Yo no puedo permitir que aquí se lea eso; es un establecimiento de educación».

Así pues, querido lector, salvo en el caso de Ignacio Ramírez, la leyenda negra que la Iglesia católica creó para difamar a los liberales es falsa, es otra de las numerosas mentiras que ha divulgado para mantener su poder y su riqueza. Sólo que los mexicanos siempre han sido capaces de entender el fondo del mensaje liberal: dar a Dios lo que es de Dios y al César lo que es del César. La mejor muestra de ello es que, afortunadamente, los católicos liberales le ganaron la guerra de Reforma a los católicos reaccionarios...

Porfirio Díaz: el padre de los desamparados

Es bien sabido que la segunda esposa de Porfirio Díaz, doña Carmen Romero Rubio, «pasaba su mota de polvos por el rostro de su esposo para emblanquecerle, y le obligaba a llevar corsé para que se mantuviese arrogante y erguido».[12] Algo similar ha tratado de hacer nuestra incansable historia oficial con la figura de este imperdonable tirano. Uno de los mitos que, para el efecto, han sido habilitados con un éxito notable, es el que reza: «Porfirio Díaz pacificó a la nación».

¡Mil veces falso! Veamos por qué.

Porfirio, el cruel

Comenzaremos diciendo que Porfirio Díaz siempre fue una persona violenta. Según refirió su paisano e ilustre liberal Benito Juárez, un día,

> siendo niño D. Porfirio, se le dejó solo en la casa solariega de la familia en tanto que ésta asistía al bautizo de un fenómeno oaxaqueño; [el futuro presidente de la República Mexicana], por matar el tiempo, fue cogiendo una por una todas las gallinas del corral y sacándoles los ojos con el cortaplumas.[13]

[12] José López Portillo y Rojas, *Elevación y caída de Porfirio Díaz*, México, 1921, p. 200.

[13] Lerdo, 1889, p. 96.

Sabemos asimismo que, también de niño, aprovechó la siesta de su hermano Félix para introducirle en su nariz una buena dotación de pólvora y, somnoliento todavía el hermano, prenderle fuego en el rostro, provocando en él una espantosa cicatriz y una marcada desfiguración que le valieron, en adelante, el cariñoso apodo de el «Chato» Díaz. Se le recuerda también porque

> siendo capitán de la guardia nacional en Oaxaca [según refiere Sebastián Lerdo de Tejada], mató de un tiro de mosquete, por la espalda, a un indito llamado Francisco Quilé, simplemente porque había dado un palo a la cabeza al caballo que montaba Díaz. Más tarde, ya coronel de la misma guardia, en una expedición contra los indígenas de la Sierra, mandó incendiar un poblado donde murieron tostadas algunas viejecillas y niños.[14]

El héroe de la intervención

Su carácter heroico y su patriotismo durante la intervención francesa, son, en general, de una artificialidad pasmosa: supuestamente se fugó en dos ocasiones de la prisión a que lo habían reducido las armas francesas. Pero

> la versión dada por el conde Keratry uno de los pocos soldados franceses que denunciaron los fraudes y las farsas de la intervención afirma que Maximiliano mismo [...] «había mandado que se facilitara la evasión». Bulnes también lo acepta así.[15]

Pero volviendo a la crueldad, vemos también a don Porfirio en esta etapa heroica «sacrificar sin piedad a los mexicanos y perdonar la vida a los franceses y belgas prisioneros»,[16] y por si fuera poco se negó a obedecer la orden de Juárez de tomar por asalto la legación francesa e incautar el archivo del embajador Dano, alegando: «Hasta hoy tenemos la malevolencia de Napoleón; no tengamos la de Francia por hollar su bandera». Lo cierto una vez más es que el mariscal Bazaine, al

[14] *Ibid.*, pp. 96-97.

[15] Cantón, *op. cit.*, p. 57.

[16] José López Portillo y Rojas, *op. cit.*, p. 218.

mando de la expedición francesa, mandó decir a Porfirio: «yo pagaré con usura el brillo con que nuestra bandera pueda salir de México».[17]

Finalmente, no conforme con proteger la fuga de Leonardo Márquez, el sanguinario asesino de Melchor Ocampo, de Santos Degollado y de Leandro Valle, entre muchísimos otros, ¡permitió su repatriación en el año de 1895!

El golpista

En su hacienda de La Noria, que le obsequiara el gobierno para que trabajara la tierra, como supuestamente era su deseo: «llevó una vida familiar y rústica» al tiempo que preparaba, en un rincón de su propiedad, «unos hornos para la construcción de cañones rayados»,[18] dirigiendo él mismo el pacificador la fundición de las piezas de cara a la Revolución que pretendía llevar a cabo y que finalmente hizo estallar, bajo el famoso Plan de la Noria, en noviembre de 1871.

Fracasó, es cierto, pero su mucha suerte hizo que el presidente Juárez falleciera y que, al ocupar la presidencia Lerdo de Tejada, éste le otorgara una amnistía generosa, asignándole una nueva hacienda para sus nuevas conspiraciones.

Y en efecto: después de refugiarse en Tuxtepec y de haber sido derrotado en las elecciones presidenciales de 1876 por Lerdo de Tejada, volvió a levantarse en armas, contando, esta vez sí, con el apoyo suficiente de los cuerpos del ejército y, claro está, de la alta jerarquía católica, para adueñarse de la presidencia y para no volver a soltarla durante más de tres décadas. Como es evidente, lo que comienza con violencia no puede terminar pacíficamente. Él mismo sentenció, luego de dar el golpe definitivo, ahora a través de su Plan de Tuxtepec: «Que ningún ciudadano se imponga y perpetúe en el ejercicio del poder y esta será la última revolución».[19]

La última revolución

Y en efecto, el asalto armado que perpetró al gobierno legítimo de Lerdo de Tejada no fue la última revolución debido a que Porfirio,

[17] Salvador Quevedo, *El caudillo: ensayo de psicología histórica*, México, 1967, pp. 104-105.

[18] *Ibid.*, pp. 182-183.

[19] Barrera, 1911, pp. 20-23.

el traidor, el usurpador, el golpista, el represor, el tirano, se reeligió nada menos que siete veces tras derrocar al presidente Lerdo con la bandera de la no reelección perpetuándose así en el poder y ocasionando lo que ya sabía que habría de ocurrir, pues claramente lo dijo en 1876: el baño de sangre.

Pero para terminar de desmitificar la imagen del Porfirio pacificador, del Porfirio padre de los desamparados, añadiremos aquí algunas otras consideraciones de importancia.

«¡Mátalos en caliente!», le vimos anotar en un telegrama, y esa fue la sentencia de muerte de más de una decena de patriotas que pretendían derrocar su régimen militarista, que apenas comenzaba.

Recordemos que Porfirio Díaz canceló toda posible libertad de expresión: «el periodista Ordóñez de Querétaro fue arrojado a un horno»;[20] que el combativo periodista Alfonso Barrera Peniche conoció todas las cárceles de México, hasta las Islas Marías, por *delitos de imprenta*;[21] y que en Puebla «pereció de mala muerte el periodista Olmos y Contreras», y en Tampico otro de apellido Rodríguez».[22] Filomeno Mata, director del *Diario del Hogar,* «fue encerrado más de cuarenta veces por pretendidos delitos de imprenta en la inmunda cárcel de Belén». Y en fin, que don Porfirio tenía a los periodistas –como él mismo señaló– «a su servicio como a *perros dogos*, listos para saltar al cuello de la persona que él designara».[23]

Recordemos también que una de las herramientas de sujeción y control de la tiranía se encontraba precisamente en los confesionarios, como parte del pacto secreto de la dictadura con el clero católico, mediante el cual la iglesia abastecía de información sobre cualquier plan sedicioso en contra de Díaz y de su gobierno, para que, acto seguido, una vez conocida la identidad del rebelde, se procediera a aprehenderlo, pasando por alto las garantías individuales o cualquier principio de legalidad, hasta encerrar al «incendiario», amante de la democracia, en cualquier tinaja en la fortaleza de San Juan de Ulúa, de donde nadie salía con vida...

Recordemos igualmente que durante su gestión pacificadora,

[20] Beals, 1982, p. 307.

[21] Véase Barrera, *op. cit.*, p. 27.

[22] López Portillo, *op. cit.*, p. 220.

[23] *Ibid.*, p. 342.

> el gobierno de Diaz había formado una fuerza de policía llamada los *rurales*, así como un ejército suficientemente fuerte para aplastar la resistencia y los levantamientos de los campesinos [...] el ejército y los rurales combatieron a los indígenas y campesinos de Quintana Roo y contribuyeron a su deportación [con fines de esclavitud]; en el norte lucharon contra los yaquis que, al ser capturados, eran deportados inmediatamente [con los mismos fines]. El gobierno de Díaz estuvo descaradamente ligado a la esclavización de multitudes de indios yaquis y mayas.[24]

¡Vaya labor de pacificación! Escuchemos al propio tirano hablar de su gestión en materia de violencia:

> Empezamos por castigar el robo con pena de muerte, y esto de una manera tan severa, que momentos después de aprehenderse al ladrón, era ejecutado. Ordenamos que dondequiera que se cortase la línea telegráfica y el guardia cogiera al criminal... se colgara a éste en el primer poste telegráfico. Recuerde usted que estas eran órdenes militares. Fuimos severos, y en ocasiones hasta la crueldad; pero esa severidad era necesaria en aquellos tiempos para la existencia y progreso de la nación [...] Para evitar el derramamiento de torrentes de sangre, fue necesario derramarla un poco [...]

¿Será preciso recordar las atroces matanzas de Cananea y Río Blanco, o de Tomóchic, para acabar de retratar la supuesta obra de pacificación llevada a cabo por don Porfirio, y cuán ejemplar fue su amor por los desprotegidos?

¿Pacificador? De ninguna manera. Y a quienes desean endilgarle este mérito por el hecho de haber puesto fin a las asonadas que interrumpieron la marcha del Estado mexicano durante todo el siglo XIX, es preciso recordarles que tales asonadas no habían sido sino obra del clero, que en defensa de sus intereses y de sus fueros hizo hasta lo impensable (traer a un príncipe extranjero, aliarse con los Estados Unidos para el despojo de nuestro territorio, excomulgar a nuestros más grandes hombres, etc.), con tal de sustraerse a la

[24] Katz, 1984, pp. 31-33.

aplicación de la ley. Porfirio les dio esa garantía: no aplicó la Constitución de 1857 a cambio de que el clero dejara de interrumpir con rebeliones y levantamientos la marcha del Estado.

Tales son los méritos de Porfirio Díaz como pacificador y padre de los desamparados. Yo pienso que el mejor desmentido de este mito fue la Revolución que siguió a su mandato de más de tres décadas de intransigencia e intolerancia.

En México nunca existió el fascismo

Es mentira que en México no exista ni haya existido el fascismo. Desde 1922 Gustavo Sáenz de Sicilia creó en Jalapa, Veracruz, el Partido Fascista Mexicano. Pero a quien le suene rara la palabra «fascismo» en el México de 1922, hemos de recordarle que en las memorias de Carlos Blanco Rivera –cristero cuyo testimonio no puede pasarse por alto–, se menciona la conformación en los Altos de Jalisco, hacia 1923, de una sociedad secreta denominada nada menos que «La Swástica».

> En la citada organización, aparecen también los nombres de algunos personajes que años después cumplirán un papel relevante en la preparación del atentado [contra el general Álvaro Obregón], como son Luis Segura Vilchis [fusilado junto con el padre Pro y sus hermanos el 23 de noviembre de 1927], Manuel Vázquez y Jorge Téllez.[25]

En 1926, con el estallido de la guerra cristera, volvemos a ver a estos personajes, pero sumados a la vasta red de organizaciones que el clero católico había venido preparando desde principios de siglo. De esta manera, y según uno de los pocos que han reparado en el tema: «se puede vislumbrar una tendencia que va desde la Asociación Católica de la Juventud Mexicana, al Partido Fascista Mexicano, el Sindicato de Agricultores y la Liga Política Nacional de Ángel Flores en 1924, la Liga Defensora de la Libertad Religiosa y los cristeros».[26]

[25] González, 2001, p. 203.

[26] Mc Gregor, 1999, pp. 150-180.

Los famosos «Arreglos...» con que se pretendía dar fin a la guerra cristera reventaron estrepitosamente en los años treinta, al grado de que el arzobispo Leopoldo Ruiz y Flores afirmó, al perfilarse el ascenso al poder de Lázaro Cárdenas:

> Ningún católico puede ser socialista sin faltar gravemente a sus deberes, como tampoco puede pertenecer al P.N.R., desde el momento en que éste se ha declarado abiertamente socialista y lo que es peor, ateo [...] Es un deber grave de conciencia [...] de todos los católicos, de darse cuenta de sus derechos, unirse con toda claridad y organizarse con la mayor disciplina para hacerlos valer. Tal organización tiene que ser obra de los ciudadanos sin que aguarden órdenes de sus superiores eclesiásticos.[27]

No obstante, con la consignación que hizo la Procuraduría General de la República, de los arzobispos Ruiz y Flores y Manríquez Zárate, «se calmó la agitación que ya se iniciaba y el general Cárdenas pudo recibir el Gobierno, el día 1º de diciembre, con la república totalmente pacificada y sin ningún problema que amenazara la tranquilidad pública».[28]

Aunque hay los atrabancados..., y desde antes de que Cárdenas asumiera el gobierno «funcionaba en México una organización de corte fascista, Acción Revolucionaria Mexicanista», dirigida por el exgeneral villista Nicolás Rodríguez (que ayudara a financiar la campaña de Vasconcelos en 1929). Esta organización, claramente fascista, protagonizó la siguiente, aunque chusca, afrenta a las instituciones emanadas de la Revolución:

> Se acercaba el 20 de noviembre de 1935. Los dorados habían anunciado [...] una marcha fascista para conmemorar el 20 de noviembre [...] Era un insulto a la Revolución, era negarla precisamente el día que debía exaltársele [...] Los comunistas replicaban: Impediremos la marcha, cueste lo que cueste [...] La columna fascista de Nicolás Rodríguez entró a la ciudad [...] Era una columna perfectamente militarizada [...] La marcha fue triunfal hasta el Zócalo [...] Abajo, frente al balcón [de Palacio], había un grupito, unos

[27] Portes, 1934: 120-122.

[28] Portes, 1954: 501-507.

> quinientos hombres y mujeres. Eran los comunistas [...] se lanzó la consigna: ¡No pasarán! Los dorados estaban ya en la esquina de Corregidora. El grupo comunista de 500 se lanzó sobre el ejército fascista de 5,000 [...] La caballería dorada se abrió en abanico, tratando de envolver al pequeño grupo que, después del primer encuentro, se replegó hacia los muros de Palacio [...] Una vez replegada la infantería comunista entraron en acción los tanques. Sí, los tanques rojos [...] Una pequeña flotilla de automóviles de los obreros del transporte [...] se lanzó de pronto sobre la caballería dorada en un rápido movimiento de flanqueo. Varios caballos con sus respectivos jinetes rodaron por el asfalto [...] y en las calles cercanas, los tanques perseguían a los caballos [...] Pocos meses después el presidente Lázaro Cárdenas ponía fuera de la ley a la Acción Mexicana Mexicanista.[29]

La pesadilla fascista apenas comenzaba para Lázaro Cárdenas, en cuyo mandato apareció la famosa revista nazi *Timón*, que fue, como bien dejó asentado el escritor Itzhak Bar Lewaw, «el órgano de Joseph Goebbels destinado a ayudar con la palabra escrita a la máquina militar nazi de aquella época. El director de esa revista era el licenciado José Vasconcelos»,[30] orgullo de nuestra intelectualidad oficial y quien pensaba con total convicción que «el mal de todo fascismo, como de todo comunismo o todo régimen dictatorial, estriba en la calidad del dictador y de sus auxiliares».[31]

La germanofilia era ya proverbial en ciertos mexicanos, como Porfirio Díaz o Venustiano Carranza –recordemos el famoso Telegrama Zimmermann–, pero ¿qué cosas podría publicar una revista nazi en México, en plena guerra mundial y dirigida por José Vasconcelos?

El 30 de marzo de 1940, por ejemplo, en un artículo titulado «Cómo se vivía en Polonia», se justifica el acto de guerra de Hitler desde el punto de vista «higiénico».[32]

En otro artículo titulado «Hay que hacer Limpieza», la revista aboga por la expulsión de elementos judíos de la República Mexicana: «México no puede transformarse en la cloaca máxima de todos

[29] Mario Gill, *El sinarquismo*, Olin, México, 1962, p. 13.

[30] Bar-Lewaw, 1971, p. 13.

[31] Blanco, 1977, p. 170.

[32] Bar-Lewaw, *op. cit.*, p. 39.

los detritus que arrojan los pueblos civilizados»,[33] decía, para la eterna vergüenza de su director.

> Nuestra minuciosa investigación [aseguró Itzhak Bar Lewaw] en México durante los veranos de 1969 y 1970 ha revelado también que por lo menos cuatro radioemisoras estaban al servicio de Vasconcelos y su revista durante la primera mitad de 1940. Se trata de la radioemisora X.E.R.C., 830 kc., en la ciudad de México, que transmitía programas pronazis desde las 8:30 a.m. hasta las 11:30 p.m., y de la X.E.H.V., 1420 kc., de Veracruz, que transmitía desde las 7 a.m. hasta la medianoche. También en Veracruz las radioemisora X.E.U. y E.E.U.W., 1000 kc., transmitían de vez en cuando programas prohitlerianos.[34]

Otra de las organizaciones que después de la Segunda Guerra Mundial se dieron a la tarea de abatir al régimen liberal, republicano y democrático por el que México ha luchado es la llamada Unión Nacional Sinarquista, fundada en mayo de 1937, y sobre la que un agregado militar norteamericano escribió en 1941:

> Los sinarquistas mexicanos constituyen un grupo totalitario peligroso controlado por falangistas españoles y la Iglesia, donde los nazis mueven las cuerdas tras bambalinas. Los informes requeridos trazan los antecedentes históricos que muestran que el sinarquismo es un producto de grupos de la Iglesia formados durante los días de conflicto amargo entre el Estado y la Iglesia. El programa sinarquista, diseñado por falangistas, apunta hacia el establecimiento de un Estado totalitario bajo el dominio de España, donde México formaría parte de un nuevo imperio español dominado por Alemania. Los sinarquistas organizan por medio de un sistema de células como los comunistas, en el que los sacerdotes de la iglesia le dan los nombres de candidatos a los organizadores [...] Acción Nacional [PAN] es un grupo interconexo de estratos superiores de la vida mexicana y forma parte del movimiento falangista.[35]

[33] *Timón*, núm. 8, p. 44, citado por Bar-Lewaw, *op. cit.*, p. 45.

[34] Bar-Lewaw, *op. cit.*, p. 66.

[35] Wertz, 2001.

Efectivamente, como señala Juan Alberto Cedillo en su libro *Los nazis en México*,

> los órganos de espionaje estadounidense calificaban entonces al PAN como una organización derechista más pequeña, pero más potente, afiliada en calidad de organización católica al sinarquismo [...] Los servicios de inteligencia estadounidenses informaron [que] «La Falange dirige el trabajo de la propaganda del Eje en la unión y su aliado secreto, Acción Nacional, ha tenido una conexión tan cercana con el Arzobispo de México y de varios obispos claves [...] que toda la actividad de la iglesia en lo referente al sinarquismo ha sido sospechosa».[36]

Para mitigar estas sospechas, Mario Gill escribió en su libro titulado *El sinarquismo*:

> Todas las fuerzas enemigas de la Revolución Mexicana se aplicaron con ganas a la tarea de estructurar ese partido y, al fin, lo consiguieron: la *Unión Nacional Sinarquista* es el instrumento político más perfecto que haya tenido jamás la reacción en México desde la Independencia a esta fecha.[37]

¿Qué quería el sinarquismo? El sinarquismo quería mártires, «porque la sangre de los mártires Dios la pide para salvar a México», según recomendaba el periódico *El Sinarquista*, núm. 84, de septiembre 26 de 1940. Años después, en 1946, preocupado por insurreccionar a los católicos, el arzobispo de México, don Luis María Martínez, «citó a los jefes sinarquistas a su casa de Córdoba 56 [y] les pidió un plan concreto de la insurrección».

> Recibió a los líderes sinarquistas en la salita Luis XV de su residencia. De una vitrina llena de botellas sacó un cognac, comentando que de todas aquellas botellas la más barata valía más de $200. Algunos, por respeto, se negaron a beber.
>
> –Tienen que enseñarse a andar entre la lumbre y no quemarse –les dijo el arzobispo.

[36] Cedillo, 2007, p. 80.

[37] Gill, *op. cit.*, p. 39.

Después de haber brindado varias veces, LMM entró en materia:

–Bueno, ahora hablemos en serio; ¿quién es el que me trae los informes?

–Yo, contestó Torres Bueno; sacó de su bolsa un papel y leyó: 50 mil hombres listos para ponerlos en pie de guerra; dos mil maussers y carabinas 30 30; 300 subametralladoras; tres mil hombres en el ejército, perfectamente equipados, dispuestos a acudir al primer llamado; 25 aviadores amigos; 15 mil uniformes de soldado del ejército nacional; medio millón de cartuchos de varios calibres.

Impaciente, LMM terminó la entrevista:

–¿Quién de ustedes quiere hacerse responsable?

–¡Yo! –Dijo el licenciado Salvador Abascal.

El arzobispo se levantó; miró con malicia a Abascal y dijo:

–Mire, licenciado: Ud. se metió a agricultor y no dio la medida, porque no conoce ni la tierra para las macetas; ahora se quiere meter a general y no sabe ni a qué huele la pólvora... No –dijo el prelado–, esto hay que hacerlo bien. Yo voy a mandarles unos técnicos para que les ayuden.[38]

«Ante la tolerancia cómplice de los presidentes Ávila Camacho, Alemán y Ruiz Cortines», Luis María Martínez, otro de los santos padres que había dirigido tras bambalinas la guerra cristera, «sonreía socarronamente, y entre cognac y cognac, expresaba: *Lo único que queda por hacer, ahora, es cambiar la Constitución*».[39]

[38] *Ibid.*, pp. 258-260.

[39] *Ibid.*, p. 274.

Vicente Guerrero, prócer impoluto

A diferencia de los otros próceres cuyos nombres están escritos con letras de oro en el Muro de Honor del Congreso de la Unión, Vicente Guerrero ha merecido esta distinción en dos ocasiones: la primera de ellas –que se originó por medio del decreto publicado el 12 de octubre de 1841– incluyó su nombre en la lista de los padres de la patria, mientras que la segunda –que vio la luz gracias a un ordenamiento publicado el 17 de septiembre de 1971– consistió en que también se escribiera el apotegma que se le atribuye: «La patria es primero».

Y es que, en efecto, en enero de 1817, Vicente Guerrero fue visitado por su padre, quien, a nombre del virrey, le ofreció el perdón a cambio de que se rindiera.

> –Si aceptas y te retiras de esta guerra cruel –dijo Vicente padre–, el gobierno español te concederá el indulto, te reconocerá el grado militar que has alcanzado, podrás vivir tranquilo y desterrarás de nosotros la inquietud por la suerte que puedas correr.
>
> –Soldados –respondió Guerrero–: ¿veis a este anciano respetable? Es mi padre; viene a ofrecerme empleos y recompensas en nombre de los españoles; yo le he respetado siempre, pero «mi patria es primero».[40]

Además, según la historia oficial, Guerrero consumó parcialmente nuestra independencia, de modo que todo parece indicar que, efecti-

[40] Chávez Guerrero, 1971, pp. 65-66.

vamente, Guerrero es uno de los héroes más importantes de nuestra historia. Sin embargo, más allá de esta supuesta verdad, cabe hacernos una pregunta crucial: ¿hay buenas razones para considerar que este caudillo es uno de los más grandes próceres de nuestra historia? La respuesta a esta pregunta es un ¡no! rotundo, no hay razones por las cuales podamos concederle semejante jerarquía a Vicente Guerrero, salvo quizá la de haber abolido la esclavitud siendo presidente de la República, una década y media después de Morelos...

Otro punto de vista

Vicente Guerrero es un personaje esquivo: desde su nacimiento hasta el momento en que se sumó a las fuerzas de José María Morelos, bajo las órdenes de Hermenegildo Galeana (1811), casi nada sabemos de él. A partir de su incorporación, Guerrero comenzó a destacar en los hechos de armas y logró importantes ascensos: seguramente fue un buen soldado. También es verdad que, tras el fusilamiento de Morelos, este caudillo mantuvo la lucha contra los españoles. No obstante, según Silvia Martínez del Campo –una de sus biógrafas–, él «sabía que su lucha se había realizado en una zona escabrosa del país, alejada de la capital y de las principales ciudades, por lo que no significaba mayor peligro para el virreinato». Por su parte, José Fuentes Mares, en su libro *Poinsett. Historia de una gran intriga*, considera que las fuerzas de Guerrero representaban un problema menor para las autoridades de Nueva España, pues «la victoria completa estaba más allá de sus posibilidades; [y] para conseguirla necesitaba de un guía que le mostrara el camino».

Es cierto: fusilados Allende y Morelos, Guerrero era un insurgente menor, pero las razones por las que no podemos sentir orgullo por él están más allá de esa medianía. Veamos por qué: durante la guerra de Independencia nunca forjó un plan para lograr su consumación, tampoco publicó un solo documento que contribuyera a delinear la nueva nación y sólo aceptó sumarse a las tropas de Iturbide. ¡Éste es su único mérito, haber encontrado «un guía» en Agustín de Iturbide!

Asimismo, según Silvia Martínez del Campo y sus demás biógrafos, «Vicente Guerrero no fue el autor del *Plan de Iguala* que le dio a México su independencia», y «ni siquiera estuvo en esa población» el día en que fue proclamado. Guerrero siempre se contentó con quedar a la sombra de Iturbide: el día en que el ejército Trigarante entró a la ciudad de México no cabalgó al frente de la columna con Iturbide, sino que se conformó con encabezar uno de los últimos contingentes, y recibió gozoso los títulos y los rangos que le otorgó el emperador después de disolver el Congreso: mariscal de campo y Caballero Gran Cruz de la Imperial Orden de Guadalupe.

Por si lo anterior no bastara, Guerrero también traicionó a Iturbide cuando su imperio empezó a cojear y se sumó a las fuerzas del más grande de los traidores de nuestra patria: Antonio López de Santa Anna, a quien ayudó a derrocar a su antiguo guía.

Guerrero siguió adelante en su carrera de ignominias y protagonizó, en 1828, un golpe de Estado para derrocar, en términos del Plan de la Acordada, a Manuel Gómez Pedraza, presidente constitucional de México. Guerrero fue elevado entonces por la fuerza de las armas, es decir, como un golpista, a la titularidad del Poder Ejecutivo en 1829, apoyado obviamente por Santa Anna. Por si los intereses políticos de Guerrero no hubieran quedado suficientemente claros ni su textura moral abiertamente demostrada, todavía existe, como prueba contundente, una carta de Joel Robert Poinsett, primer embajador de los Estados Unidos en México, fechada en México el 22 de febrero de 1829, en la que señala:

> He tenido aquí un éxito sorprendente y al abandonar este país dejaré un poderoso partido favorable a Estados Unidos y un sentimiento pronorteamericano [...] No tengo duda de que tan pronto como yo salga de México, la lucha entre los partidos recomenzará [...] No estaré aquí mucho tiempo más, a pesar de que mis amigos me presionan muy duro para que me quede [...] El general Guerrero, que será el próximo presidente de México, si vive, me ha hecho grandes ofrecimientos, pero yo no renunciaría a mi país para convertirme en emperador de México.[41]

Guerrero protagonizó un fugaz gobierno marcado por las desgracias, las cuales comenzaron en el momento en que intentó leer su primer discurso; según narra Carlos María de Bustamante en su *Diario his-*

[41] José E. Iturriaga, *México en el Congreso de los Estados Unidos*, FCE, México, 1988, pp. 108-110.

tórico de México: «Leyó el mensaje acostumbrado. Digámoslo mejor, deletreó el papelazo que llevó escrito como un pobre muchacho pudiera hacerlo en la escuela. ¡Vaya! ¡Tenemos un presidente que no sabe leer! ¡Qué mengua!». Efectivamente, como nos dice Lorenzo de Zavala –amigo y partidario de Guerrero–: «su falta de ilustración era tan absoluta, que apenas sabía firmar su nombre».

Al analfabetismo del presidente pronto se agregaron las ideas disparatadas, como la de conquistar Cuba –por medio de una expedición que partiría ¡desde Haití!–, para proclamar su independencia. Claro que las protestas de los estados y de los políticos no se hicieron esperar: Michoacán y Puebla suspendieron sus aportaciones a la Federación y en Campeche estalló una nueva rebelión en contra de Guerrero. La situación llegó a tal límite que, cuando el primer tirano en ciernes en el México independiente salió a combatir a sus enemigos, el Congreso publicó un decreto en el que se afirmaba que «el C. General Vicente Guerrero tiene imposibilidad para gobernar la república».

¡Este es el héroe que ha merecido ser consagrado en dos ocasiones en el Muro de Honor de la Cámara de Diputados! Un traidor, un presidente analfabeta que obligó al Poder Legislativo a declararlo demente... una vergüenza por donde se le mire, ¿no lo crees así, estimado lector?

¿Por qué entonces los presidentes de la República gritan su nombre con ferviente pasión republicana en las noches del 15 de septiembre, cuando se conmemora la Independencia del país?

La iglesia nunca dio golpes de Estado

A finales de los años cincuenta, Daniel Cosío Villegas aseguraba: «está por hacerse una historia informada e imparcial de la oposición de la Iglesia católica al movimiento liberal [...] no puede dudarse, ni de que esa oposición existió, ni de que tomó formas violentas y hasta criminales».[42] Y en efecto: el siglo XIX está lleno de sucesos en los que se evidencia el papel sanguinario que jugó la Iglesia católica, el atraso que ocasionó a la nación, la división social que estimuló y los hogares que enlutó o mutiló con tal de impedir que la autoridad civil la privara de sus privilegios o de que pudiera intervenir en su gigantesco patrimonio –algo así como el 50% de la propiedad inmobiliaria del país, entre otros bienes–.

La historia oficial no lo dice, pero la sangre corrió a raudales en México cada vez que la iglesia percibió una amenaza a sus intereses, lo cual impidió el fortalecimiento del Estado mexicano, provocó una involución económica y social, sembró el germen de la inestabilidad política y propició las crisis financieras perpetuas.

De contrainsurgentes a padres de la patria

Del mismo modo que la jerarquía eclesiástica combatió vigorosamente la insurgencia de 1810 excomulgando y degradando a Hidalgo, a Morelos y a sus seguidores, suministrando toda clase de recursos al poder virreinal, once años después financió y ejecutó el

[42] Daniel Cosío Villegas, *La Constitución de 1857 y sus críticos*, SEP, México, 1973, p. 93.

Plan de la Profesa, llamado así en alusión al templo donde se decidió verdaderamente la independencia de México. Matías Monteagudo, el inquisidor que había juzgado a Morelos y que en 1808 inauguró la práctica de los golpes de Estado clericales al derrocar al virrey Iturrigaray, vino a convertirse en el verdadero padre de la Independencia en 1821, con el solo propósito de que en México no surtiera efecto la Constitución liberal de Cádiz, que ya se estaba aplicando en España y que mermaba el poder y el patrimonio de la iglesia.

Las armadas de dios

En septiembre de 1828, cuando el gobierno de Vicente Guerrero ordenó la ocupación de los bienes de aquellos individuos que vivieran fuera del país, la confiscación de la mitad de las rentas de los españoles radicados en México y la transferencia al gobierno de las propiedades de la iglesia expropiadas por los estados, el clero volvió a apresurar la caída del gobierno, pues, en efecto:

> Esta fue la gota que derramó el vaso: ¡Tocar las propiedades de la Iglesia, transferirlas al Gobierno! ¡Atacar la propiedad de los ricos y del clero! [...] A fines de octubre, las legislaturas de Puebla y Michoacán pedían la remoción del ministro [...] Lorenzo de Zavala [quien] salió del Ministerio en vísperas de que Guerrero fuera eliminado el 4 de noviembre por la sedición de Bustamante.[43]

«¡La patria ya se salvó!», dijeron entonces los reaccionarios:

> Es verdad que Guerrero marcha al Sur y promueve una guerra civil [...] En este estado de cosas el gobierno y las cámaras espeditan las leyes necesarias para reponer a la Iglesia mexicana a su antiguo esplendor [...] ¡Qué contraste presenta este pueblo entre el día cuatro de diciembre de 1828, con el tres de octubre de 1830! En turbas desmandadas se entregaba entonces al saqueo y a la rapiña, ahora se entrega todo a Dios mostrando un arrepentimiento sincero de aquellos desmanes [...]

[43] María de la Luz Parcero, «La acción de Lorenzo de Zavala en el gobierno de Vicente Guerrero», en *Memoria de la Mesa Redonda sobre Vicente Guerrero*, Instituto Mora, México, 1982, p. 34

En 1833, cuando el vicepresidente Valentín Gómez Farías pretendió transformar radicalmente el Estado mexicano fundando un sistema de enseñanza laico, suprimiendo los conventos, creando la biblioteca nacional y decretando: «Cesa en toda la República la obligación civil de pagar el diezmo eclesiástico, dejándose a cada ciudadano en entera libertad para obrar en esto de acuerdo a lo que su conciencia le dicte», la cúpula eclesiástica, una vez más, se aprestó a derrocar al gobierno ateo: el coronel Ignacio Escalada lanzó su Plan de Escalada, jurando «sostener a todo trance la santa religión de Jesucristo y los fueros y privilegios del clero y del ejército, amenazados por las autoridades intrusas». Días después se secundaba en Tlalpan el Plan de Escalada, y el 8 de junio del mismo año, el general Mariano Arista lanzó el Plan de Huejotzingo, que «prometía proteger y defender la religión católica y al clero secular y regular, y proclamaba supremo dictador al general Santa Anna».[44] Y en cadena se desarrollaron, en ese mismo tenor, levantamientos armados en Puebla, Jalapa, Oaxaca, Cuernavaca, Querétaro, San Juan del Río e Iguala. Gómez Farías cayó y entonces pudo decir el obispo de Puebla:

> El año de 834 se hará memorable en la historia del Anáhuac por haber sido para nosotros origen de todos los males y después de todos los bienes [...] El patrimonio de Jesucristo, esto es, los caudales píos destinados para alimento de los pobres y sostén de las iglesias, se entregaron [...] a la depredación más inhumana y sacrílega, o al saqueo más escandaloso [...] Mas, ¡o clemencia del Altísimo! ¡o portentos de su bondad! ¡o arcanos incomprensibles de la eterna sabiduría! El que saca la luz resplandeciente del centro de las tinieblas hizo nacer de este caos la más ordenada, la más santa revolución que ha visto nuestra república. Gritó Orizaba, gritó después Cuernavaca, gritaron en consonancia todos los pueblos, y la religión de Jesucristo se vio enérgicamente proclamada, se vio levantada y establecida en aquel instante mismo que parecía destinado a su total destrucción [...] La obra es toda de Dios: la mutación de la escena se debe exclusivamente a la diestra del Excelso y a la mediación poderosa de María de Guadalupe, Madre verdadera del mismo Dios, y madre también dulcísima de todos los mexicanos.

[44] Jorge Fernández Ruiz, *Un reformador y su reforma* (Sociedad Mexicana de Geografía y Estadística), México, 1981 pp. 135-136.

Una vez derribado el gobierno, el Congreso fue reemplazado por uno nuevo –adecuado a los deseos del clero y de Santa Anna–, el cual derogaría la Constitución federal de 1824 y promulgaría la llamada Constitución de las Siete Leyes, rompiendo el pacto federal y propinándole al país una nueva serie de fracasos, el primero de los cuales será la pérdida de Texas.

En 1843, cuando se pretendía reconstruir el anacrónico marco legal mediante un Congreso Constituyente, el general Tornel dio un nuevo golpe parlamentario para que Nicolás Bravo, presidente interino, disolviera el Congreso y se proclamaran las llamadas Bases Orgánicas: un nuevo retroceso reaccionario.

En diciembre de 1845, cuando comenzaban las hostilidades de la guerra con los Estados Unidos, el alto clero apoyó a Mariano Paredes y Arrillaga, en una de las más cobardes infidencias en la historia del ejército mexicano, pues habiendo sido enviado a combatir al invasor, ¡Paredes se levantó en armas contra el gobierno mexicano y asumiendo el mando del país, desentendiéndose del conflicto texano orquestado por los Estados Unidos y trabajando intensamente por la instauración de un régimen monárquico en México, con un príncipe español a la cabeza!

Derrocado Paredes, el alfil clerical, y ya con el país invadido por las tropas norteamericanas –en febrero de 1847–, la iglesia volvió a organizar un golpe de Estado en contra del gobierno del vicepresidente Gómez Farías, mediante el llamado motín de los polkos, una auténtica felonía que no sólo facilitó a las tropas invasoras la toma del puerto de Veracruz y el acceso a la ciudad de Puebla, auxiliados naturalmente por el obispo de la localidad, sino que desquició la defensa del norte del país después de la batalla de La Angostura, en la que resultó vencido –por más que la historia oficial lo niegue– el general Zachary Taylor... Ciertamente otra imperdonable traición de la Iglesia católica al Estado mexicano...

«En enero de 1851, ocurrió un hecho inhabitual: José Joaquín Herrera entregó el poder, pacíficamente, a Mariano Arista. Desde los tiempos de Guadalupe Victoria, ningún presidente había salido por su propio pie del Palacio Nacional», pero muy pronto «la reacción advirtió el rumbo político de Arista y empezaron las conspiraciones»;[45]

[45] Gastón García Cantú, *El pensamiento de la reacción mexicana*, p. 307.

otra vez los brotes de violencia, los pronunciamientos y los cuartelazos comenzaron a asolar a la República, hasta que el 20 de octubre de 1852, mediante el Plan del Hospicio, suscrito por sacerdotes, se llamó al ejército a secundar la rebelión sobre la base –faltaba más– ¡del reconocimiento público de los servicios prestados al país por Santa Anna, que de este modo volvió a ocupar la presidencia de la República a pesar de las traiciones cometidas durante la guerra contra los Estados Unidos, y que facilitaron el despojo de la mitad del territorio nacional!

Con el triunfo de la Revolución de Ayutla y el arribo al poder de una generación de liberales que habían crecido junto con el México independiente y todos sus fracasos, todas sus frustraciones, llegó también una nueva etapa de medidas radicales y republicanas que igualmente encontrarían una fiera resistencia de parte del clero. Ahí están el Plan de Zacapoaxtla (1855), o el de Puebla (1856) o el de Tacubaya (1857), urdidos por la misma Iglesia católica para derrocar al gobierno de Comonfort y posteriormente derogar la propia Constitución de 1857, lo que condujo al estallido de la guerra de Reforma (1858), un conflicto sangriento financiado, claro está, con recursos eclesiásticos, para que el clero no perdiera sus fueros ni se viera obligada a vender sus cuantiosos bienes. «Convertidos los sacerdotes en granaderos de la iglesia [decía la prensa] han ametrallado la pobre nave de San Pedro, han turbado la fe de los fieles, el reposo, la oración y el silencio de los claustros».

Derrotada en la guerra de Reforma, la iglesia volvió a arremeter contra el Estado al promover la intervención francesa y al facilitar la instauración del efímero Imperio de Maximiliano, al que abandonó a su suerte cuando éste se negó a derogar las leyes reformistas. Volvió, pues, a perder, pero tan pronto como Juárez, el verdadero Padre de la Patria, fallece víctima de una angina de pecho, arremete una vez más, sin noción de la piedad ni del amor ni del respeto a la patria. Fue bajo el gobierno de Sebastián Lerdo de Tejada –el 5 de octubre de 1873– cuando el Congreso incorporó las leyes de Reforma de 1859 a la Constitución, y poco más de un mes después los «diputados jacobinos» ya denunciaban que el clero

> había aprovechado la tolerancia del Gobierno para reorganizarse y conspirar contra los poderes establecidos [y] hábilmente había

> eludido el cumplimiento de las leyes: se había decretado la nacionalización de los bienes eclesiásticos, pero el clero, merced a las «contentas» [...] conseguía cuantiosos recursos que luego invertía comprando fincas a nombre de particulares; la supresión de algunas fiestas religiosas ordenada por las leyes «jamás se había logrado»; se mandó la disolución de las órdenes monásticas, pero éstas subsistían viviendo los monjes o monjas en casas de vecindad; tampoco se cumplían las leyes del registro civil, pues el clero defendía el matrimonio sacramental; en pocas palabras, el clero preparaba una nueva guerra civil.[46]

En 1875, esa «guerra civil» estalló al grito de «Viva Cristo Rey», tratando de impedir la aplicación de la ley. En Guanajuato, Querétaro, Jalisco y Michoacán hay hechos de violencia, no obstante lo cual «el movimiento, llamado *cristero*, no prosperó y pronto degeneró en una guerra de guerrillas en que el robo, el asesinato y el incendio fueron privando más y más».[47] Entonces apareció Porfirio Díaz para gritar, a resultas del Plan de Tuxtepec: «Que ningún ciudadano se imponga y perpetúe en el ejercicio del poder y esta será la última revolución».[48] Gracias al apoyo de la iglesia a este grito proferido por un supuesto liberal –en realidad un tirano hipócrita durante todo el porfiriato–, «la acción de la Iglesia católica en México fue totalmente ilegal, transgrediendo las regulaciones de la Constitución Mexicana y las Leyes de Reforma».[49]

Ya en el siglo XX la misma iglesia apoyó el golpe de Estado y la dictadura de Victoriano Huerta, el «Chacal»; se opuso a la validez de la Constitución de 1917, a la que trató de derogar a través de la rebelión de los cristeros en 1926; intentó derrocar al gobierno de Plutarco Elías Calles y participó activamente en el asesinato de Álvaro Obregón, presidente electo, en 1928. Cada vez con menos fuerza, siguió conspirando en los años treinta, pendiente de cualquier disi-

[46] José Adame Goddard, *El pensamiento político y social de los católicos mexicanos (1867-1914)*, UNAM, 1981.

[47] *Ibid.*, p. 93.

[48] Alfonso Barrera Peniche, *El verdadero Porfirio Díaz*, Imprenta de Redacción, México, 1911, pp. 20-23.

[49] Luis Cabrera, *La Revolución es la Revolución*, Gobierno del Estado de Guanajuato, México, 1977, pp. 198-199.

dencia militar a la cual apoyar para echar por tierra las leyes impías, los gobiernos ateos.

El 13 de enero de 1940 el senador José María Dávila aseguró en el Senado de la República que algunos generales, entre los que se encontraba Juan Andrew Almazán, nada menos que candidato a la presidencia: «están en connivencia con el Episcopado y con las compañías petroleras norteamericanas expropiadas, para organizar un levantamiento armado y, entre otras cosas, derogar el artículo 3º constitucional».[50] Nada nuevo... -esto último, cabe señalar, en alianza con los nazis.

Así pues, es falso -¡que si no!- que la iglesia nunca dio golpes de Estado. De ahí que entre otras razones ya expuestas en otro capítulo de esta edición, sea factible aducir con justicia que el clero católico ha sido el peor enemigo de México a lo largo de su dolorida historia...

[50] Taracena, Alfonso, *La revolución desvirtuada*, vol. VIII, Costa-Amic, México, 1971, p. 16.

Dejamos de ser una nación de caudillos

El caudillismo constituye una de las aportaciones más significativas de América Latina a la historia política del hemisferio. Mientras que en el Viejo Mundo los caudillos –cuyo nombre proviene del latín *capitellium*, «cabeza»– son cada vez menos frecuentes (sin que, por lo general, hayan dejado de ser figuras execrables), en este lado del planeta siguen surgiendo tiranos, los eternos enemigos de la democracia y de la libertad que históricamente han impuesto su ley, es decir, sus estados de ánimo, por medio de las armas, pues invariablemente se han erigido como los mesías o salvadores de sus países, o de la humanidad entera, y como titulares de la verdad absoluta, cuando en realidad lo único que persiguen es el poder por el poder, el poder a cualquier precio, ya que casi nunca cuentan con algún proyecto político para mejorar la calidad de vida de sus gobernados y sí con una estrategia perversa para encubrir sus más siniestras intenciones.

Así, mientras que en Europa las acciones de los caudillos son un ejemplo de lo que no debe ocurrir, en Latinoamérica, por lo menos desde el siglo XIX, se ha deseado la llegada de un hombre providencial que transforme la realidad y resuelva de un plumazo –o por la fuerza– todos los problemas de las naciones.

No obstante lo anterior, y contra toda evidencia, se ha insistido en que desde hace algunos años México dejó de ser una nación de caudillos: este hecho, debido a su importancia, nos sitúa ante dos preguntas fundamentales: ¿por qué la historia mexicana está marcada por la presencia de caudillos?, y ¿en verdad dejamos de ser una nación de caudillos?

Nuestra cultura es híbrida, mestiza. En ella, desde el siglo XVI, se funden tres grandes tradiciones dictatoriales: los señores prehispánicos, que eran una encarnación de los dioses y cuyas palabras no podían ponerse en duda nunca; los monarcas españoles, que ejercían el poder por la gracia de dios, y por lo mismo tampoco podían ser cuestionados, y la Iglesia católica, que inexorablemente exige obediencia y respeto absolutos a sus anacrónicos mandatos –opuestos, casi en términos también absolutos, a la más elemental razón–. Somos, cuando menos en principio, una cultura proclive a aceptar la existencia de los grandes señores que todo lo pueden, poco importa si se llaman Huey Tlatoani, Su Majestad, Su Alteza Serenísima, Jefe Máximo o Señor Presidente.

Sin embargo, la tradición autocrática del mestizaje –a pesar de su importancia– no es el único factor determinante en el caudillismo mexicano: éste es también, sin duda, una de las consecuencias de la religión católica en nuestro país, que sostiene la existencia de un ser providencial capaz de solucionarlo todo con el simple ejercicio de su voluntad.

Nadie puede soslayar, a este respecto, la herencia siniestra del autoritarismo español, la intolerancia hispana, una tara psicológica que contaminó a los países conquistados por la madre patria y que les impidió llegar en tiempo y forma a la democracia, y por ende al crecimiento económico compartido. La tradición virreinal, que obedeció únicamente a la necesidad de esquilmar eficiente y duraderamente al Nuevo Mundo, nos legó la terrible costumbre de no sólo tolerar, sino inclusive de adular al tirano opresor y de revestirlo con todos los atributos de una divinidad (pues no en vano el poder del rey provenía directamente de dios): ahí están los ejemplos de los dictadores latinoamericanos, siempre atentos para capitalizar esta funesta inclinación de nuestras sociedades hacia los superhombres infalibles: Carias Andino, Anastasio Somoza, Jorge Ubico, Fulgencio Batista, Pérez Jiménez, Rafael Leónidas Trujillo, Juan Domingo Perón, Fidel Castro y Hugo Chávez, entre tantos otros, tantísimos más...

De acuerdo con esta tendencia, la mayoría de los mexicanos, por lo menos desde los tiempos de la Colonia, han estado firmemente convencidos de la existencia de seres providenciales que todo lo pueden, puesto que son una suerte de encarnación de la fuerza y el poder divino. Por ello no es extraño que cuando en el horizonte político se divisa una persona que dice tener la solución de todos los problemas, algunos mexicanos se apresuren a considerarlo como nuestro salvador: eso fue lo que ocurrió varias veces con Antonio López de Santa Anna, con Porfirio Díaz, con Álvaro Obregón y con Plutarco Elías Calles, entre otros más, quienes ofrecieron la salvación de la patria, cuando en realidad lo único que buscaban era el poder por el poder.

Sin embargo, el paraíso que a lo largo del tiempo han ofrecido los caudillos siempre es paradójico: aunque el paraíso se encuentra en el futuro, siempre es idéntico al pasado. Me explico: cuando los conservadores y la jerarquía eclesiástica ofrecieron a los mexicanos una nación perfecta, en realidad estaban planteando volver a los tiempos de la Colonia, cuando el rey y la jerarquía eclesiástica eran los únicos árbitros de los destinos nacionales; con el edén revolucionario de Obregón y Calles ocurrió algo muy parecido: su obsesión por la dictadura no miraba hacia el porvenir ni hacia la democracia o la libertad, sino hacia un pasado autoritario. En consecuencia, cuando los mexicanos han seguido a los caudillos sólo se mueven como los cangrejos: simulan avanzar, pero en realidad se alejan del presente y del futuro, de modo que todos los caudillos resultan ser retardatarios.

Nadie puede dudar que la religión católica creó una impronta en el imaginario colectivo, una marca que nos orilla a considerar la existencia de hombres que pueden llevarnos al paraíso, y precisamente por esto aceptamos sin chistar la presencia y la acción de los caudillos. Ellos son, si los observamos con cuidado, los nuevos mesías que se benefician de las creencias político-religiosas.

Asimismo, la fuerza de los caudillos, en tanto tiranos de quienes dependía el destino de la nación, obstaculizó el desarrollo de prácticas e instituciones democráticas: durante muchos años el sufragio efectivo fue sustituido por las designaciones del caudillo; ejemplos de esta práctica funesta: Porfirio Díaz y Manuel González, además de las interminables reelecciones del primero; la intención de Carranza de imponer a Ignacio Bonillas (lo que le costó la vida); la imposición obregonista de Plutarco Elías Calles y el fallido intento del

Manco por regresar a la presidencia; el ignominioso periodo conocido como «el maximato», en el que Calles «gobernó por teléfono al país»; la funesta cultura del tapado y el destape presidencial como señal de arranque a la lambisconería sexenal; la no muy lejana práctica de remoción de gobernadores a cargo de los presidentes y, finalmente, la verticalidad que caracteriza el funcionamiento de nuestros partidos políticos y el consecuente e inocultable déficit de legitimidad de nuestros procesos electorales.

En armonía con esto, el sistema judicial expedito y legal fue suplantado por los deseos y los intereses del tirano en el poder, y el desarrollo de las prácticas democráticas fue obstaculizado en la medida en que minaba al caudillismo, alcanzando esta situación su momento climático durante el porfiriato, cuando:

> La Justicia Federal se formaba de la misma manera que el Congreso. El presidente en persona designaba sus candidatos, y mandaba su lista a la Cámara de Diputados para que se votase [...] Una vez instalada la Corte, nombraba Magistrado de Circuito y Jueces de Distrito por el mismo procedimiento y con la misma sujeción al Presidente [...] Constituidos en forma todos los departamentos de la Justicia de la Unión, dicho está que en ellos no se hacía sino lo que el Presidente aprobaba.[51]

De esta manera, la fe, la tradición y los obstáculos creados por los mismos caudillos impidieron la evolución política de nuestra patria.

¿Seguimos siendo una nación de caudillos?

Aunque muchas personas han proclamado que ya no somos más una nación de caudillos (especialmente después de las memorables e hipócritas palabras de Plutarco Elías Calles en su último informe presidencial: «dejaremos de ser una nación de caudillos para ser una nación de instituciones»), es evidente que los «hombres providenciales» aún rondan por la escena pública –y rondarán mientras más personas ignorantes y desesperadas existan–. ¿Pero cómo no iba a ser así? Antes que alejar para siempre este auténtico maleficio social,

[51] José López Portillo y Rojas, *op. cit.*, pp. 330-331.

el régimen revolucionario que durante setenta años atenazó las libertades políticas de los mexicanos no hizo sino arraigar más aún la perversa aceptación, o al menos la inclinación de éstos a la veneración del caudillo. ¿Qué acaso no fueron los presidentes del flamante priísmo verdaderos caudillos sexenales –por no decir caciques, como lo son hoy los mismos gobernadores de los estados–? ¿No perfeccionaron los mecanismos de sujeción de todo el aparato político a una sola persona, en este caso el tlatoani sexenal en turno?

Lo cierto, sin embargo, es que tras setenta años de «dictadura perfecta», en franca traición a los postulados de la revolución que le dio origen, los mexicanos aún seguimos esperando a nuestro salvador, al líder máximo que resuelva nuestros problemas, al caudillo que piense por nosotros y nos conduzca al paraíso anunciado. ¿Cuántas veces se escucha aquello de que «México necesita de una mano dura»? ¿Dónde están los déspotas ilustrados? ¿Existen?

Qué lejos han quedado las palabras que en 1911 Luis Cabrera dedicó precisamente a la figura de uno de nuestros caudillos:

> si el señor Madero resulta no ser un genio en la ciencia del gobierno, tanto mejor: deberemos felicitarnos de esa decepción, porque querrá decir que ha concluido la desgraciada época de los gobiernos milagrosamente geniales, de los gobernantes insustituibles y de las dictaduras, para dar paso a la era de los gobernantes honrados y de simple sentido común, a la era de los gobiernos verdaderamente republicanos en que es el pueblo el que gobierna alrededor del Jefe del Estado.

Por eso, ligado al problema de la necesidad del caudillo está el asunto de la permanencia en el poder y, obligadamente, el de la reelección, pues, siguiendo una vez más a Cabrera:

> la reelección [...] quiere decir que no se tiene fe más que en la capacidad personal de un súperhombre [...] que esta prolífica raza nuestra no es capaz de producir grandes hombres, sino por excepción, y que por consiguiente estamos predestinados a que nos gobiernen alternativamente medio siglo los Santa Annas y el otro medio siglo los Díaz.[52]

[52] Luis Cabrera, *op. cit.*

Efectivamente, sólo dejaremos de ser una nación de caudillos cuando dejemos de creer en seres providenciales y asumamos la imperiosa necesidad de desarrollar nuestras instituciones, de crear una nación democrática y justa donde la libertad y el derecho estén por encima de los hombres que sólo buscan el poder y que carecen de proyectos políticos liberales y modernos capaces de mejorar la calidad de vida de sus gobernados. Diremos adiós a los caudillos el día en que existan ciudadanos, es decir, verdaderos guardianes de las instituciones republicanas.

Carlota no tuvo hijos

Para muchos de sus contemporáneos en el Viejo Mundo, Maximiliano y Carlota eran una pareja sumamente extraña. Algunos sostenían que ella se había casado por amor, y que él, por interés; otros pensaban que su falta de hijos sólo podía deberse a una «enfermedad innombrable» que el Habsburgo había contraído durante uno de sus viajes a Brasil, y otros más sostenían que la aceptación del trono de México sólo era un nuevo intento para unirse como pareja luego de la confirmación de su esterilidad. Los chismes sobre la corte –al igual que en nuestra época– estaban a la orden del día y Maximiliano y Carlota no eran ajenos a ellos. Pero sí es verdad que los emperadores no tuvieron un heredero: la enfermedad innombrable, el uso de condones de tripa de borrego, los algodones empapados en agua y vinagre, la impotencia, el desamor o la homosexualidad declarada de Maximiliano quizá sean una explicación para este asunto, cuya causa definitiva aún está por descubrirse. A su llegada a México, la pareja imperial pronto provocó las mismas habladurías que en Europa. Según la biografía de Carlota escrita por Susanne Igler, sus aliados mexicanos y la jerarquía eclesiástica estaban muy preocupados porque los emperadores no concebían un heredero para el Imperio mexicano y, en consecuencia, el futuro del reino estaba en riesgo. El distanciamiento de la real pareja no era cualquier cosa, y para colmo de males, su costumbre de dormir en recámaras separadas «había despertado sospechas en la sociedad mexicana». ¿Cómo iban a dar continuidad al imperio si en las noches los separaban los muros del castillo?

Pero las desgracias de la pareja real no se reducían a lo antes escrito, pues «en contraste con la imagen de un Maximiliano impotente [escribe Igler], surgió la leyenda de un emperador galante, que tuvo sus amoríos secretos y sus hijos ilegítimos, sobre todo por las frecuentes estancias en Cuernavaca, donde el emperador habitaba la hacienda de Borda como lugar de reposo». Ahí, según se cuenta, Maximiliano tuvo uno de sus grandes amores: Concepción Sedano, quien pasó a la historia con el sobrenombre de la «India Bonita», que al parecer, era la hija o la esposa de uno de los jardineros de la hacienda.

Así, Maximiliano y Carlota –sin importar las razones– pasaron a la historia como una pareja sin hijos y, en consecuencia, siempre se ha afirmado que el trono del Imperio mexicano quedó vacante por falta de herederos. Sin embargo, esta afirmación es un mito.

Los hijos de los emperadores

Es de todos sabido que una de las principales obligaciones de las parejas reinantes es concebir un heredero al trono. Sus matrimonios, más allá de las historias románticas de la prensa amarillista, tienen objetivos precisos: garantizar la continuidad del reinado, evitar los problemas de la transición gracias a un príncipe y unir con su matrimonio los intereses de la nobleza y la política. El amor, si es que existe, es algo adicional y nada aporta a los fines básicos de su relación. Así que Maximiliano y Carlota –por lo menos ante los ojos de sus aliados y de la jerarquía eclesiástica– no estaban cumpliendo con una de sus obligaciones. Ellos lo sabían, y tomaron cartas en el asunto.

En agosto de 1864, según se lee en una carta que Maximiliano le envió a Carlota desde Irapuato, él se llevó una agradable sorpresa en Querétaro, donde:

> me regalaron un pequeño indito, me lo enviaron como presente desde la Sierra Gorda; nadie sabe quiénes son sus padres. De cualquier modo, eran demasiado pobres para bautizarlo. Lo recogí e hice que lo bautizaran, recibió los nombres de: Fernando Maximiliano Carlos José. Hice buscar una buena nodriza y, por lo pronto, lo establecí en Querétaro, después haré que lo envíen a México.

La noticia del pequeño indígena no tardó mucho tiempo en causar cierto revuelo: el día 24 de ese mes el periódico *La sociedad* no sólo dio cuenta del solemne bautizo, sino que también sostuvo que el niño fue adoptado como príncipe imperial. Esta noticia, seguramente falsa -como lo señala Konrad Ratz-, no era más que una manifestación del descontento y la extrañeza por la falta de un heredero. La presión era real: urgía que Carlota quedara embarazada a la brevedad. Pero como esto no ocurría, en septiembre de 1865 Maximiliano tomó una decisión tajante: adoptar a Agustín de Iturbide, el nieto del libertador de México, para que se convirtiera en heredero al trono. La madre del pequeño Agustín, una estadounidense pragmática, estuvo de acuerdo con ello luego de algunas negociaciones que le garantizaron una generosa renta. Para Carlota, sin embargo, esta noticia fue una bofetada, pues hizo pública su incapacidad para cumplir con su deber conyugal como emperatriz, al tiempo que la desprestigiaba debido a la certidumbre que esta acción daba a los amoríos de Maximiliano.

Carlota, como se sabe, administraba el Imperio, para lo cual había sido debidamente capacitada en Bélgica, mientras que el emperador disfrutaba de los placeres de la Ciudad de la Eterna Primavera, acompañado por su inseparable conde Bombelles, con quien, según se decía, tenía añejas relaciones amorosas, además de las que sostenía con otros hombres y mujeres del trópico mexicano. Carlota, sola y abandonada en el Castillo de Chapultepec, incapaz de confesarle a nadie las traiciones de las que había sido víctima, además del estado de abandono en el que se encontraba, empezó a tener largas conversaciones con el coronel Alfred van der Smissen, nada más y nada menos que su guardaespaldas, el mismo que le había impuesto su padre, el rey Leopoldo I de Bélgica, para ayudarla a conservar su integridad física durante lo que prometía ser una larga y difícil estancia en México. El apuesto militar, también de origen belga, no tardó en tener un intenso intercambio carnal con Carlota, la emperatriz de México, quien en 1866 resultó embarazada. El tiempo transcurrió mientras Carlota experimentaba la expansión de su vientre, que bien pronto no pudo ocultar ante su marido; éste, una vez conocido el traspiés, se negó a reconocer al hijo que su esposa tendría.

Ante tal negativa, Carlota decidió ausentarse de México con el pretexto de negociar con Napoleón III y con el papa Pío XI el retiro de las tropas francesas acantonadas en México. Bien sabía ella que si Napoleón III retiraba su ejército de México, el segundo imperio mexicano se desplomaría como un castillo de naipes. Una vez en Europa, la siguiente parte de la estrategia para ocultar su embarazo consistió en mostrar signos de locura que le permitieran aislarse y mantenerse incomunicada en el castillo de Miramar. Cuando finalmente nació su hijo, cuyo padre era obviamente Alfred van der Smissen, la otrora emperatriz de México lo nombró Maxime Weygand, el mismo que con el tiempo sería uno de los artífices de la defensa francesa en la Primera Guerra Mundial. Encerrada Carlota en el castillo de Bouchot, siguió tomando las decisiones necesarias de carácter político y mercantil que a la larga le harían convertirse en la mujer más rica del planeta hasta su muerte en 1927.

Basta comparar las fotografías de Alfred van der Smissen y Maxime Weygand para demostrar el sorprendente parentesco entre los dos hombres. De modo que la supuesta infertilidad de Carlota queda desvirtuada con el nacimiento de su hijo Maxime Weygand en enero de 1867, por lo cual abandonó México embarazada.

El mito de la falta de herederos y la incapacidad de Carlota para tener hijos ha quedado develado, sin embargo aún nos quedan algunos cabos sueltos: ¿qué fue de los herederos al trono? El indígena de la Sierra Gorda desapareció de las páginas de la historia luego de su rimbombante bautizo; el nieto de Agustín de Iturbide volvió con su madre y años más tarde regresó a nuestro país para enfrentarse a Porfirio Díaz y ser juzgado en 1890; y el hijo de Carlota, como ya se mencionó, fue educado en las escuelas militares francesas hasta convertirse en uno de los grandes líderes militares de aquel país... pero nos falta uno:

> Rubén Darío, el poeta, tenía como secretario particular a un mexicano llamado Julio Sedano, quien le aseguró que era hijo bastardo de Maximiliano de Austria y de Concepción Sedano y Leguízamo, conocida como la *India Bonita*, nativa de la ciudad de Cuernavaca [...] Desde la infancia se lo habían llevado a la ciudad de Madrid, donde estudió. [En la Primera Guerra Mundial] Julio Sedano cayó preso en París [acusado de ser] un espía al servicio de los alemanes [...] Sedano dijo primero que no era espía, pero después de un intenso interrogatorio rompió a llorar y finalmente confesó que por ham-

bre había recibido unos cuantos francos de los alemanes, pero que no les había dado más información que la que se publicaba en los periódicos de París y que era del dominio público. Como se esperaba, el Jurado Militar lo condenó a muerte. [Se] aseguró que tenía las mismas facciones que Maximiliano de Austria, ojos azules y la barba partida, al igual que su supuesto padre.[53]

En la *Enciclopedia de los Municipios de México*, en la parte correspondiente al estado de Morelos, sección «Personajes», encontramos lo siguiente: «Julián Sedano y Leguísamo (1866-1914). Nació el 30 de agosto, hijo de Concepción Sedano Leguísamo y de Maximiliano de Austria. Fusilado en París».

[53] Valentín López González, *El imperio en Cuernavaca, 1862-1867*, Instituto Estatal de Documentación de Morelos, Cuernavaca, México, 2000, p. 23

La guerra contra los EUA fue culpa de los mexicanos

Las más dolorosas mutilaciones de nuestro territorio ocurrieron con una rapidez asombrosa: en poco más de una década México perdió más de dos millones de kilómetros cuadrados. La guerra de Texas y la intervención estadounidense -en las cuales fuimos derrotados a causa de los traidores a la patria y de las felonías del clero, que se negó a contribuir a la defensa de la nación y apoyó rebeliones que mermaron las fuerzas que combatían a los invasores- son dos de los grandes hechos traumáticos de la historia de México, y a ellos, en buena medida, debemos los complejos psicológicos que heredamos de dichos conflictos armados.

Sin embargo, más allá de las cuestiones militares, de las acciones de los vendepatrias y de la siniestra actitud de la jerarquía eclesiástica -hechos de los que ya me he ocupado en otros capítulos de esta edición- hay un mito que debe ser refutado: según algunos historiadores estadounidenses, la culpa de la guerra con los Estados Unidos la tuvimos los mexicanos, pues no respetamos los límites fronterizos y atacamos a las fuerzas armadas estadounidenses en las cercanías del río Nueces, un enfrentamiento que se convirtió en el detonador de la guerra de 1846.

La culpa no fue nuestra

El *Inquirer* publicó una carta asombrosa, visionaria y muy reveladora, redactada en 1812 -es decir 34 años antes de la invasión estadounidense-, nada menos que por el propio embajador del Imperio español en Washington y dirigida al virrey de la Nueva España en aquellos años:

> Estados Unidos intenta fijar su frontera sur a partir de una línea al oeste de la desembocadura del río Bravo, incluyendo Tejas, Nuevo México, Chihuahua, Sonora y las Californias, [...] Este proyecto podría ser delirante para muchas personas racionales, pero créame, ciertamente existe.[54]

Los límites de Texas estaban marcadas por dos ríos, uno, el del noreste, el Sabina, según los tratados de Adams-Onis de 1819, en lo que hace a la frontera con la Louisiana, y el otro, el Nueces, el del sur, que establecía la colindancia con el estado de Coahuila. Esto es que la línea fronteriza entre Coahuila y Texas nunca fue el río Bravo, sino el Nueces, de ahí que cuando Texas se anexó arbitrariamente a la Unión Americana forzosamente tenía que hacerlo respetando sus fronteras originales. Uno de los diarios influyentes en esa época, el *National Observer*, publicó una columna propia de un periódico de corte liberal:

> Texas tiene que ser anexada con los mismos linderos y medidas. El tamaño exacto de la extensión territorial que disfrutaba cuando formaba parte de México. Ni un acre más. La frontera entre Texas y Tamaulipas, en términos de las leyes y de la geografía política de México, la constituía, al sur, el río Nueces, en ningún caso el Bravo, por lo que si el ejército norteamericano remonta el río Nueces, Estados Unidos estaría violando la soberanía de México y, por ende, nos convertiremos no en defensores de nuestro legítimo patrimonio, sino en los filibusteros, piratas, invasores, enemigos de la legalidad, a quienes siempre hemos criticado con toda la fuerza de nuestra verdad y de nuestra razón.

Efectivamente, en 1844 el candidato demócrata a la presidencia estadounidense, J.K. Polk, sustentó su plataforma política en un brutal programa expansionista, el cual, obviamente, incluía la anexión de Texas, cuya independencia ya había sido reconocida por los gringos

[54] Citado por Agustín Cué Cánovas, *Historia social y económica de México*, 1521-1854, p. 339.

en 1837. El proyecto de Polk logró su objetivo y el territorio texano se convirtió en un estado más de la Unión Americana. Como resultado de esta acción, el gobierno mexicano rompió relaciones con los Estados Unidos y la tensión diplomática llegó a límites insospechados… la guerra era algo más que una posibilidad, como lo señala Jesús Velasco en su ensayo «La guerra con los Estados Unidos»:

> La opinión pública mexicana empezó a exigir la declaración de guerra y la organización de una campaña para recuperar de inmediato a Texas. El espíritu bélico de los intelectuales mexicanos se apoyaba principalmente en la idea de que la guerra sería el único medio de detener el expansionismo norteamericano. También se consideraba que la guerra era el medio más efectivo para despertar el sentimiento nacional y acelerar las reformas que la sociedad y las instituciones necesitaban. Pero el gobierno de Joaquín Herrera no compartía esas opiniones. Por ello, siguiendo el consejo de Inglaterra, estuvo dispuesto a reconocer la independencia de Texas.

El gobierno mexicano no cedió, resistió las amenazas de John Slidell, el embajador norteamericano, y se negó a pagar las absurdas reclamaciones que hacían los estadounidenses por supuestos daños; por su parte, Texas se incorporó a los Estados Unidos el 4 de julio de 1845. Pero el conflicto no se solucionó, pues según los texanos y los estadounidenses aún quedaba un asunto por resolver: los límites «reales» de Texas. Este asunto, siempre complejo, fue explicado con gran claridad por J.M. Roa Bárcenas:

> La provincia de Tejas nunca se había extendido más acá del Nueces por la parte colindante con Tamaulipas y Coahuila, ni más acá del Rojo o Colorado que la dividía de Chihuahua y Nuevo México. Al caer Santa Anna prisionero en San Jacinto, el deseo de conservar su vida […] le indujo a firmar el contrato que los tejanos le impusieron, y en cuya virtud el mismo Santa Anna y los principales jefes a sus órdenes reconocieron la independencia de Tejas y su extensión de límites hasta el Bravo, y se comprometieron a procurar la confirmación de tal pacto por el gobierno mexicano, que, como era natural y debido, dióle por nulo y de ningún valor ni efecto.

Es decir, debido a la proverbial cobardía de Santa Anna, él suscribió un documento que ampliaba el territorio texano hasta el río Bravo, pero este documento nunca fue ratificado ni aprobado por el Congreso mexicano, por lo que no tenía ningún valor. Sin embargo, de manera unilateral y violando todos los acuerdos, el 19 de diciembre de 1836 el Congreso de Texas publicó un acta que extendía sus límites hasta el río Bravo. Evidentemente, este hecho adolecía de fundamento jurídico, pues las fronteras no son asunto de votaciones, sino de acuerdos internacionales.

Aunque el acta del Congreso texano carecía de eficiencia jurídica, el gobierno estadounidense apoyó esta decisión y –bajo el amparo de la Doctrina Monroe y del Destino Manifiesto que suponía la designación providencial para que los Estados Unidos extendieran sus dominios a los territorios de los que otros pueblos no obtenían ningún provecho– ordenó el avance de sus tropas hacia el río Bravo. De esta manera, el general Zachary Taylor llegó a la ribera del Bravo y construyó el fuerte Brown (actualmente Brownsville) en territorio mexicano, ocasionando, como respuesta justificada, un ataque por parte de las fuerzas mexicanas. El ejército de los Estados Unidos había traspasado la frontera que marcaba el río Nueces y por lo tanto habían invadido México. De esta manera, como bien lo señala Roa Bárcena:

> El congreso expidió la resolución relativa el 13 de mayo de 1846, quedando así oficialmente reconocida en los Estados Unidos la existencia de un estado de guerra [...] Conviene advertir que el gobierno de los Estados Unidos, consiguientemente a su pretensión caprichosa y absurda de considerar el Bravo como línea divisoria, siempre alegó que la campaña había sido empezada por México [...] y si por una especie de suerte mágica fueron ensanchados los límites de Tejas [...], por otra suerte de igual género aparecimos como invasores de los invadidos.

«Saquen a los intrusos de la zona entre el Nueces y el Bravo. La zona de la frontera donde se prenda la chispa tiene que quedar desdibujada», ordenaría Polk enfurecido. El 12 de abril de 1846 el general Pedro Ampudia le hace llegar a Taylor una nota perentoria. He aquí la parte final del texto enviado por el militar mexicano:

Para don Zachary Taylor:
Le solicito de la manera más amplia y en el término perentorio de veinticuatro horas, que desintegre su campamento y regrese a la orilla Este del río Nueces mientras que nuestros Gobiernos regulan la cuestión inconclusa en relación a Texas. Si usted insiste en permanecer en el territorio propiedad del Departamento de Tamaulipas, de esto resultará que las armas y sólo las armas, resolverán esta situación. Si ese fuese el caso le aseguro que aceptaríamos la guerra que tan injustamente ha sido provocada por ustedes.[55]

Los Estados Unidos cometen entonces el primer acto de guerra en contra de México: sus fuerzas navales bloquean ya no la desembocadura del río Nueces, sino la del mismísimo río Bravo, obviamente territorio mexicano –más concretamente, las aguas y el suelo tamaulipeco–. Se viola así ostensiblemente la frontera internacional, y la ansiedad conduce a la pérdida de las formas. Polk sentencia:

Todos están de acuerdo en que si las fuerzas mexicanas que se hallan en Matamoros cometen cualquier acto de hostilidad en contra de las fuerzas del general Taylor, yo debo enviar inmediatamente un mensaje al Congreso recomendando la inmediata declaración de guerra. Manifesté al gabinete que, hasta el momento, como ya sabían ellos, no habíamos tenido noticia de ningún acto abierto de agresión por parte del ejército mexicano; pero que había peligro inminente de que ocurrieran dichos actos. Agregué que, en mi opinión, teníamos amplios motivos para la guerra y que era imposible que permaneciéramos en un *statu quo,* o que yo guardara silencio por más tiempo. Era mi deber enviar muy pronto un mensaje muy concreto al Congreso, recomendando medidas definitivas.[56]

Sólo el coronel Ethan Hitchcock escribe en su diario un par de notas para la historia, mientras se ejecutaban los planes de la Casa Blanca:

No tenemos ni una partícula de derecho para estar aquí, en territorio mexicano. Nuestras fuerzas son muy pequeñas para cumplir con

[55] Ampudia a Taylor, abril 12, 1846, Exec. Doc. No. 60, pág. 140, en Eisenhower, *op. cit.*, p. 64.

[56] Véase Diario de Polk, en Glenn W. Price, *op. cit.*, p. 258.

esta misión de caridad. Pareciera ser que nuestro gobierno mandó unas fuerzas armadas intencionalmente reducidas para provocar una guerra y poder tener un pretexto para tomar California y todo lo que se pueda escoger del país vecino.[57]

El presidente Paredes y Arrillaga, aun estando en contra de un conflicto armado, le declara la guerra a los Estados Unidos el 23 de abril de 1846, sin contar con la autorización legal del Congreso mexicano.

> Yo anuncio solemnemente que no declaro la guerra contra el gobierno de los Estados Unidos porque corresponde al congreso augusto de la nación, y no al Poder Ejecutivo, decidir definitivamente cuál reparación debe ser la exacta para estas injurias. Pero la defensa del territorio mexicano que ha sido invadido por las tropas de Estados Unidos es una necesidad urgente y mi responsabilidad, ante la nación, sería inmensa si yo no ordenara la repulsa de fuerzas que están actuando como enemigas y así lo he ordenado. A partir de esta fecha comienza la guerra defensiva y cada punto de nuestro territorio que haya sido invadido o atacado será defendido por la fuerza.[58]

Curiosamente, el mismo 25 de abril de 1846, cuando se produce en Carricitos el primer enfrentamiento informal entre los Estados Unidos y México, los gobiernos de Washington y Londres celebran un acuerdo bilateral para resolver el problema territorial de Oregon. El expansionismo promovido por Polk es una alarmante realidad.

El general Taylor escribe entonces una carta al presidente Polk: «Hoy, 25 de abril de 1846, se pueden considerar iniciadas las hostilidades. Requiero con urgencia que los gobernadores de Texas y la Louisiana me envíen ocho regimientos, aproximadamente cinco mil hombres más».[59] Los informes de la masacre de Carricitos alcanzan a Polk, «el mendaz», «el ventajoso», «el embustero manipulador», en Washington, el 8 de mayo. El jefe de la Casa Blanca se dirige al Congreso de su país con este texto infamante:

[57] Ethan Allen Hitchcock, *Fifty Years in Camp and Field*, ed. W.A. Croffut, p. 213.

[58] George Lockhart Rives, *The United States and México*, II.

[59] Taylor to Adjuntant General, april 26, 1846; W.T. Hardee Letter from Matamoros. Tomado de Pletcher, *op. cit.*, p. 377.

Después de reiteradas amenazas, México ha traspasado la frontera de los Estados Unidos, ha invadido nuestro territorio y ha derramado sangre norteamericana en tierra norteamericana.

Como la guerra existe de hecho y, a pesar de todos nuestros esfuerzos por evitarla, existe a causa de un acto propio de México, estamos obligados, por todas consideraciones de deber y patriotismo, a vindicar con decisión el honor, los derechos y los intereses de nuestro país.[60]

El tratado de Guadalupe Hidalgo de 1848, suscrito con una pistola apuntada a la cabeza de la nación, legalizó el despojo histórico de la mitad de nuestro territorio, el mismo que sólo lograremos recuperar cuando lleguemos a ser militarmente superiores a los Estados Unidos…

[60] Véase Glenn W. Price, *op. cit.*, p. 259.

Victoriano Huerta asesinó al presidente de la República

Durante el bienio 1911-1912 el gobierno maderista enfrentó con éxito a sus opositores: los levantamientos de Pascual Orozco, Félix Díaz, Emiliano Zapata y los hermanos Vázquez Gómez –entre otros– fueron vencidos en el campo de batalla o, cuando menos, se lograron establecer algunos mecanismos para la negociación pacífica de las desavenencias, tal como ocurrió en el territorio zapatista gracias a la labor del general Felipe Ángeles, la cual –al decir de Friedrich Katz en su ensayo «Felipe Ángeles y la Decena Trágica»– puso «fin a las represalias masivas contra civiles, como la quema de aldeas y las ejecuciones colectivas», lo que permitió disminuir la virulencia de los campesinos y establecer un cierto contacto con Zapata a fin de solucionar los problemas agrarios que sin duda estaban pendientes desde la llegada de Madero a la ciudad de México. Efectivamente, a finales de 1912 el régimen maderista trastabillaba, pero aún tenía posibilidades de seguir adelante.

Sin embargo, en febrero de 1913 Francisco I. Madero se enfrentó a su último enemigo y pagó con su vida los errores políticos que cometió durante su gobierno: no olvidemos que su deseo de lograr la unidad nacional lo llevó a mantener el poder de los porfiristas, a conservar íntegro el ejército de la dictadura y, sobre todo, a perdonar a sus dos mayores opositores –Félix Díaz y Bernardo Reyes–, al tiempo que –para colmo de males– también perdonaba al «Chacal» Huerta y lo restituía en su cargo después de los conflictos que el general tuvo con el secretario de Guerra y con el propio Gustavo Madero.

Pero en aquel funesto año las desgracias tampoco llegaron solas: los enemigos mortales de Madero, los malos hombres de negocios de Wall Street –con el «Chacal» a la cabeza– se aliaron con el embajador estadounidense Henry Lane Wilson y con la Iglesia católica para fraguar su derrocamiento. Los traidores, luego de algunos encuentros, pusieron en marcha sus planes: así comenzó la Decena Trágica, un conflicto armado organizado para aniquilar a las tropas leales al presidente y consumar el derrocamiento del primer presidente demócrata del siglo XX mexicano. Todos sabemos que Madero y el vicepresidente Pino Suárez fueron asesinados, y que Victoriano Huerta ocupó la presidencia de la República luego del crimen; sin embargo, también existe una pregunta a la que casi nadie quiere dar respuesta: ¿Madero y Pino Suárez renunciaron a sus cargos para entregar el país al «Chacal» Huerta?

Las renuncias: una historia (casi) ignorada

El 18 de febrero de 1913, en plena Decena Trágica, Madero y Pino Suárez fueron aprehendidos por los esbirros del «Chacal», quien también había ordenado la captura y el asesinato de Gustavo Madero, quien aún tenía ciertas posibilidades de organizar una respuesta contra el cuartelazo gracias a sus aliados, que se reunían en un grupo conocido popularmente como «La Porra».

De esta manera, mientras el presidente y el vicepresidente de la República estaban prisioneros en Palacio Nacional, la familia de Madero y el embajador de Cuba, Manuel Márquez Sterling, iniciaron negociaciones con los golpistas para garantizar la vida de los gobernantes legítimos. Los términos del acuerdo que ellos proponían eran más o menos precisos: Madero y Pino Suárez renunciarían a sus cargos a cambio de sus vidas y de la posibilidad de exiliarse en Cuba.

No obstante, la presión de los golpistas era inclemente, y al llegar el mediodía del 19 de febrero ambos mandatarios cedieron y, en un papel sin membrete, escribieron:

> Ciudadanos secretarios de la Honorable Cámara de Diputados: En vista de los acontecimientos que se han desarrollado de ayer acá en la nación, y para mayor tranquilidad de ella, hacemos formal renun-

cia de nuestros cargos de presidente y de vicepresidente, respectivamente, para los que fuimos elegidos.

Protestamos lo necesario.

México, 19 de febrero de 1913.
Francisco I. Madero.
José María Pino Suárez.

Madero y Pino Suárez firmaron sus renuncias con una condición: el documento sólo debía entregarse al Congreso -obviamente controlado por los porfiristas- cuando ellos hubieran abandonado el país y estuvieran rumbo a Veracruz para abordar el crucero *Cuba* que los sacaría de México. Pero Huerta y sus seguidores también violaron este último acuerdo. En *Los últimos días del presidente Madero*, el embajador Márquez Sterling narra que:

> Don Ernesto [Madero] llegó con una extraña noticia [al lugar donde estaban Madero y Pino Suárez]:
>
> –El señor Lascuráin, ministro de Relaciones Exteriores, va en este momento a presentar «tu» renuncia...
>
> Madero saltó de la butaca...
>
> –¿Y por qué no se ha esperado Lascuráin a la salida del tren? Tráelo aquí, en seguida [...] que venga en el acto; sin demora, corre; vaya usted también, señor Vázquez, tráigalo enseguida. [...]
>
> Ernesto vuelve con peores noticias. «La renuncia ya fue presentada...»
>
> [...]
>
> Lentamente [Madero] fue recobrando su habitual sonrisa, e inundándose de conformidad su espíritu.
>
> –Huerta me ha tendido un segundo lazo, y firmada y presentada mi renuncia no cumplirá su palabra.

Madero tenía razón: el «Chacal» no cumplió su palabra y unas horas más tarde ordenó su asesinato y el de Pino Suárez. Sin embargo, gracias a ese documento obtenido por la fuerza de las armas, el «Chacal» logró llegar a la presidencia de la República mediante un ardid legaloide: como Madero y Pino Suárez renunciaron a sus cargos, el único que podía ocupar el despacho más importante del país era Pedro Lascuráin, el entonces secretario de Relaciones Exteriores, quien luego de rendir protesta y jurar defender la Constitución, tomó una sola decisión: firmó el nombramiento del «Chacal» como su secretario de Gobernación. Acto seguido, después de 45 minutos de ocupar la titularidad del Poder Ejecutivo, renunció, para ceder la banda presidencial al único integrante de su gabinete: el asesino de Madero y Pino Suárez.

Huerta se convirtió en presidente constitucional mientras los mexicanos, sumidos en la apatía, permitieron que la traición se consumara y marcara un terrible retroceso en nuestra vida pública. Se puede afirmar, entonces, que Huerta no asesinó al Jefe de la Nación, porque éste ya había renunciado, aunque la dimisión estaba viciada de nulidad al no ser un acto libre, espontáneo y voluntario. De acuerdo, pero Madero tenía que haber advertido a su victimario: «No va usted a asesinar a un ciudadano prófugo de sus poderes, sino que privará de la vida y se llenará las manos de la sangre del presidente de la República...» Nunca debió haber renunciado...

Francisco Villa fue asesinado en la Revolución

Todo parece indicar que la sentencia de muerte de Francisco Villa se dictó a partir de la entrevista que le hiciera Regino Pagés Llergo, uno de los periodistas más afamados de *El Universal.* Poco antes de ser asesinado, el Centauro del Norte manifestó que «Fito de la Huerta, un buen hombre con defectos, señor, pero son debidos a su mucha bondad, no se vería mal en la Presidencia de la República», en lugar de Plutarco Elías Calles... Los caudillos sonorenses nunca se lo perdonaron, aunque estas declaraciones no debían extrañar a nadie: no olvidemos que unos años atrás Villa había pactado con Adolfo de la Huerta dejar las armas. Incluso, tampoco resulta descabellado suponer que él no sospechó que Obregón y Calles lo mandarían matar por declarar que él era un delahuertista consumado... sus palabras casi eran obvias y él estaba prácticamente retirado en Canutillo.

Francisco Villa pasó los últimos tres años de su vida en su hacienda de Canutillo, llevando a cabo un experimento social que dejó boquiabiertos a propios y extraños. Lo que ocurría en aquellas tierras era la verdadera Revolución, un ejemplo vivo que debió calcarse en todo el país. Efectivamente, gracias a los Tratados de Sabinas, el gobierno le otorgó a Villa la hacienda Canutillo -en Durango- y le permitió conservar una escolta de cincuenta hombres, cuyos sueldos quedaron a cargo del Estado. El resto de su famosa división fue indemnizada con un año de haberes.

En esas condiciones el Centauro comenzó una nueva vida, pues experimentó lo que siempre había soñado: a nadie le cabía la menor duda de que él había nacido para el campo. En las noches, alrededor de la fogata, ya no se planeaban batallas sino que se hablaba del futuro, de la capacidad de producción de la tierra, de la reparación del casco, de la compra de aperos agrícolas, de la contratación de mano de obra, del trabajo en comunidad, de la generación de excedentes exportables, de la distribución de las ganancias, de la inversión de las reservas líquidas, de la educación, de las facilidades sanitarias para que las mujeres pudieran dar a luz sin exponer sus vidas...

Entre 1920 y 1923 la hacienda llegó a tener una población que oscilaba entre 400 y 800 personas, quienes trabajaban en los pastizales para la crianza de ganado de exportación. Desde Canutillo se abastecía no sólo el mercado regional, sino también, en pequeña proporción, el estadounidense, y cuando las cosechas satisficieron las necesidades de la hacienda, los antiguos soldados vendieron sus productos en Parral, Torreón y otras localidades. No había desperdicio ni corrupción. Y en la tienda de Canutillo se surtían muchos pueblos circunvecinos. Las cuentas de la hacienda eran impecables, todos las conocían: los tenedores de libros no querían ser fusilados por malversación de fondos. Buen sistema de control, ¿no?

La educación también fue una preocupación de Villa, por ello acordó con José Vasconcelos, el entonces secretario de Educación Pública, que enviara a Canutillo una misión cultural para alfabetizar a los habitantes de «su pequeño mundo». Villa, incluso, ayudó a los maestros con una paga adicional y les proporcionó hospedaje, comida, lavado de ropa, armas para cazar, caballo y presupuesto para libros. Así se fundó la escuela «Felipe Ángeles», en honor de uno de los militares más admirados por el Centauro.

Dos hechos determinarían el fin de los días del general Villa: la invitación para asistir a un bautizo en Parral y las declaraciones que hizo a Pagés Llergo. Y es que Villa no sólo se inclinó públicamente por Adolfo de la Huerta, el enemigo a vencer de Obregón y de Calles, sino que también confesó la posibilidad de reunir a 50 000 de sus dorados –un objetivo inalcanzable a esas alturas– con tan sólo un chasquido de dedos.

Villa conocía los recursos de Obregón y de Calles, el aspirante a ocupar la principal oficina del país. Sabía que no se detendrían ante nada con tal de mantenerse en el poder. Obregón, quizá fingiendo indiferencia, refaccionó cínicamente con los gastos de Canutillo a

Miguel Trillo, el último secretario de Villa. El Centauro, luego de estos hechos, se tranquilizó y emprendió un último viaje a Río Florido, sin saber que un grupo de verdugos esperaban el momento para ejecutarlo. Unas eran las posibilidades militares y políticas que tenía De la Huerta con el apoyo de Villa y otras, muy diferentes, si éste desaparecía del escenario político. Francisco Villa era uno de los pocos hombres que podían enfrentarse a los planes de Obregón y Calles, por eso tenía que ser asesinado: su desaparición física era impostergable. Sólo faltaba la orden de fuego.

La mañana del crimen Trillo dudó: no sabía si llevar a la escolta montada o, por razones de economía y de rapidez, escoger a un pequeño grupo de guardaespaldas que iría a bordo del Dodge del general Villa. Se decidió por esto último. Los de a caballo permanecerían en Canutillo. La víspera de la salida de su hacienda, una mujer del pueblo pidió hablar con Villa. Lo consiguió. Presa del llanto denunció la conjura para asesinarlo. Ella se estaba jugando la vida al delatar los planes para matarlo. Villa le agradeció sus palabras y la despidió dándole un par de palmaditas. En ese instante creció su angustia: no olvidaba las declaraciones que había hecho. Era imposible ocultar la amenaza que su presencia militar implicaba para el presidente y para su heredero político. Aquel 20 de julio de 1923 Villa se despidió de su familia: Soledad y sus hijos lo abrazaron. Ella también le pidió que no fuera, él le respondió bromeando: «No está mal morir en Parral».

Obregón y Calles ultimaron los detalles del crimen en el Castillo de Chapultepec. Ya habían analizado todos los movimientos y las declaraciones de Villa. La labor de espionaje lo confirmaba: Villa estaba dedicado a las tareas del campo hasta que se decidió por Adolfo de la Huerta, su amigo, al presentarse la sucesión presidencial de 1924.

Para ejecutar el crimen y consumar la traición fue contratado un grupo de nueve individuos, todos ellos feroces enemigos de Villa, entre los que figuraban Melitón Lozoya, Librado Martínez, José y Román Guerra, José Barraza, Ruperto Vera, Juan López y los hermanos Sáenz Pardo. Nadie duda de que el asesinato de Villa fue orquestado por Plutarco Elías Calles, en acuerdo con el general Obregón.

Los asesinos materiales habían alquilado una casa en la calle de Gabino Barreda, por donde forzosamente tenían que pasar los viajeros que entraban o salían de Parral rumbo al noroeste. Estaban cazando al Centauro, esperando la mejor ocasión para no errar el blanco. Se trataba de masacrarlo, de disparar desde diferentes ángulos para que la víctima no pudiera devolver el fuego. La acción sería ejecutada al estilo de las campañas militares de Villa: relampagueante, precisa, avasalladora. Tenía que producirse una lluvia de balas de alto calibre, balas expansivas, para acabar con la vida de quien tuvo la osadía de contradecir los deseos de Obregón y Calles...

El día 20 de julio de 1923 se fijó el regreso a Canutillo, donde estaba su esposa en turno, próxima a dar a luz. La mañana trágica, el general condujo su automóvil. Trillo se acomodó a su lado derecho. En el vehículo no quedaba espacio: estaba ocupado a toda su capacidad por sus guardias personales, una prueba de que el general conocía muy bien a sus rivales políticos.

Todo estaba perfectamente organizado. Salieron. Un vendedor de dulces se quitó el sombrero cuando el automóvil de Villa pasó frente a él. Tenía que verlo, comprobar su presencia y hacer el movimiento con el sombrero. Esa era la señal esperada. Los asesinos cortaron cartucho. Estaban seguros de que podrían abrir fuego en cualquier momento. Se apostaron en sus lugares. Contaban con tiempo para apuntar cuidadosamente. Lo hicieron, pero con el pulso tembloroso. No cualquiera se atrevía a dispararle a Pancho Villa.

Cuando en la última esquina el coche del general dio la vuelta se accionaron los gatillos. La descarga de fusilería fue atroz, imponente, ensordecedora. Los rifles escupieron fuego. Acertaron. Volvieron a acertar. Hicieron blanco desde todos los rincones. Cargaron. Volvieron a disparar hasta que se hincharon los dedos índices. Un regimiento disparaba de la casa siniestra para acabar con la vida del general y con la de sus compañeros de viaje. No debía sobrevivir ni uno solo para contarlo.

El famoso Dodge del general se enfiló hacia un árbol y se estrelló con él. Su motor se silenció de inmediato y, al mismo tiempo, se acallaron las bocas de los rifles de los criminales. En el amanecer de Parral sólo se escuchaban lamentos aislados, ayes de dolor que se apagaban gradualmente. Uno de los asesinos salió de la casa para disparar a quemarropa el tiro de gracia sobre el cráneo del general, que colgaba de la puerta del vehículo con la mano derecha sobre su pistola, como si quisiera desenfundarla para morir combatiendo. Las balas expansivas le destrozaron el pecho y la cabeza. Su fotografía macabra se sumaría a las de Zapata y Carranza. Las de Madero y Obregón se perderían en la noche de la historia.

Desde que el presidente de la República pensó por primera vez en el asesinato del general Villa, hasta que se ejecutó el crimen, jamás pasó por su mente aquello de que «juro defender la Constitución Política de los Estados Unidos Mexicanos y las leyes que de ella emanen, y si no que la patria me lo demande...». ¿Qué les importaba a Obregón y a Calles lo dispuesto por la Carta Magna promulgada tan sólo seis años atrás, muy en particular cuando la máxima ley de los mexicanos establecía y mandaba que «nadie puede ser privado de la vida, de la libertad [...] sino mediante juicio seguido ante los tribunales previamente establecidos? De igual manera, cuando el presidente Carranza acordó el asesinato de Zapata, tampoco pensó en el artículo 14; y Calles y Obregón también ignoraron el juramento cuando ordenaron la captura y asesinato de Serrano y Gómez y sus seguidores en Huitzilac. ¿Qué suerte corrieron en la historia del crimen político, casi siempre impune, los asesinos materiales de Madero y Pino Suárez y los de Zapata y los de Carranza y los de Villa y los de Field y Alvarado? Los crímenes y las traiciones jamás fueron sancionados ni por el poder público ni por la sociedad.

A Villa ni siquiera lo enterraron con honores militares, tampoco se dispararon salvas en su memoria ni se organizó un desfile fúnebre. Sólo el pueblo le llevó flores al cementerio.

Pero Pancho Villa, como él mismo lo predijera, ¡no habría de reposar tranquilo ni en su misma tumba!: tres años después del crimen alguien violó la tumba y extrajo el cráneo del general...

Bernal Díaz del Castillo nunca mintió

Poco más de cien años después de que Cortés y sus aliados tomaron Tenochtitlan, la Imprenta del Reyno, ubicada en Madrid, publicó un voluminoso libro que pretendía decir la última palabra sobre la conquista de una de las joyas de la corona. Su autor, que según se informaba en la portada era «uno de sus conquistadores», había puesto un ambiciosísimo título a su obra: *Historia verdadera de la conquista de la Nueva España*. El nombre no daba lugar a suspicacias: Bernal Díaz del Castillo pretendía refutar cada una de las historias -desde las *Cartas de relación* de Hernán Cortés hasta el libro de Gómara- que daban cuenta de aquellos hechos.

La *Historia verdadera de la conquista de la Nueva España* no tardó mucho tiempo en convertirse en una de las principales fuentes sobre aquella época y, a diferencia de las cartas de Cortés y de la *Historia de la conquista de México* de Francisco López de Gómara, ha sido reeditada con gran éxito durante cuatrocientos años, ganándose el aprecio de propios y extraños. Bernal es el espejo de la conquista y la conquista es el espejo de Bernal. Así, no resulta extraño que todos los historiadores -oficiales o no- y los lectores interesados en aquellos hechos que narra se hayan asomado a sus páginas para descubrir su «verdad». Y, cuando menos en principio, no les falta razón para hacerlo: Bernal fue testigo y protagonista, y muchas de las cosas que se dicen en su libro están más allá de la duda razonable. Sin embargo, tengo la impresión de que, en más de una ocasión, hemos sobrevalorado el libro de Bernal, pues escribió algunos dislates y, en ciertos casos, sus afirmaciones son contrarias a la realidad.

Examinar a la obra de Bernal con una mirada crítica nos permitiría juzgarlo con imparcialidad y aquilatarlo en su verdadera medida, al tiempo que develaríamos un mito, el de que Bernal nunca mintió. Así, adentrémonos en la *Historia verdadera de la conquista de la Nueva España*.

Las «verdades» de la historia «verdadera»

Como personaje histórico, Bernal Díaz del Castillo es esquivo, apenas contamos con un puñado de datos confiables sobre su vida: nació en Medina del Campo, fue hijo de Francisco Díaz del Castillo –a quien apodaban «El galán»– y de María Díez Rejón. En México tuvo un amorío con una doncella que le regaló Moctezuma, quien luego de ser bautizada como Francisca desapareció de la historia sin dejar huella; posteriormente casó con Teresa Becerra, con la cual tuvo varios hijos. Sabemos que luego de la conquista de México se estableció en Guatemala, donde ejerció algunos cargos públicos y escribió su *Historia verdadera...* Más allá de estos datos, lo único que conocemos es lo que dice de sí mismo en su obra. Curiosamente, Bernal nunca es mencionado por sus compañeros de armas ni por los primeros historiadores de la conquista: Cortés no le dedicó una sola línea en sus *Cartas de relación*, los otros soldados tampoco dan cuenta de él, y en el libro de Gómara brilla por su ausencia. Por ello, muchos de los estudiosos de Bernal –con Juan Miralles a la cabeza– sostienen que él escribió la *Historia verdadera...* para «salvar su nombre del olvido».

Esta interpretación no es desatinada, pues el cronista emprendió la redacción de su obra afirmando: «Soy viejo de más de ochenta y cuatro años y he perdido la vista y el oír». Sin embargo, esto no le causó grandes problemas, pues probablemente dictó su obra a algún escribano o a un amigo suyo. El libro, a diferencia del de Gómara, nunca fue concebido como un trabajo de investigación histórica, sino como unas memorias, lo cual explica el relativo desorden que caracteriza su exposición.

El simple hecho de que la *Historia verdadera...* sea un libro de memorias y no el trabajo de un investigador puede explicarnos algunos de sus yerros y dislates: él emprendió la escritura en soledad y nunca consultó a sus compañeros de armas sobre lo que decía, aunque algunos de ellos también vivían en Guatemala. Su gran y quizá única fuente era su memoria, a la cual invocó varias décadas después de ocurridos los hechos que narraba. Pero el tiempo y la capacidad de recordar no son los únicos problemas que marcan a la *Historia verdadera...*: Bernal –al igual que sus compañeros de armas– no estuvo presente en todos y cada uno de los acontecimientos de los que da cuenta y por ello su fuente de información, por lo menos en estos casos, fue lo que le contaron –de segunda, tercera o cuarta mano– las personas con las que conversó durante la conquista y los primeros años de vida colonial.

De esta manera, no debe sorprendernos que, por ejemplo, cuando la *Historia verdadera...* se refiere al juicio de residencia que enfrentó Hernán Cortés al ser acusado de detraer oro del quinto real y del reparto a los conquistadores –a lo cual se agregaba la sospecha de que habría envenenado a su esposa Catalina Juárez–, no atine a ninguno de los hechos que realmente ocurrieron, pues Bernal no estuvo en España con el conquistador y sus palabras, en buena medida, sólo muestran los decires que corrían de boca en boca durante aquellos días.

Por esto mismo, tampoco debe sorprendernos que Bernal diga verdades a medias sobre el enfrentamiento entre Cortés y Diego Velázquez al momento de salir de Cuba, que ofrezca una extraña versión sobre la prisión y muerte de Moctezuma, que falle en algunos detalles de los sucesos de la «noche triste», que invente ciertos acontecimientos en relación con Narváez y con la expedición que llegó a estas tierras para aprehender a Cortés y que, sobre todo, se atribuya a sí mismo algunas hazañas.

Bernal mintió en varias ocasiones. Sin embargo, y a pesar de sus yerros y dislates, la *Historia verdadera...* sigue siendo un libro maravilloso, pero –como todas las obras de historia– al que hay que leer con cuidado, con ojos suspicaces y mente abierta, pues sólo así podremos encontrar su riqueza y deshacernos de sus impurezas. Esta lección, que debería marcar todos nuestros acercamientos a las palabras que se escriben sobre el pasado y el presente, es algo que debemos agradecer a Bernal, al gran memorioso de la conquista que confió demasiado en sus recuerdos y nunca fue más allá de lo que le dictaba su mente.

México no fue el detonador de la Primera Guerra Mundial

Poco se ha dicho en torno del papel que desempeñó México como detonador de la Primera Guerra Mundial. La información ha quedado en poder de algunos especialistas y otros curiosos de la materia histórica. El descubrimiento del telegrama Zimmermann enviado por el emperador Guillermo II a Venustiano Carranza en enero de 1917, dejó al descubierto una compleja intriga internacional que produjo, entre otros efectos, el estallido de la Primera Guerra Mundial en abril del mismo año. Recordemos que Europa entera se convirtió en astillas un mes después del asesinato del archiduque Francisco Fernando y de su esposa Sofía, en junio de 1914. Pero no fue sino hasta que Arthur Zimmermann, el ministro de asuntos exteriores del Imperio alemán, envió el citado telegrama al presidente mexicano, cuando la conflagración europea adquiere, de golpe, dimensiones planetarias.

Cándido Aguilar, secretario de Relaciones Exteriores de México y yerno del presidente Carranza, le informa a éste de la invitación hecha por el káiser alemán para formar una triple alianza Japón-Alemania-México para declararle conjuntamente la guerra a los Estados Unidos. Como desde luego las hostilidades coronarían las frentes de los emperadores de Japón y Alemania, así como la del presidente Venustiano Carranza, Alemania se comprometía a devolverle a México los territorios de Texas, Arizona y Nuevo México que le habían sido arrebatados durante una de las catastróficas gestiones de Antonio López de Santa Anna, en 1847-1848. A los japoneses se les entregaría como botín de guerra nada menos que California y el Canal de Panamá.

Ni duda cabe de las tendencias germanófilas de don Venustiano. Éstas pueden ser probadas de diferentes maneras y con diversas herramientas que proporciona la historia. Desde luego, el presidente mexicano llegó a pensar que Alemania, con su poder submarino y su armada educada en el estricto rigor militar prusiano, podía llegar a ganar la guerra, para después entendérselas con los Estados Unidos y hacerse así del mundo entero. Carranza, en la soledad del despacho presidencial, imaginó una y otra vez la suerte que correría el orbe si Alemania llegaba a ganar la guerra europea. Sus reflexiones íntimas, sin embargo, no le permitían ignorar el destino de México en caso de que Francia, Inglaterra y los Estados Unidos fueran los países vencedores: la frontera norteamericana bien podría correrse hasta el río Suchiate, lo cual implicaría la desaparición de México.

Mientras Carranza calculaba las posibilidades de éxito y analizaba la respuesta que daría al representante diplomático del káiser, en Inglaterra, en el interior del llamado Cuarto 40, un selecto grupo de criptólogos ingleses descifraba el texto recientemente enviado por Alemania a través de tres diferentes conductos trasatlánticos a los Estados Unidos y posteriormente a México. ¡Qué lejos estaban el emperador alemán, su canciller, su alto mando y su ministro de asuntos exteriores, de siquiera suponer que el telegrama ultrasecreto, encriptado y doblemente codificado, iba a ser traducido por los enemigos más acérrimos de Alemania!

Cuando Inglaterra decide poner en manos del presidente Woodrow Wilson el texto íntegro del telegrama Zimmermann, cuidando de que no pareciera una nueva conjura británica para obligar a los Estados Unidos a entrar en la guerra, y al mismo tiempo evitando que Alemania sospechara que la Gran Bretaña ya podía descifrar sus mensajes aéreos, el jefe de la Casa Blanca, presa de una furia tan repentina como justificada, ordenó que el telegrama fuera publicado en todos los periódicos de la Unión Americana y, por ende, del mundo entero. He aquí el texto del histórico telegrama:

> Pretendemos iniciar el primero de febrero guerra submarina ilimitada. A pesar de esto debemos esforzarnos en mantener neutral a los Estados Unidos de América. En el evento de que esto no llegara a suceder, le hacemos a México una propuesta o en su caso una alianza sobre las bases siguientes: hacer la guerra unidos, hacer la paz

unidos, un generoso apoyo financiero y un entendimiento de parte nuestra de que México podrá reconquistar los territorios perdidos de Texas, Nuevo México y Arizona. Los detalles de los acuerdos son dejados a usted. Usted informará al presidente al respecto de la manera más secreta tan pronto el comienzo de la guerra con Estados Unidos sea seguro y agregue la sugerencia de que él deberá, por iniciativa propia, invitar a Japón a adhesión inmediata y al mismo tiempo mediar entre Japón y nosotros. Por favor llamen la atención del presidente del hecho que el uso despiadado de nuestros submarinos ahora ofrece la posibilidad de obligar a Inglaterra en unos meses a hacer la paz.

ZIMMERMAN

El escándalo fue mayúsculo. Después de tres días de sospechoso silencio de las autoridades alemanas, el propio ministro Zimmermann confesó la autenticidad del telegrama, manifestando ante un representante de la prensa norteamericana que, efectivamente, él lo había enviado y que el plan era cierto y válido.

Si algo le había costado trabajo al presidente Wilson había sido evitar inmiscuir a su país en la guerra europea, tanto que su campaña por la reelección presidencial la había fundado en el slogan: *He kept us out of war.* El descubrimiento del telegrama Zimmermann puso a los Estados Unidos de pie, como un solo hombre, en contra de Alemania. Las divergencias de opinión concluyeron con un único movimiento de batuta: Congreso, prensa y electorado coincidieron en la necesidad de declarar la guerra al país germano en términos irrevocables e inaplazables. En su propio discurso de abril de 1917, en el que Wilson declara la guerra al Imperio alemán, el jefe de la Casa Blanca hace mención del telegrama Zimmermann, aduciendo la imposibilidad de mantener la neutralidad, dado que era insostenible que Alemania invitara al propio vecino de los Estados Unidos a iniciar un conflicto armado en su contra.

Debe resaltarse que el telegrama Zimmermann fue el último intento del káiser Guillermo II de provocar una guerra México-Estados Unidos, dado que antes ya lo había hecho por medio de Victoriano Huerta y, más tarde, de Pancho Villa, según ha quedado constancia en otros capítulos de esta edición. El alto mando alemán, fundadamente temeroso de que los Estados Unidos pudieran entrar al rescate de Francia e Inglaterra, confiaba en que de estallar un conflicto armado entre los Estados Unidos y México, aquéllos tendrían que enviar por lo menos medio millón de hombres para aplastar a sus vecinos del sur, soldados que lógicamente no podrían llegar al frente en Europa.

Mientras tanto, el alto mando alemán invertía cuantiosas cantidades de marcos para financiar el traslado de Vladimir Illich Ulianov, «Lenin», de tal forma que pudiera abandonar su exilio en Suiza, regresar a su país y hacer estallar la Revolución rusa. Ésta finalmente sacudió al otrora Imperio zarista en octubre de 1917. Los planes del alto mando alemán se producían con rigor matemático: la rendición inmediata de Rusia se hizo realidad. La frontera de Alemania se extendió, de hecho, casi hasta Moscú, y bien podría haber llegado hasta los linderos de Rusia con el océano Pacífico.

La guerra submarina declarada por Alemania a todo barco de cualquier bandera que se dirigiera en cualquier momento a territorio inglés, fue otra de las razones que ocasionaron el ingreso de los Estados Unidos a la conflagración europea.

En *México secreto* se encuentran las acciones que siguió Inglaterra para obtener los códigos secretos alemanes y poder descifrar sus mensajes aéreos, traduciéndolos en ocasiones más rápidamente que sus receptores directos.

¿Qué sucedió en México, en especial en el gobierno de Carranza, a raíz de la publicación en los Estados Unidos del telegrama Zimmermann? Fletcher, el embajador norteamericano, urgió a Carranza para que declarara públicamente su enérgico rechazo a trabar una alianza entre Japón, Alemania y México en contra del gobierno encabezado por Woodrow Wilson. Más aún, lo presionó para que, sin dilación alguna le declarara la guerra al káiser. Ante un Fletcher que amenazaba enfurecido con un nuevo rompimiento de relaciones entre los Estados Unidos y México, don Venustiano siempre alegó el hecho de no haber recibido jamás semejante invitación de parte de Alemania para crear una alianza tripartita con el Japón.

Fletcher, confundido, se comunicó con Lansing, el secretario de Estado norteamericano, para pedir instrucciones y hacerle saber la inconveniencia de romper relaciones con México, cuando el propio presidente de la República alegaba indefensión e injusticia porque nunca había tenido en sus manos el telegrama ni se le había informado de su existencia por los canales diplomáticos ordinarios. «¿Vamos acaso a romper las relaciones entre nuestros dos países por un hecho que desconozco y del que soy absolutamente inocente...?». Mientras Carranza se defendía con este alegato, simultáneamente sostenía conversaciones secretas, a través de Cándido Aguilar, con diplomáticos japoneses para evaluar las posibilidades de dicha alianza con México, midiendo rigurosamente los riesgos para el Japón de cambiar de bando, renunciando a la alianza con Francia, Inglaterra y Rusia, y formando, por el contrario, un eje con Alemania y México en contra de los Estados Unidos, único país que, por otro lado, contenía sus apetitos territoriales en Asia y coartaba sus aspiraciones expansionistas del otro lado del mundo.

Carranza negó en todo momento la recepción del telegrama, mientras Von Eckardt, el embajador alemán, informaba en términos encriptados, por la misma vía aérea, a la estación de Nauen, en Berlín, de los avances de las conversaciones en México y de las posibilidades de instalar bases de submarinos alemanes en Antón Lizardo, Veracruz, así como de la factibilidad de construir una gigantesca antena telegráfica en Iztapalapa y de financiar una fábrica de cartuchos en las afueras de la ciudad de México.

Todo ello era captado por el Cuarto 40 en Londres, descifrado, traducido y enviado a Wilson, a Lansing, y este último a Fletcher, quien volvía con la cara inyectada de sangre a reclamar y a advertir sobre los peligros que correría México si se construían bases de submarinos alemanes en Veracruz. Después de estas conversaciones y nuevas amenazas, esta vez era Carranza el confundido, seguro de que las paredes de Palacio Nacional hablaban, porque de otra manera era imposible la fuga de información ultrasecreta. ¿Sería Von Eckardt un indiscreto, o vendería información privilegiada a los yanquis? ¿Von Eckardt, el embajador del imperio, un agente norteamericano...? ¡Imposible! ¿Entonces... cómo? El espionaje inglés funcionaba a la perfección sin que los alemanes advirtieran su alcance.

Carranza nunca declaró la guerra a Alemania muy a pesar de las presiones norteamericanas. Por supuesto que Arthur Zimmermann, después de sus reiteradas visitas y comparecencias ante el Reichstag, continuó insistiendo –hasta su renuncia al cargo unos meses después de abril de 1917– en la conveniencia de la alianza con México, ya fuera durante la guerra o al finalizar ésta. Zimmermann siguió enviando mensajes encriptados a Von Eckardt, dándole instrucciones y recursos económicos para sobornar a la prensa mexicana, la cual no debería abandonar en ningún caso su evidente línea proalemana.

Von Eckardt no sólo continuó sobornando a la prensa mexicana en lo general, sino que también contrató al principal agente alemán en el gobierno mexicano: Mario Méndez, el secretario de Comunicaciones carrancista, quien cobraba 600 dólares al mes por vender al ministro alemán detalles de los acuerdos tomados en las elevadas y secretas reuniones del gabinete de Carranza... Von Eckardt también tenía ligas con generales del ejército mexicano contrarios a Carranza y con el exgeneral huertista Higinio Aguilar, de Veracruz, así como con representantes de la Iglesia católica opuesta a Carranza por la promulgación del artículo 27 constitucional... El ministro alemán ensamblaba una estructura paralela en el caso de que Alemania decidiera repentinamente que Carranza, resentido con el káiser por su actitud asumida en torno de las figuras de Victoriano Huerta y Francisco Villa, dejara de ser interesante para el gobierno imperial.

Arthur Zimmermann renunció en ese mismo 1917 y jamás volvió a ocupar un cargo en ningún gobierno alemán hasta su muerte, en el más espantoso ostracismo, a mediados de la Segunda Guerra Mundial. Los «idiotas» son excluídos de todo trato en las altas esferas alemanas...

Gracias al telegrama Zimmermann el conflicto focalizado específicamente en Europa convirtió en astillas al mundo entero a partir de 1917. ¡México hizo las veces de detonador de la Primera Guerra Mundial!

La Inquisición no quemó escritores

La clásica *Historia mínima de México*, editada por El Colegio de México desde 1973, no hace referencia alguna (al menos hasta su sexta reimpresión de 1981) a la presencia del Tribunal del Santo Oficio en la Nueva España. Una versión más reciente de esta misma obra, titulada *Nueva historia mínima de México* (2008), sólo en tres ocasiones menciona a esa institución, «cuyo alcance en materia de control político e ideológico no era menor que el que tenía en materia de ortodoxia religiosa»,[61] dice. Los libros de texto, asimismo, son ejemplarmente mezquinos al informar sobre esta diabólica institución que ha sido –qué duda cabe–, la peor enemiga del conocimiento y de todo género de evolución que haya habido en México… Pero no sólo aquí, recordemos a Juan Wiclef, el primer traductor de la Biblia al inglés: ¿no fueron desenterrados sus huesos para quemarlos?[62] O a Juan Hus, profesor de la Universidad de Praga, quien fue quemado públicamente en 1415 junto con sus obras. O a Herman Ruiswich, condenado por la Inquisición a ser quemado vivo junto con sus obras, en 1512.[63] O a Esteban Dolet, quien mostró «en todas sus obras una manifiesta impiedad […] identificándose en cierto modo con los protestantes» y que por tal razón fue condenado «como ateo y hereje a ser ahorcado y quemado», lo que sucedió en París el 3 de agos-

[61] Bernardo García Martínez, «La época colonial hasta 1760», en *Nueva Historia Mínima de México Ilustrada*, COLMEX / Secretaría de Educación del Gobierno del Distrito Federal, México, 2008, p. 144.

[62] Carbonero, 1878, pp. 310-312.

[63] *Ibid.*, pp. 335-338.

to de 1546.[64] O a Jorge David, otro escritor y fiero hereje que murió y fue enterrado en 1556, pero –no conformes– los inquisidores hicieron desenterrar su cadáver y quemaron sus huesos, también junto con sus escritos.

En todos lados se cuecen habas

Falso, falsísimo es que en América el Santo Oficio no haya llevado a cabo una intensa actividad represora y digna de ser etiquetada como la más anacrónica barbarie, que debió hacer para siempre falaz la supuesta consternación de los europeos ante los sacrificios humanos.

Ahí está el excelso poeta Luis de Carvajal, juzgado por la Inquisición en 1595, y quien «escribió sobre la misericordia de Dios en semillas de aguacate o papeles en los que le llevaban envuelta la comida». Al ser descubierto y confesarse él mismo como judío, el corregidor sentenció: «Que sea quemado vivo y en vivas llamas de fuego hasta que se convierta en cenizas, y de él no haya ni quede memoria».[65]

Ahí está el caso de Pedro García de Arias, quien fue juzgado por la Inquisición por «tres libros místicos de que se decía autor». Condenado a la hoguera, «salió al auto de fe con mordaza y llevando pendientes al cuello de un cordel los libros que había escrito para que pereciesen con él».

Ahí está Sebastián Álvarez, también escritor, al que se le había encontrado una petaca llena de apuntes, cuyo tema más recurrente consistía en decir que él era Jesucristo: «Era tal su manía de escribir para expresar ese concepto que después de haberle sorprendido que con él llenaba el papel que había pedido con el pretexto de dibujar, se valió de las tablas y ruedas de las cajas de conservas que le daban [...] para escribir sobre ellas».[66]

¿Y Francisco López de Aponte, un desconocido héroe de la libertad de expresión? Acusado de tener «pacto implícito y explícito con el Demonio», ¿no se dictó contra él la siguiente sentencia?:

[64] *Ibid.*, p. 372.

[65] León Guillermo Gutiérrez, «Luis Marios Schneider: el hilo de un destino», en *La Jornada Semanal*, 4 de febrero de 2001.

[66] Medina, 1905, pp. 286-287.

> Christi nomine invocato.- Fallamos atentos los autos y méritos del dicho proceso, indicios y sospechas que de él resultan contra el dicho Francisco López de Aponte, que le debemos condenar y condenamos a que sea puesto a cuestión de tormento, en el cual esté y persevere por tanto tiempo cuanto a Nos bien visto fuere, para que en él diga la verdad de lo que está testificado y acusado, con protestación que le hacemos que si en el tormento muriese, o fuere lisiado, o si se siguiese efusión de sangre o mutilación de miembros, sea a su culpa y cargo, no a la nuestra.[67]

Mandado llevar a la cámara del tormento, y delante de los sacrosantos señores inquisidores, López de Aponte:

> Fue mandado desnudar y poner en el potro [donde] estuvo muy quieto y sosegado; y amonestado que diga la verdad, dijo que ya está dicha la verdad, con lo cual se mandó atar los brazos, y él mismo se los puso para que los atasen [...] y las piernas [...] y estando así amarrado le fue dicho que diga la verdad, a lo que respondió que ya está dicha la verdad, con lo cual se mandó apretar la primera vuelta [y así varias vueltas, hasta que] Habiéndole quitado [del potro], fue traído en presencia de dichos señores Inquisidores, y vino por su pie [...] se le mandó mirar la boca, a ver si tenía algo en ella, y no pareció tenerlo y pareció tener la lengua de su color natural, y dijo Nicolás López, verdugo mayor [...] que aunque ha visto y dado muchos tormentos a personas que se han preparado no dejan de quejarse algo y sudar y desmayarse; pero que este reo no ha sudado ni se ha desmayado, ni se ha quejado en manera alguna, siquiera diciendo ay, antes los ha mirado con ojos furiosos [...] Y luego dichos señores Inquisidores dijeron que debían mandar y mandaron [...] a que [a las siete de la mañana del día siguiente] en su presencia y con toda asistencia y cuidado hagan quitar y quiten al dicho Francisco López de Aponte todo el cabello y el vello de las partes genitales, y de la parte anicular y el de debajo de los brazos, y reconozcan con todo cuidado si en ella, o en cualquiera parte, o en otra de su cuerpo se halla forma de pacto diabólico [...] y habiéndole visto, no hallaron ninguna [...]

[67] Toribio Medina, *Historia del Tribunal del Santo Oficio de la Inquisición en México*, Elzeviriana, Santiago de Chile, 1905, pp. 280-281.

Declaró Nicolás, verdugo mayor, que de la vuelta que se le dio, y que fue tan fuerte, se le reventó la sangre y carne de ambos brazos [...] Declarado al fin hereje apóstata, fue condenado a ser relajado y en confiscación de bienes [...] La víspera del auto, cuando se le notificó su sentencia [...] llegando el licenciado Corchero a persuadirle que dejase sus errores, le preguntó, «¿Qué errores son los míos». Y diciendo [Corchero] que negar que no había Dios, le respondió: «¿Pues eso no es verdad? Mira, desengáñate, que no hay Dios, ni infierno, ni gloria, y que todo es mentira; nacer, morir, y acabóse [...]». Ejecutóse pues su sentencia y dicho reo fue quemado vivo, porque parece estuvo pertinacísimo, fiero hereje y sin señal de arrepentimiento.[68]

¿Y el irlandés Guillén de Lampart, preso durante diecisiete años en los calabozos de la Inquisición por pretender independizar a la Nueva España?

> Había llegado a la conclusión de que los soberanos españoles eran injustos detentadores de sus colonias de América, en vista de que derivaban la posesión de una bula pontificia, que debía considerarse nula, pues los papas carecían de potestad temporal [...] El 7 de diciembre se le puso por compañero de calabozo a un vizcaíno preso por bígamo que después le denunció haber escrito un libro en el lienzo de las sábanas, que se mandó copiar a un jesuita y que resultó ser un tratado de versos latinos que ocupa 270 páginas en letra metida [...]

El irlandés fue hallado culpable de los siguientes cargos: «hereje sectario de Calvino, Pelagio, Juan Huss, Lutero y de los alumbrados y otros heresiarcas, dogmatista e inventor de nuevas herejías, fautor y defensor de herejes»;[69] y como Pedro García de Arias, Sebastián Álvarez y Francisco López de Aponte, Guillén de Lampart –en cuyo honor hay una placa en el Ángel de la Independencia–, fue quemado vivo el 19 de noviembre de 1659.

[68] Medina, *op. cit.*, pp. 284-286.

[69] *Ibid.*, pp. 302-306.

> Ardió la espantosa hoguera, subiendo a las nubes y en breve tiempo resolvió en cenizas aquellos miserables [...] causando en todos horror las vengadoras llamas ejecutoras de la divina justicia, triunfando de la herejía el Tribunal Sagrado de la Fe, y tomando justa venganza de las injurias de Cristo, señor nuestro y de su santísima ley. Acabóse esta ejecución de suplicio a las ocho de la noche.[70]

Ciertamente, una noche triste para nuestra literatura.

Oscuras resurrecciones

> PASTORAL DEL OBISPO DE PUEBLA FRANCISCO PABLO VÁZQUEZ SOBRE LA PROHIBICIÓN DE LIBROS. 1832
>
> [...] La libertad escandalosa con que se ha estendido de algún tiempo a esta parte la lectura de libros inmorales e impíos [...] Si vemos ahora correr a los jóvenes con más desenfreno al desahogo de inclinaciones criminales y vergonzosas, es porque no dejan de las manos poesías y novelas obscenas, que como teas preparadas por el demonio de la lascivia, añaden llamas nuevas y más voraces al fuego de la edad [...] No hay medio, carísimos fieles, o es necesario estirpar de entre nosotros los libros obscenos, impíos y libertinos, o temer la corrupción total de las costumbres, el vilipendio de la Religión, y el trastorno de la sociedad [...] Ecsitados vivamente del zelo de las almas confiadas a nuestro cargo pastoral, hemos creído de nuestra obligación exhortar, como lo hacemos, encarecidamente a los padres de familia, a que reflecsionen sobre el cargo que más inmediatamente que cualquiera otro tienen sobre sí, no permitan bajo ningún pretesto a sus hijos o dependientes la lectura de aquellos libros que están prohibidos por la Iglesia [...] prohibimos en virtud de nuestra autoridad a todos y cada uno de los fieles estantes y habitantes en esta nuestra Diócesis, bajo la pena de escomunión mayor *latae sententiae*, reservada a Nos, la lectura y retención de los siguientes escritos en cualquiera idioma, como respectivamente heréticos, blasfemos, escandalosos, subversivos, e injuriosos a la religión: =El cristianismo Descubierto. =Inconvenientes del celibato eclesiástico. =Discurso sobre la desigualdad entre los hombres. =Historia crítica de la vida de Jesucristo. =El Emilio, de J.J. Rousseau. =Mi tío Tomas.

[70] *Ibid.*, p. 310.

=Historia de Samuel por Volney. =Origen de todos los cultos. =El Tolerantismo. =Cartas a Eugenia. =Cornelia Boroquia. =Novelas de Voltaire. =Tratado de los tres impostores. =Obras entretenidas en verso de Evariso Parni. =Proyecto de constitución religiosa, y apología católica del mismo, por Don Juan Antonio Llorente [...] Dado en nuestro Palacio Episcopal de la Puebla de los Ángeles [...] a cuatro de enero de mil ochocientos treinta y dos.

¿Verdad que es evidente la mutilación intelectual que sufrió México en su infancia, mutilación que persiste hasta nuestros días y que ha tenido catastróficas consecuencias en el orden económico, social y político?

Para los interesados en buscar explicaciones en torno de nuestro histórico atraso, basta con que estudien a fondo los horrores de la Santa Inquisición, una de las instituciones más siniestras y macabras creadas por la Iglesia católica en perjuicio de la humanidad. ¿Por qué no comparar a aquellos países en los que hubo Inquisición, como México, Colombia, Guatemala, Venezuela y Ecuador, con Canadá, Australia y los Estados Unidos, donde los curas católicos no pudieron llevar a cabo los crímenes, las amputaciones espirituales, ni las persecuciones ideológicas ni castraciones colectivas que impidieron la producción de ideas, y que con ello obstaculizaron el progreso?

Maximiliano no tuvo un juicio justo

El 19 de junio de 1867, Maximiliano, Miramón y Mejía fueron fusilados en el Cerro de las Campanas luego de que las tropas republicanas tomaron la ciudad de Querétaro. Lo que sucedió desde la aprehensión del segundo emperador hasta el momento en que el pelotón abrió fuego sobre los traidores es un semillero de mitos, y algunos de ellos, son una muestra de humor negro; por ejemplo, Victor Daran, en su libro *Notes sur l'histoire du Mexique*, publicado en Roma en 1886, cuenta que antes de ir al paredón, Miramón le dijo a Maximiliano que se encontraba en esas condiciones «por no haberle hecho caso a su esposa», a lo que el austriaco le respondió: «Y yo estoy aquí porque sí seguí el consejo de la mía»; también se cuenta que poco antes del fusilamiento, Maximiliano le preguntó a Miramón sobre la ropa que se pondría para ser ejecutado, a lo cual el general conservador contestó: «No lo sé, es la primera vez que me pasa esto».

Aunque tales anécdotas son probadamente falsas –como se lee en varias de las obras de Konrad Ratz–, hay un mito que es necesario develar con toda precisión, pues de ello depende la legalidad de las acciones emprendidas por Benito Juárez y los republicanos para condenar a muerte a Maximiliano y sus seguidores. La mentira en cuestión es la siguiente: la historia oficial, con los libros de texto a la cabeza, sostiene que a Maximiliano no se le permitió defenderse en el juicio al que se le sometió.

Si analizáramos el proceso que los republicanos siguieron a Maximiliano, Miramón y Mejía, encontraríamos que éstos no sólo tuvieron la oportunidad de defenderse, sino que también contaron con el apoyo de espléndidos abogados –entre los que destacaban Jesús María Vázquez, uno de los mayores expertos en derecho procesal de la época, y José Mariano Riva Palacio, el mejor abogado penalista de sus tiempos–, quienes nunca fueron bloqueados por los juaristas. Los traidores, a pesar de sus felonías, no fueron sometidos a un juicio sumarísimo, sino a un proceso formal que les dio la posibilidad de intentar su defensa.

Para evitar la condena a muerte, los abogados defensores utilizaron una muy interesante argucia jurídica que merece ser detallada: ellos consideraban que la ley juarista del 25 de enero de 1862, con base en la cual se dictarían las sentencias de muerte, era contraria y violatoria de los mandatos de la Constitución de 1857: según su versión, aunque los inculpados invadieron o traicionaron a nuestra patria, colaboraron con los invasores y establecieron un gobierno paralelo, la pena que se les dictara sería inconstitucional, pues la Carta Magna señalaba que no podía condenarse a muerte a ninguna persona por crímenes políticos.

Ante este argumento, los republicanos tenían dos problemas que resolver para condenar a los traidores: demostrar que la ley del 25 de enero no violaba la Constitución y que, por lo tanto, los inculpados podían ser juzgados con esa norma. El valor de la ley del 25 de enero quedó plenamente aclarado cuando se probó que –debido a Maximiliano y sus seguidores– el país había entrado en guerra, y que durante ella se había vivido un estado de excepción que puso en suspenso a la Constitución de 1857. Es decir: si la Carta Magna no rigió los destinos de nuestra patria durante la guerra contra el Imperio, ello no era culpa de los republicanos, sino de los invasores y sus aliados.

Por lo que se refiere a las culpas de los traidores, los fiscales –según lo muestra Konrad Ratz en su libro *Querétaro: fin del segundo imperio mexicano*– acusaron a Maximiliano y sus aliados, entre otros, de los siguientes cargos: ser instrumentos de la intervención francesa; usurpar el título de emperador; disponer de las armas, los derechos y las vidas de los mexicanos; emprender una guerra injusta junto con los franceses; reclutar cuerpos expedicionarios en el extranjero; continuar con las acciones militares después de que las tropas de Napoleón III abandonaron México; exigir ser tratado como un jefe de Estado vencido en una guerra justa y despreciar la autoridad de las leyes mexicanas.

Contra lo que pudiera pensarse, en este caso los fiscales del consejo de guerra no se limitaron a enunciar los cargos y esperar a que se dictara una sentencia favorable... al contrario: los abogados republicanos presentaron pruebas detalladas de cada uno de estos crímenes, las cuales no pudieron ser rebatidas por los defensores.

El juicio a Maximiliano, Miramón y Mejía no fue un mero trámite, tampoco fue un instrumento de venganza en contra de los traidores a la patria, el proceso fue –como todas las acciones de Juárez y los republicanos– acorde al derecho y a la justicia. La sentencia de muerte no fue inconstitucional, aunque la jerarquía eclesiástica y los conservadores se han afanado desde 1867 en gritar a los cuatro vientos que Juárez actuaba movido por la sed de venganza. Claro, a la Iglesia católica y a los conservadores nunca les han importado las leyes de nuestra patria... sus supuestas pretensiones de justicia sólo muestran sus deseos de conservar su patrimonio, su poder y sus prebendas.

El mito ha sido develado y Juárez conserva el honor que merece: ser un hombre de leyes, un individuo que –a pesar de las afrentas– respetó hasta las últimas consecuencias el derecho de todos los individuos a tener un proceso justo.

La Corregidora: una heroína fortuita

Hablar de doña María Josefa Crescencia Ortiz Téllez es hablar de una persona desconocida casi en su totalidad. Las muchas historias que se cuentan de ella, como la de que sus ideas independentistas las adquirió de José Joaquín Fernández de Lizardi,[71] que supiera leer pero no escribir,[72] que haya nacido rica, y peor aún, que haya sido inmortalizada en nuestra memoria sólo por el evento de la cerradura, crean una maleza alrededor de su figura que nos impide admirarla en su justa dimensión:

> Entre tanto [...] Josefa Ortiz de Domínguez, al quedarse sola en la residencia del corregimiento de Querétaro, golpeó en el piso de su habitación -ubicada en el primer piso de esa casona- para llamar la atención del encargado de la cárcel -alcalde-, de nombre Juan Ignacio Pérez. Una vez que éste llegó a la puerta de la recámara privada de la Corregidora, Josefa le encargó, comunicándose con él, por el ojo de la cerradura, que fuese de inmediato, sin pérdida de tiempo, a San Miguel el Grande, a informar a Allende de las denuncias contra los conspiradores.[73]

Lo primero que podemos observar en este relato es que el suceso está mal contado. Los golpes no fueron en el piso, sino en la pared, la Co-

[71] Afirmado por don Luis González Obregón, *Monumento a la Corredigora en la ciudad de Querétaro que se inaugura el día 15 de septiembre de 1910*. Publicado en 1909.

[72] Francisco Sosa, véase Agraz, 1992.

[73] Guzmán, 1985, p. 78. Curiosamente, para los que no conocen el monumento a la Corregidora en Querétaro, se muestra en la página 79 de Guzmán una foto del mismo. Debajo de la imagen de la Corregidora se ve la cerradura.

rregidora estaba encerrada; y dicho sea de paso, la historia que también se cuenta de los taconazos es totalmente falsa.

De cualquier manera, los pormenores del evento son –aunque tergiversados– del dominio público, de tal modo que se llega a afirmar que: «Bien sabido es que este oportuno paso dio por resultado que los primeros caudillos de la insurrección escaparan de las garras del gobierno realista, proclamando en seguida la independencia en el pueblo de Dolores, Guanajuato».[74]

El mensaje interceptado

Quizá menos conocida es la historia de que Ignacio Allende tenía conocimiento de la delación dos días antes del evento que inmortalizará a la heroína; esa es la razón por la que, cuando se le busca para el aviso, ya se encuentre en el pueblo de Dolores.

Los sucesos ocurrieron más o menos así: sale una orden de aprehensión por parte de Juan Antonio Riaño, intendente de Guanajuato, expedida luego de la denuncia de Juan Garrido, un maestro de música –13 de septiembre–, que delataba a todos los conspiradores, al mismo tiempo que entregaba 60 pesos «que Hidalgo le había dado para seducir a las tropas. El intendente envió inmediatamente orden al subdelegado de San Miguel de que aprehendiera a Allende y Aldama, y pasase luego a Dolores e hiciera lo mismo con Hidalgo».[75] Pero, sagaz guerrero, «Allende [...] logró interceptar la orden expedida por Riaño para arrestarlo a él y a sus compañeros».[76] El mensaje de la Corregidora no llega a Dolores sino hasta el día 16, a las dos de la mañana... Allende estaba en Dolores desde el 14...

De cualquier manera, creemos que este evento de la cerradura no nos deja observar y conocer a doña Josefa tanto como es posible. Dejarla como un personaje mítico: *la chismosa más importante de México*, fortuitamente inmiscuida en la conspiración –como otro mito señala por ahí– no sólo sería ofensivo, sino falso. Una revisión de sus actividades posteriores a este «sagrado» evento podría dar más dimensión a la heroína.

[74] Aceves, pp. 139-140.

[75] Chavarri, 1957, p. 30.

[76] Mora, 1950, p. 30.

La verdadera madre de la patria

La noche del 15 de septiembre el alcalde Ochoa, con ayuda del comandante Ignacio García Rebollo y cien de sus hombres, iniciaron el arresto de los conspiradores. La Corregidora estaba embarazada. Primero fue llevada a casa del alcalde Ochoa y después al convento de Santa Clara,[77] donde permaneció hasta el día 22 de octubre. Querétaro se había convertido en un centro de operación realista, pues siendo el foco de la conspiración habían llegado tropas a concentrarse y a defender la ciudad. El mismo día 22 las tropas realistas de Querétaro abandonaban la ciudad bajo las órdenes de Manuel Flón, quien debía ir con Calleja a atacar a los insurgentes en Guanajuato y Michoacán. La ciudad de Querétaro, un poco más libre de tropas, comenzó a sentir de nuevo los aires insurgentes. Hurtado afirma que la Corregidora «había sido puesta en libertad el día 22 de octubre *por los mismos queretanos, temiendo una rebelión de los insurgentes*».[78]

Los aires se calman en Querétaro, pero no doña Josefa. Uno podría pensar que dado el puesto de su esposo, Josefa sería un poco disimulada en su manera de expresarse hacia la sociedad española. Pero no, seguía fomentando la Revolución, comunicándose con los que la favorecían dentro de la ciudad de Querétaro y manteniendo relaciones con los insurgentes que estaban en campaña, enviándoles tanta información como podía y actuando «sin disimular su odio a los españoles», a quienes «insultaba y escupía cuando en su coche pasaba por sus tiendas».[79] Esto no tardó en llegar a oídos del virrey, quien en carta del 26 de febrero de 1811 le decía al corregidor «que hiciese que su esposa se condujese con prudencia, conminándola con que sería puesta en una reclusión si no mudaba su conducta».[80] ¿Lo habrá hecho? Al paso del tiempo, a finales de 1813, se dirá de ella:

> y hai finalmente algún otro agente afectivo, descarado, audaz e incorregible, que no pierde ocasión ni momento de inspirar el odio al

[77] Agraz,1992, p. 91.

[78] Hurtado, 2007, p. 129.

[79] Agraz, *op. cit.*, p. 99.

[80] Hurtado, *op. cit.*, pp. 135-136.

Rey, a la España, a la causa, y determinaciones y providencias justas del gobierno legítimo deste Reyno. Y tal es Se. Excmo. la mujer del Corregidor de esta Ciudad. Esta es una verdadera Ana Bolena...[81]

Se sabe asimismo que la Corregidora había mantenido comunicación tanto con el gran Morelos como con Ignacio López Rayón, máximos dirigentes de la insurgencia tras la muerte de Hidalgo y Allende, a través de los Guadalupes...[82] Lo que nos lleva a esa extraña habilidad de poder leer pero no escribir, atribuida a Josefa: «y una vez iniciada la revolución, trabajó incesantemente por ella; y como no sabía escribir, según apuntamos, apeló al ingenioso recurso de recortar las letras de los impresos que caían en sus manos, y [las] pegaba [...] sobre el papel de China».[83]

Caso extraño el de este semianalfabetismo, cuando se sabe bien que la Corregidora ingresó al Real Colegio de San Ignacio de Loyola el 30 de mayo de 1785, un año después de la muerte de su padre. Ciertamente abandonó al año siguiente el establecimiento, al que en 1789 escribía una carta en la que

> con el mayor rendimiento suplico a Vuestras Usías me hagan la caridad de admitirme en ese su Colegio para servir a Dios Nuestro Señor *y* quitarme de los muchos peligros del mundo, lo que el Señor pagará a Vuestras Usías y en mí tendrán una perpetua Capellana. Somos 16 de Mayo de 1789 años. Besa la mano de Usías.
>
> *María Josefa Crecencia y Ortiz*[84]

¿Cómo habría de negársele esa capacidad si, según sostiene Enrique Olavarría, en su *Reseña histórica de El Real Colegio de San Ignacio de Loyola*, en dicho colegio «no sólo no estaba prohibido [...] que la mujer mexicana aprendiera a escribir, sino que sus ilustres fundadores ordenaron que ese aprendizaje figurase entre los honestos ejercicios a que habían de entregarse diariamente»?[85]

[81] Agraz, *op. cit.*, pp. 100-101.

[82] Hurtado, *op. cit.*, p. 152.

[83] Francisco Sosa, véase Agraz, *op. cit.*, pp. 119-120.

[84] Agraz, *op. cit.*, p. 31.

[85] *Ibid.*, p. 28.

Vicisitudes de esta aguerrida insurgente

El 6 de enero de 1814 la Corregidora es encerrada en el convento de Santa Teresa la Antigua, por órdenes de Calleja, quien ya la había soportado lo suficiente. ¿La habrá detenido esto? Se dice que en el trayecto al convento trató de convencer a los soldados que la escoltaban de que se unieran a la Independencia. Uno la mandó callar, a lo que ella le contestó: «Le ordenaron que me lleve prisionera pero no que me haga callar. Cumpla usted sus órdenes que yo cumpliré con mis deberes».[86]

Poco después, nuevamente embarazada, se le permitió salir del convento para residir en una casa particular. Posteriores litigios la llevan nuevamente a la prisión, esta vez en el convento de Santa Catalina, el 16 de noviembre de 1816, con una condena de cuatro años. Allí permaneció hasta que Juan Ruiz de Apodaca, debido a la mala salud física de Josefa y a solicitud de Miguel Domínguez, desde 1814 su defensor, ordenó su libertad en junio de 1817. El corregidor la llevó a su casa en la ciudad de México, pero debido al estado deplorable en que se encontraba Josefa, perdió al que hubiera sido su decimoquinto hijo. Vale la pena notar que también se dice que el corregidor -denunciado por el capitán Joaquín Arias como conspirador en 1810- en realidad era leal al virrey, pero de haberlo sido, el divorcio, y no nuevos embarazos, hubieran sido la consecuencia. Don Miguel Domínguez siempre estuvo aferrado a la Independencia, pero su perfil correspondía más al del reformador: hay que recordar que el 17 de septiembre de 1808 el corregidor presentaría una iniciativa que promovía «la convocación de las Cortes del Reino para que se estableciera en nuestro país un gobierno a base de cortes o Juntas de las Municipalidades del reino, formadas democráticamente», la cual se puso a votación, pero que «no se aprobó, debido a que los demás Regidores que eran europeos la vieron con desconfianza».[87]

La vida no había sido fácil para Josefa; afortunadamente, don Miguel Domínguez nunca abandonaría ni a Josefa ni al sueño de

[86] Hurtado, *op. cit.*, p. 158.

[87] Agraz, *op. cit.*, p. 295.

ambos. Dos años más tarde, en julio de 1819, Josefa Ortiz «le envió información a Vicente Guerrero por medio de un lejano pariente de ella, el señor Juan Alarcón».[88]

¿De dónde podría venir este hondo sentimiento de amor por la insurgencia?, ¿cómo se explica tanto fervor?, ¿de dónde la energía con que defendía sus ideales? Josefa vino a saber de los placeres económicos de la vida gracias a su esposo, pero ella y su familia –de extracción humilde– nunca gozaron de una posición acomodada: la carencia estaba tan cerca como las ganas de removerla, y seguramente también padeció los ultrajes de nuestro querido y amado sistema de castas, pues, como señala Agraz, «Su madre resultaba ser albina: su abuela Isabel, morisca, y su bisabuela, negra».[89] En términos más claros para la época, nuestra querida Josefa, dado que era hija de una albina y un español, resultaba ser una «torna atrás»...

A finales de 1821 nuevas reuniones se celebrarían en la casa de los corregidores en la ciudad de México, con el propósito de practicar el deporte favorito de la familia: la conspiración, ahora en contra de Agustín de Iturbide. Guadalupe Victoria, Juan Bautista, Nicolás Bravo y Luis Barragán figuraban entre sus invitados. El traidor no tardó en aparecer, como frecuentemente sucede en la historia de México: esta vez se trató del general Pedro Celestino Negrete, quien personalmente entregó pruebas de la conspiración a Iturbide.[90] De nuevo se presentan cargos contra Josefa, pero ya fuera por su edad o por su enfermedad, sólo quedó confinada en su casa. Don Miguel Domínguez sería encarcelado por poco tiempo debido a esta conspiración.

Al menos desde 1808 y hasta 1821 la Corregidora fue notablemente «escandalosa, seductiva y perniciosa» para los realistas, y podemos afirmar que así fue hasta su muerte, acaecida el 2 de marzo de 1829 en la ciudad de México, en la casa número 2 de la calle del Indio Triste, la cual lleva hoy una placa que, para acabar de confundir al pueblo acerca de esta verdadera madre de la patria, tiene mal la fecha de defunción...

[88] Hurtado, *op. cit.*, p. 179.

[89] Agraz, *op. cit.*, p. 20.

[90] Hurtado, *op. cit.*, p. 223.

La Revolución costó un millón de vidas

Cuando Álvaro Obregón ocupó por vez primera la presidencia de la República no sólo traicionó el más importante postulado de la Revolución: «Sufragio efectivo. No reelección», sino que también creó diversas interpretaciones del pasado para justificar su régimen y la serie de felonías cometidas en contra de una nación llena de esperanza democrática a raíz del pavoroso conflicto armado. Así, por intermediación de José Vasconcelos, Obregón apoyó el alumbramiento de los artistas muralistas, que convirtieron los edificios públicos en «libros de historia patria», donde los caudillos se unieron a fuerza de pinceladas para crear el nuevo país anunciado por el sonorense: una nación revolucionaria y supuestamente comprometida con las clases populares.

De ese modo, los enemigos encarnizados –como Madero y Zapata o el propio Obregón y Carranza– dejaron de serlo para transformarse en personajes de una saga donde las diferencias se minimizaron, convirtiendo a la Revolución en una sola gesta; efectivamente, no olvidemos que en los murales y en los libros de texto las peculiaridades de los movimientos de Madero y Carranza, el de los constitucionalistas, el de los villistas y el de los zapatistas, se diluyeron casi por completo para crear un gran fresco: todos, al final del camino, fueron revolucionarios y lucharon casi por lo mismo: el establecimiento del régimen de la Revolución.

Pero Obregón y los suyos también se vieron obligados a dar sentido a la carnicería que, con distintos grados de intensidad, vivió nuestro país desde 1910. La pregunta de por qué murieron tantos mexicanos tenía que ser respondida desde una perspectiva políticamente correcta, y precisamente por ello se creó uno de los mitos más curiosos de aquel movimiento armado, pues se comenzó a afirmar que la muerte de un millón de mexicanos sí tuvo un sentido: crear el gobierno de la Revolución, que supuestamente conduciría a nuestra patria al más promisorio de los futuros.

Pero más allá de la pretendida justicia que la Revolución trajo a los mexicanos –un mito del que ya me ocupé en otro capítulo de esta edición–, el millón de muertos a causa de la Revolución se convirtió en un hecho incuestionable que se repite en los libros de historia y en los discursos de los políticos. Por ello bien valdría la pena cuestionarnos acerca de su veracidad.

Todo parece indicar que este mito se sostiene gracias a un hecho empírico: los conteos de la población de nuestro país durante el periodo 1910-1920, cuyas cifras muestran un decrecimiento muy cercano al millón de mexicanos. Veamos los resultados de las estadísticas oficiales:

Población de México 1910-1920

Año	*Población total (millones de habitantes)*
1910	15.121
1911	15.045
1912	14.969
1913	14.893
1914	14.817
1915	14.742
1916	14.667
1917	14.593
1918	14.519
1919	14.445
1920	14.372

FUENTE: *La economía mexicana en cifras,* México, Nafinsa, 1981.

A primera vista, las cifras oficiales parecen darle la razón a los historiadores que sostienen la muerte de un millón de mexicanos: en 1910 el país tenía 15.121 millones de habitantes, mientras que en 1920 la cifra había descendido a 14.372 millones. El resultado de la resta es obvio y por ello supuestamente se puede afirmar que la Revolución cegó la vida de casi 750 000 mexicanos. A esta cantidad suelen agregar los creyentes del mito otras 250 000 defunciones provenientes de los neonatos que murieron a causa de las desgracias que trajo la guerra, a lo cual todavía suman los niños que dejaron de nacer por haberse inhibido la tasa de fecundidad como consecuencia del mismo movimiento armado.

Aceptemos, pues, que las cifras oficiales son verdaderas y que la población descendió durante aquellos años. Discutir estas cifras sólo sería una necedad en la medida en que aquellos censos nunca podrán repetirse. Pero lo que sí puede ponerse en duda es que este decremento sólo se explica gracias a la Revolución. Aunque es verdad que muchos miles fallecieron en el campo de batalla y como resultado de las hambrunas, es preciso aceptar que la principal causa de muerte en nuestro país durante aquellos años no fueron las balas, sino el virus de la influenza española que, según E.O. Jordan en su libro *Epidemic influenza, a survey* –publicado en Chicago en 1927–, mató a cerca de 500 000 personas en nuestro país.

De esta manera, si consideramos las repercusiones que tuvo la influenza española, gracias a las estadísticas de uno de los epidemiólogos más respetados de aquella época, tendremos que aceptar que la cifra mítica del millón de muertes debe reducirse, cuando menos, a la mitad, de tal suerte que –en el mejor de los casos para la historia oficial– la Revolución sólo costó al país medio millón de vidas.

Sin embargo, la cantidad de 500 000 muertos aún presenta algunos problemas que deben ser tomados en cuenta: durante los años que van de 1910 a 1920 México también experimentó otro fenómeno que transformó su estructura poblacional: la migración hacia los Estados Unidos en busca de refugio. Aunque las cifras sobre la migración de mexicanos a los Estados Unidos no son del todo claras, en la medida en que los estudiosos de la historia demográfica no han llegado a un acuerdo al respecto, es necesario considerarlas para intentar valorar sus efectos. Según Robert McCaa en su ensayo «Los millones de desaparecidos: el costo humano de la Revolución mexicana», puede suponerse que cerca de 350 000 personas abandonaron el país durante aquella década; no obstante, este cálculo, aunque es viable, no coincide con el que obtuvieron Manuel Ordorica y José Luis Lezama en su trabajo *Consecuencias demográficas de la revo-*

lución mexicana, que calculan en 400 000 el total de migrantes. Así, el margen de si fueron 350 000 o 400 000 los mexicanos que abandonaron nuestro país durante el periodo 1910-1920, estamos obligados a aceptar que el medio millón de muertos también es falso, pues a él debe restarse el total de los migrantes.

¿Cuántas personas murieron a causa de la Revolución? No lo sabemos con precisión absoluta, pero a pesar de ello la cifra del millón es falsa.

Los regímenes posteriores a la Revolución propusieron demagógicamente esa cifra para justificar decisiones que nunca tomaron, y si las tomaron no fueron eficientes en el nombre, sea de un millón de muertos que supuestamente no perdieron la vida en vano. Nadie se atrevería a traicionar a esas víctimas y ello, naturalmente, hizo posible que la demagogia hiciera valer los principios de una revolución que sus mismos dirigentes nunca respetaron. Basta ver que el saldo fueron los 50 millones de mexicanos sepultados actualmente en la miseria. ¿Para esto se hizo la Revolución?

Morelos tuvo vocación sacerdotal

Se ha dicho, a propósito de José María Teclo Morelos y Pavón, que: «En 1791, a la edad de 25 años su vocación lo lleva a ingresar al Colegio de San Nicolás, y en 1796 recibe las órdenes sacerdotales, sirviendo a los curatos de Carácuaro y Nocupétaro».[91] Y en efecto, podemos decir que si algo rodeó la infancia de José María Morelos fueron las iglesias; el repique de las campanas, la multitud congregada de fieles y las fiestas de los santos fueron también parte del ambiente vallisoletano donde el pequeño Teclo jugó cuando niño. Su educación comenzó en el hogar, a manos de su abuelo José Antonio, capellán, y su madre doña Juana; educación que según las prescripciones de la época consistía en «leer y escribir bien, la buena formación de los números y el arte de contar con las reglas más necesarias y usuales en el regular comercio humano, *y los dogmas de nuestra sagrada religión*».[92]

No obstante –así lo exige el conocimiento de muchos detalles de su vida anterior y posterior a su ingreso al estado sacerdotal–, cabe formularnos una pregunta: ¿habrá tenido Morelos una vocación sacerdotal?, ¿será verdad que uno de los mejores militares *instintivos* que hemos tenido en nuestro país –del que Napoleón decía que con cinco como él conquistaría el mundo–, quería consagrar su vida al dios de la Iglesia católica y de acuerdo con las prescripciones que ésta supuestamente demanda a quienes así lo deciden?

[91] Antonio Ramos Tafolla, «La Constitución de Apatzingán, artífice de la independencia social de México», *La Jornada Michoacán*, 22 de octubre de 2006, en http://www.lajornadamichoacan.com.mx/2006/10/22/07n1pol.html

[92] Herrera, 1985, p. 166.

La respuesta es un tajante ¡no! Para esto habremos de notar que, precisamente en 1790, «Simultáneamente al ingreso escolar, su madre inició unas diligencias tendientes a que se reconociera a su hijo José María como el beneficiario de una capellanía fundada en Apaseo por Pedro Pérez Pavón, bisabuelo de Morelos».[93] Una capellanía no es otra cosa que una especie de dinero en prenda que una persona ponía en manos del clero antes de morir, de tal manera que éste se comprometía a pagar una renta perpetua al sucesor del donador, a razón, aproximadamente, de un 5% anual sobre el capital. El beneficiario debía, sin embargo, cumplir con algunas acciones litúrgicas y con un cierto número de misas.

Pues bien, la capellanía fue heredada al abuelo por el bisabuelo y fundador de ella, Pedro Pérez Pavón. A la muerte de éste debía ser transmitida a uno de sus descendientes más directos, que *permaneciera soltero* y consagrara su vida a los estudios eclesiásticos... A la muerte del abuelo de José María, la capellanía habría pasado a manos de un tal José Antonio Martínez Conejo; éste, a su vez, la dejaría aproximadamente en 1788, pues se había desviado de la carrera eclesiástica, ingresando al ejército de Asturias, dándose de baja poco después y viajando a Pátzcuaro, donde se casa.[94] En 1790 se presentaron tres solicitantes de la capellanía: José Joaquín Carnero, de 15 años, Tiburcio Esquiros y José María Morelos. Hay un largo caso de litigios y finalmente es elegido por capellán el joven Carnero, quien adquirió la obligación de decir veintiocho misas al año. La capellanía se escapaba de las manos de José María.

Esto habría desilusionado hondamente las aspiraciones de doña Juana, la madre del prócer, que había luchado por ello desde 1776, cuando el abandono dc su esposo y la muerte de su padre vinieron a complicar seriamente su situación. Así pues, una vez más doña Juana deberá resignarse a tener un hijo campesino, mulero o artesano, que no disfrutase de los beneficios que permitía ser parte del gremio eclesial.

No muy lejos de estos oficios cayó el joven Morelos al dejar Valladolid (a la edad de 11 años) e irse a vivir a la hacienda de Tahuejo, «un rancho o hacienda que la comunidad de Parácuaro, cerca de

[93] Herrejón, 1984, p. 29.

[94] Herrera, *op. cit.*, p. 42.

Apatzingán, tenía arrendado a un tío suyo».[95] Por primera vez habría de alejarse de aquella religiosa Valladolid. En Tahuejo aprende los oficios del campo y los secretos de la siembra. En sus viajes arrieriles a Tepecoacuilco, hacia 1789:

> fue amigo de Matías Carranco, quien trabajaba como dependiente en un comercio de la Condesa de Maturana [...] La fatalidad hizo que Morelos y Carranco se enamoraran de una familiar de don Antonio Gómez Ortiz, es decir, de la señorita Francisca Ortiz. Morelos ganó la partida, pues él fue el preferido y se hizo novio de Francisca [...] Carranco no quedó conforme con la solución pues siguió insistiendo en su pretensión sin alcanzar la más mínima esperanza, y un día de tantos, cuando la sociedad del lugar celebraba en Ahuacatitlán una merienda, con el pretexto de ir a cortar nanches y bailar, montando un buen caballo, se raptó a la novia de Morelos. Cuando éste volvió se llenó de indignación, jurando vengarse, pero también de una gran decepción que lo hizo tomar la decisión inmediata de ser sacerdote. Por eso ingresó al seminario a los 25 años de edad.[96]

Aunado, pues, al asunto de la capellanía, de vital importancia tanto para Morelos como para su madre, tenemos el hecho de esta desilusión amorosa, que no puede soslayarse a fin de comprender otra de las razones que llevaron a Morelos a convertirse en sacerdote. Más aún, «La muerte de su padre Manuel, ocurrida por este tiempo, agravó la precaria situación familiar, de modo que José María se apresuró a concluir la carrera eclesiástica, solicitando la promoción al grado siguiente, el diaconado, en agosto de 1796».[97]

Así pues, el 21 de diciembre de 1797 Morelos obtendría el presbiterado. La mitra convocó poco después a un concurso de curatos que Morelos ganó por oposición, de modo que el 25 de enero de 1798 obtenía su nombramiento como cura de Churumuco. Con el tiempo pasaría al curato de Carácuaro y Nocupétaro, en parte por el clima y por el herpes que padecía en ese lugar, y en parte, de nuevo, por

[95] Herrejón, *op. cit.*, p. 28.

[96] Carranco, 1984, pp. 144-145.

[97] Herrejón, *op. cit.*, p. 31.

cuestiones económicas: en Churumuco había sido nombrado cura interino y no tenía los derechos de un cura propio...[98]

Ya como cura formal de Carácuaro y Nocupétaro, Morelos no abandonó la idea que tanto obsesionaba a su madre, y es entonces cuando gana la capellanía y una tranquila renta segura. Joaquín Carnero había muerto en 1805, después de catorce años de gozar de las rentas. Morelos reanuda los trámites para su capellanía, que ganaría, por fin, el 10 de abril de 1806. Casualidad era que el capital no estaba en efectivo ni prestado, sino a depósito, por razones desconocidas. No fue sino hasta 1809 cuando Morelos vio por fin que sus esfuerzos habían redituado:

> Al fin de octubre de 1809 Morelos recibió los [pagos] correspondientes al año de 1807: 62 pesos y 4 reales. Al efecto se había trasladado a Valladolid desde el mes anterior y en ceremonia especial había recibido de manos del conde de Sierra Gorda la canónica posesión de la dichosa capellanía.[99]

Un año más tarde Morelos ya se encuentra luchando a machetazos por la independencia, revelándose como uno de los más grandes estrategas militares de nuestra historia y en camino de desmentir su supuesta vocación sacerdotal, primero como revolucionario encendido:

> Valgámonos del derecho de guerra para restaurar la libertad política [...] Si los gachupines no rinden sus armas ni se sujetan al gobierno de la suprema y soberana junta nacional de esta América, acabémoslos, destruyámoslos, exterminémoslos, sin envainar nuestras espadas hasta no vernos libres de sus manos impuras y sangrientas.[100]

Y después como político despejado y decidido:

> Que la soberanía dimana inmediatamente del pueblo [establece en sus *Sentimientos de la nación*], el que sólo quiere depositarla en el Supremo Congreso Nacional Americano, compuesto de representantes de las provincias en igualdad de números [...] Que los po-

[98] *Ibid.*, p. 36.

[99] *Ibid.*, p. 41.

[100] La independencia, 1985, pp. 291-295.

deres legislativo, ejecutivo y judicial estén divididos en los cuerpos compatibles para ejercerlos [...] Que como la buena ley es superior a todo hombre, las que dicte nuestro congreso deben ser tales, que obliguen a constancia y patriotismo, moderen la opulencia y la indigencia, y de tal suerte se aumente el jornal del pobre, que mejore sus costumbres, alejando la ignorancia, la rapiña y el hurto [...] Que las leyes generales comprendan a todos, sin excepción de cuerpos privilegiados, y que éstos sólo sean en cuanto al uso de su ministerio.

Es claro, pues, que su interés en la política y en el conocimiento y la transformación de la sociedad era muy superior a su vocación religiosa, a la que había tenido ocasión de añadir un serio desmentido más, en 1802 –estando a cargo del curato de Nocupétaro–, al amancebarse con Brígida Almonte, a quien ya conocía desde sus andanzas de arriero, y quien al año siguiente (1803) daría a luz a Juan Nepomuceno Almonte, uno de los grandes traidores de la patria... En 1809 la misma Brígida tendría una hija más de Morelos, Guadalupe Almonte, en cuyo parto moriría este gran amor del Siervo de la Nación.

Por si fuera poco, añadiremos que Brígida no sería la única mujer en la vida del ahora sacerdote, ni la única capaz de encender las llamas de las pasadas laicas pasiones. Ya en plena Independencia, en diciembre de 1811, Morelos había encontrado en el pueblo de Tepecoacuilco a Matías Carranco, quien como hemos visto le había robado la novia años ha... ¿Resultado de este reencuentro? Morelos le pega a Carranco *una severa fajiza de machete costeño*... y le perdona la vida a condición de no volver a verlo en los dominios de la insurgencia. Acto seguido, Morelos va en busca de Francisca Ortiz y se queda con ella.[101] Francisca, mejor conocida como «La Orquídea del Sur», habría de acompañar a Morelos en casi toda su lucha por la Independencia, hasta dar a luz, en 1814, a un hijo del general, al que pusieron el nombre de José Vicente, con lo cual no precisamente honraba su estado sacerdotal.

En efecto, como recuerda Lemoine, «la Iglesia era la única institución fuerte, rica y organizada que ofrecía *chamba* segura y permanente», por lo que «Muchos [miles] sin auténtica vocación sa-

[101] Carranco, *op. cit.*, p. 145.

cerdotal, transitaban de los seminarios a las parroquias, compulsionados por el mismo sistema, como única salida a sus aspiraciones».[102]

En el México colonial lo verdaderamente raro era encontrar a un cura con vocación. Morelos, el extraordinario militar, el político sensible, el legislador recto y patriota, el amante apasionado e intrépido jinete, confirmaría la regla, machete en mano.

[102] Lemoine, 1984, p. 138.

Los negros, una población irrelevante en nuestro país

En los libros de texto que leí durante la primaria y la secundaria, los negros casi brillaban por su ausencia; en las páginas de dichos libros la presencia de los negros sólo ocupaba unos cuantos renglones, donde –sin mayor explicación– se afirmaba que fueron traídos de África por los españoles durante los tiempos de la Colonia y que se vendieron como esclavos a los peninsulares que ya vivían en Nueva España... Y en efecto, existe la idea generalizada de que la población afroamericana no contribuyó de manera relevante a la formación de nuestra nación, lo cual, además de delatar el enfoque racista de la historiografía oficial, constituye un mito que no soporta el menor análisis histórico y demográfico.

Los números

La historia de la población negra de México comienza a la par que la misma conquista. Se sabe que a su llegada a México, Hernán Cortés venía acompañado de por lo menos un negro, de nombre Juan Cortés. «Pánfilo de Narváez también traía negros; dos de ellos son conocidos: uno era bufón, el otro desembarcó con viruelas y las introdujo al país», mientras que «Pedro de Alvarado [...] al intentar su apasionante aventura en el Perú, armó una expedición que, más que de españoles e indígenas, se componía de 200 negros».

Muy pocos años después de la conquista ya podía afirmarse que la población negra era superior en número a la europea, y así fue hasta finales del siglo XVIII, esto es, muy pocos años antes del grito de independencia, cuando se prohibió el envío de esclavos negros a Nueva España. José del Val calcula que por cada español que entró a México durante la Colonia, ingresaron diez negros procedentes de África.

Queda fuera de toda duda, entonces, la importancia demográfica de la población negra de México en los primeros años de la Colonia. Pero si esto es así, ¿por qué no se pondera su importancia de la misma manera que se hace con la llamada raíz española?, ¿por qué no tienen historia los grupos de negros que poblaron el país?

El prejuicio explotador

«Durante el periodo temprano de la trata de esclavos, México fue uno de los mejores mercados existentes en el nuevo mundo». Por esto mismo la población negra estaba muy lejos de existir como una minoría. Y es que, como señala Ilona Katzeb en su libro *La pintura de castas*, en tiempos de la Colonia ser negro:

> apuntaba a la esclavitud y procedencia atávica de los miembros de este grupo. De hecho, desde hacía mucho tiempo se consideraba a los negros como pueblo maldito, descendientes directos de Cam, segundo hijo de Noé. Según el Génesis (10.9), Cam profanó la honra de su padre al verle desnudo mientras yacía borracho y salió a contárselo a sus hermanos, Sem y Jafet. Cuando Noé despertó y se percató de lo que había acometido su hijo, maldijo al hijo de Cam, Canaán, a la esclavitud perpetua. En los siglos XVII y XVIII este pasaje bíblico fundamentó una teoría bastante popular que intentaba explicar el origen del color negro. Debido a la conexión arquetípica entre la esclavitud y los negros, la teoría postulaba que el castigo impuesto por el patriarca Noé a Cam fue el cambio del color blanco de Canaán y de sus descendientes a negro.

Prejuicios de este tipo, aunados a la voracidad material y al salvajismo fanático de la nación conquistadora, redujeron a la población negra a la más abyecta esclavitud: miles de africanos pronto fueron adquiridos por los peninsulares y por los clérigos para que trabajaran en los más diversos oficios: algunos fueron destinados a las minas, otros a las haciendas y unos más a la servidumbre. Tan era grande la cantidad de negros, que varias veces desembocó en rebeliones:

> En Pachuca, Guanajuato, Huastepec, Coatzacoalcos, Alvarado, Misantla, Jalapa, Huatulco, Tlaixcoyan, Tlacotalpan, Zongolica, Rinconada, Huatusco, Orizaba, Antón Lizardo, Río Blanco, Medellín y Cuernavaca las autoridades virreinales se encontraban ya [1570] en lucha con los negros rebeldes a la esclavitud. La importancia de estos núcleos puede medirse por el hecho de que para combatir a uno de ellos, el del Ñanga, fue necesario emplear 100 soldados españoles, 200 criollos, mestizos y mulatos y 150 indios armados de flechas, es decir 450 hombres de guerra.

Asimismo, y según se lee en *Las ocho relaciones y el memorial de Colhuacan*, de Chimalpahin Cuauhtlehuanitzin, el

> miércoles 2 del mes de mayo del año de 1612 fue cuando fueron colgadas veintiocho personas de los negros; y de las negras, siete personas fueron colgadas. En conjunto, todos los colgados suman treinta y cinco personas; fueron colgados porque en ellos se aplicó [...] la sentencia, por motivo de [...] que iban a rebelarse, que iban a matar a sus patrones españoles.

La historia de la negritud novohispana, de esta manera, también es la historia de la lucha por la libertad.

Los negros luchan por la libertad

Se sabe que algunos de los más importantes caudillos de la Independencia tenían ascendencia negra. La misma Corregidora, doña Josefa Ortiz de Domínguez –según refiere su biógrafo Gabriel Agraz–, llevaba en sus venas sangre negra. Recordemos también que al llamado de Hidalgo y bajo el poderoso influjo de José María Morelos –quien según numerosos testimonios tenía sangre negra–, la población negra de la costa y de muchos de los muy numerosos poblados bajo control del jefe insurgente abrazaron la causa y combatieron por la Independencia de México. Así, el ejército comandado por el extraordinario soldado Hermenegildo Galeana estaba compuesto casi en su totalidad por negros de la costa del Pacífico.

Algunos años después, en 1829, Vicente Guerrero, de indiscutible ascendencia negra, y precisamente el 16 de septiembre en que se conmemoraba un aniversario más del Grito de Dolores, declaró abolida por siempre y para siempre la esclavitud en México. Era el primer presidente mexicano que lo hacía. Y nada menos que tres décadas antes que Abraham Lincoln. Muchos autores –sobre todo en la historiografía norteamericana– reconocen en Vicente Guerrero al primer presidente negro de América.

En conclusión –y tomando en cuenta también todas las manifestaciones literarias, musicales, dancísticas, agrícolas y de muchos tipos que debemos a la población negra– podemos afirmar que la contribución de los negros a la conformación de nuestra nacionalidad es sumamente importante, aunque hasta el momento no haya sido debidamente valorada.

La Revolución nos hizo justicia

César Garizurieta, conocido entre sus amigos como «el Tlacuache», fue un político de cierta importancia durante los años cuarenta y cincuenta del siglo pasado. Aunque es posible que Garizurieta haya llevado a cabo algunas acciones relevantes, no pasó a la historia por ninguna de ellas, sino por ser el creador de una frase memorable: «Vivir fuera del presupuesto es vivir en el error». Esta idea del «Tlacuache» nos muestra uno de los mitos más interesantes de nuestra historia reciente: el régimen de la Revolución le ha hecho justicia a los mexicanos gracias al presupuesto, un hecho que ha dado origen a otra frase que escuchamos con cierta frecuencia, sobre todo entre los mexicanos que sobrepasan los cincuenta años de vida: «La revolución ya me hizo justicia». Obviamente, esta frase sólo se emplea cuando el que la pronuncia obtuvo –gracias a un familiar o a un amigo– un puesto público que le permitirá enriquecerse, y robar sin miedo de caer en la cárcel.

Ignoremos la realidad por unos momentos e imaginemos un país idílico donde la pobreza no existe, donde todos tienen acceso al trabajo, a los servicios de salud y a una vejez tranquila gracias a una pensión que les permitirá dedicarse a la más relevante ocupación de los abuelos: enseñarle maledicencias a sus nietos. Imaginemos, por decirlo en pocas palabras, que la Revolución nos hizo justicia a todos los mexicanos. Sin embargo, y a pesar de este sueño maravilloso, terminaríamos por descubrir que la Revolución le hizo «más justicia» a unos mexicanos que a otros. Efectivamente, los políticos y algunos empresarios obtuvieron mucha «más justicia» que los patarrajada que viven en las regiones más apartadas del país. ¿Cómo es posible que, incluso en ese mundo ideal, la Revolución tampoco le haya hecho justicia a todos los mexicanos?

La justicia de la Revolución: las ventajas de ser un político

Nadie en su sano juicio dudaría de que la Revolución le hizo (y le sigue haciendo) justicia a los políticos: el erario público, sin duda alguna, ha enriquecido a varias generaciones de «mandamases», mientras que la mayoría de los mexicanos viven en una miseria escalofriante. Sabemos bien que ser político permite hacer buenos negocios y –por qué no decirlo– también abre la posibilidad de hincarle el diente a una parte del presupuesto a su cargo. Es cierto: los políticos mexicanos son corruptísimos... pero ¿por qué lo son?

Estoy plenamente convencido de que la corrupción de los políticos mexicanos –además de sus cualidades personales, que inexorablemente los dejan mal parados– tiene una explicación histórica que conviene revisar: desde la conquista española hasta nuestros días los recursos públicos se han identificado como una parte del patrimonio personal de quien tiene un cargo en el gobierno, que obviamente no se ocupa para servir a la sociedad, sino para adquirir o aumentar la riqueza propia.

Es cierto: durante la conquista, las empresas que ampliaron los dominios de la Corona española eran iniciativas absolutamente personales: Cortés, Pizarro y los otros conquistadores llegaron a América por cuenta propia, y a cambio de sus victorias entregaron una parte de sus «ganancias» a los soberanos: el llamado quinto real. Es decir: alguien podía conquistar y «quedarse» con las tierras a cambio de entregar al rey de España el 20% de lo obtenido. La consecuencia de este tipo de empresas es obvia: el territorio casi era una propiedad personal que se podía saquear y explotar sin ningún cargo de conciencia, pues se concedía gracias a una merced real que se firmaba a cambio del 20% de las utilidades. Un buen ejemplo de esta práctica (con todo y sus «chuecuras») fue narrado por Francisco de Icaza Dufour en su biografía de Hernán Cortés, donde se lee que:

> Cortés, como buen conocedor de la ley y de la institución capitular, sabía de la irregularidad de su empresa [la conquista de México] de-

> bido a la revocación de su cargo hecha por Diego Velázquez, además de que la capitulación realizada por los Jerónimos sólo le autorizaba para rescatar oro [...] y no para colonizar. Estos problemas quedaron zanjados al crear un municipio [...] De acuerdo con [...] la legislación de Castilla, la voluntad popular era suficiente para instalar un municipio y Cortés no podía oponerse a estos deseos. Por otra parte, como única autoridad en la América continental, dependiente sólo de la persona del rey, el ayuntamiento podía designar a su capitán [...] en servicio de dios y el rey.

De esta manera, aunque Cortés fue desconocido por Velázquez, creó un ayuntamiento y se otorgó a sí mismo la posibilidad de conquistar y colonizar nuestra patria a cambio de entregar al rey su quinto. Nueva España, prácticamente, era una propiedad de Cortés y –salvo el impuesto– podía disponer de sus riquezas como mejor le pareciera.

Sin embargo, la idea de la unión de los bienes públicos con el patrimonio de los burócratas no terminó con la conquista: durante la Colonia, la venta de los cargos públicos al mejor postor fue –como bien lo demostraron Barbara y Stanley Stein en su libro *La herencia colonial de América Latina*– una práctica extendida y aceptada por la corona. Así, gracias a la adquisición de puestos públicos, se creó una condición muy extraña: si alguien había invertido una cierta cantidad en «comprar una plaza», lo más sensato –según el flamante funcionario– era recuperar su inversión con algunas ganancias, y para ello no le quedaba más remedio que robar o hacer negocios con el presupuesto, pues su sueldo era mucho menor al dinero que había gastado en comprar el cargo. De nueva cuenta, se consideró que el erario era parte del patrimonio personal del funcionario y el robo quedó plenamente «justificado» debido a los bajos sueldos de los burócratas.

Después de la Independencia, esta práctica continuó sin grandes problemas: si los caudillos habían «salvado a la patria» podían disponer de ella sin cortapisas: Santa Anna, el salvador de los conservadores y de la jerarquía eclesiástica, vendió nuestro territorio, y los demás salvadores obtuvieron créditos que destinaron a los más extraños propósitos o se quedaron con los suficientes bienes para que ellos y su descendencia –por varias generaciones– se vieran librados de la penosa necesidad de trabajar. Tras la Revolución la situación no cambió en lo más mínimo: las plazas se compraban –con dinero o con amistad– y el funcionario siguió considerando que el presupuesto no era propiedad de la nación, sino parte de su fortuna personal: una suerte de lotería en la que él se había sacado el premio gordo durante un sexenio.

Sin embargo, el patrimonialismo que nació con la conquista nunca habría funcionado a la perfección si no hubiera ido acompañado por un anhelo modernizador del país: desde los tiempos de la Colonia hasta nuestros días, los gobernantes de Nueva España y de México han estado empeñados en construir obras públicas: caminos de herradura, ferrocarriles y carreteras; casas para expósitos, hospitales y voluminosos centros médicos; escuelas lancasterianas y universidades capaces de recibir a multitudes; obras viales, sistemas de transporte público, puertos, acueductos, sistemas de drenaje y un larguísimo etcétera que no enlisto para no abrumar al lector.

El afán modernizador, si bien ha tenido (y tiene) un innegable impacto en la vida económica del país y en la generación de riqueza y de puestos de trabajo, también es una espléndida manera de hacer negocios con el presupuesto: las licitaciones, sin duda, no se ganan gracias a la mejor oferta ni a las mejores condiciones, la victoria sólo depende de la cercanía, de los compromisos y de los intereses pecuniarios del funcionario que las convoca. Las obras públicas, de esta manera, han sido (y son) un mecanismo que permite a los burócratas encargar un trabajo y cobrar por realizarlo.

Esta situación –que evidentemente implica justicia sólo para unos cuantos– tuvo graves implicaciones para nuestro desarrollo económico: las obras públicas las construían los políticos por medio de sus empresas o de prestanombres, y por ello su calidad inexorablemente quedaba por los suelos o no era tomada en cuenta, pues lo único que importaba era que ellos obtuvieran las mayores ganancias con las menores inversiones; asimismo, las empresas que nacían sólo tenían a un cliente que les importaba: el gobierno y los funcionarios, por ello no estaban obligadas a invertir en tecnología, sino en mecanismos para sobornar y satisfacer los deseos de los supuestos servidores públicos que firmarían las licitaciones a cambio de participar en la sociedad o de, simplemente, engordarse los bolsillos gracias a los precios inflados que serían cubiertos por el erario. Incluso, por si lo anterior no fuera suficiente, si la compañía entraba en problemas económicos y quedaba condenada a la quiebra, el supuesto empresario no debería preocuparse: se la podía vender al gobierno y desentenderse del problema a cambio de la popularísima «mordida». Así pues, debido al afán modernizador no sólo se logró que la burocracia se enriqueciera gracias a la justicia revolucionaria que premiaba sus supuestos méritos, sino que también se creó un Estado obeso que compró las empresas quebradas de sus proveedores. ¡Un negocio redondo y «justo» por donde se le vea!

Sin embargo, este afán modernizador estaba profundamente ligado con el hombre que se encontraba en la cúspide del poder: el virrey, el caudillo, el dictador, el jefe máximo o el mismísimo señor presidente, que no sólo aprobaba la realización de las obras, ordenaba el visto bueno de los diputados y decidía en última instancia quién sería el ganador; el hombre fuerte –independientemente del nombre que tuviera su cargo– también podía disponer de estas obras y recursos para meter en cintura a sus opositores: los «cañonazos de cincuenta mil pesos» creados por Álvaro Obregón para tranquilizar a quienes se oponían a sus planes, pronto se convirtieron en una práctica común del sistema político mexicano: desde el «pan o palo» de Porfirio Díaz hasta los concursos amañados que se entregan a los opositores, hay una larga tradición que utiliza la riqueza del país para callar la boca y desactivar a los oponentes del «mandamás».

De esta manera queda perfectamente claro que «el Tlacuache» Garizurieta tenía razón: vivir fuera del presupuesto es un error, pues sólo de esta manera es posible lograr que la Revolución le haga justicia a los mexicanos. Sin embargo, la mayoría de nuestros conciudadanos no han logrado una posición que les garantice el patrimonialismo, y por ello tienen (y tendrán) que conformarse con seguir en la miseria, en espera de que la Revolución les haga justicia y los convierta en funcionarios públicos.

Es cierto: el robo y la corrupción han sido constantes a lo largo de nuestra historia; asimismo, es innegable que los cargos públicos sólo han servido para enriquecer a un puñado de mexicanos, mientras que han condenado a la miseria a la mayor parte de las familias... de modo que, querido lector, ¿no te parece que ya llegó el momento de desprendernos de esta tara histórica?, ¿no sería deseable que en nuestro país la Revolución verdaderamente le hiciera justicia a todos los mexicanos y no sólo a unos cuantos? Y por último, ¿no te gustaría que nuestro país dejara atrás el mito de la Revolución justiciera y se convirtiera en un lugar decente donde la corrupción y el patrimonialismo sólo fueran un mal recuerdo del pasado?

El PRI, un partido democrático

El 1 de septiembre de 1928 Plutarco Elías Calles se presentaba ante el Congreso de la Unión para rendir su último informe de gobierno, pero a diferencia de otras veces en que el general sonorense había asistido al recinto legislativo, esta vez el ambiente no le era favorable: Álvaro Obregón, el gran traidor que había violado el apotegma revolucionario de la no reelección, había sido asesinado, y su crimen –como ya mostré en otro capítulo de esta edición y en mi novela *México acribillado*– no estaba totalmente aclarado. Por su parte, Calles estaba convencido de que el país requería de un golpe de timón, por lo que en los primeros párrafos de su mensaje anunciaba un cambio definitivo en la vida política del país:

> por primera vez en su historia se enfrenta México con una situación en la que la nota dominante es la falta de «caudillos», [este hecho] va a permitirnos orientar definitivamente la política del país por el rumbo de una verdadera vida institucional, procurando pasar, de una vez por todas, de la condición histórica de «un país de un hombre» a la de «una nación de instituciones y de leyes» [...] creemos definitiva y categóricamente [que es necesario] pasar de un sistema más o menos velado, de «gobiernos de caudillos» a un más franco «régimen de instituciones».

El anuncio del fin de la era de los caudillos no era casual: los revolucionarios –aunque derrotaron a Porfirio Díaz y al «Chacal» Huerta y asesinaron a los enemigos políticos de los sonorenses– no habían conseguido establecer los mecanismos para delegar el poder de manera pacífica: desde 1913 los «planes revolucionarios» que justificaban los levantamientos en armas y los asesinatos de un marcado carácter político habían sido más eficientes y definitivos para llegar a la presidencia que las urnas o los plebiscitos.

Efectivamente, tras las elecciones que llevaron a Francisco I. Madero a la presidencia, los hombres que ocuparon la principal oficina del país asesinaron o tomaron las armas para lograr ese objetivo: Huerta dio cuartelazo a Madero, quien fue asesinado por órdenes del «Chacal»; Obregón se levantó en armas en contra de Carranza y terminó asesinándolo en Tlaxcalaltongo; de la misma manera, cuando Adolfo de la Huerta intentó ocupar la presidencia y logró que Pancho Villa declarara a la prensa su adhesión, publicó un plan revolucionario y tomó las armas, aunque su rebelión fue sofocada con gran violencia por la diarquía que formaban Obregón y Calles; igualmente, cuando Álvaro Obregón buscó la reelección, sólo pudo obtenerla después de asesinar a Arnulfo R. Gómez y a Francisco R. Serrano. La sucesión presidencial pacífica parecía imposible, e inexorablemente el camino a la presidencia estaba tinto de sangre.

Así que cuando Plutarco Elías Calles anunció el inicio de la era de las instituciones gracias a la creación de un partido político que no sólo sería capaz de agrupar a los revolucionarios, sino que también tendría la fuerza necesaria para garantizar la sucesión presidencial pacífica, muchos mexicanos suspiraron aliviados: las guerras, los intentos de cuartelazo y los crímenes por fin quedarían atrás y se abría la posibilidad de que nuestra patria –gracias al partido oficial– retomara el camino de la democracia, ya que el Partido Nacional Revolucionario (PNR), según sus fundadores, fortalecería la ruta de las urnas. El PRI –al igual que todas sus anteriores advocaciones– se asumió como un partido democrático, aunque en realidad fue todo lo contrario: la democracia nunca fue considerada como un asunto prioritario en el partido oficial.

¿Por qué el PNR, y sus continuadores, nunca fue partido democrático?, ¿cómo pudo mantenerse en el poder durante poco más de siete décadas?, ¿acaso los mexicanos aún no estábamos preparados para la democracia?

La influencia extranjera

Aunque los revolucionarios estaban parapetados en un nacionalismo a ultranza, sus caudillos no eran ajenos a lo que sucedía en otras partes del mundo: en aquellos años los grandes partidos políticos y los Estados «fuertes» construían naciones gracias a los líderes que, sin duda alguna, materializaban los sueños del jefe máximo. Efectivamente, en la Unión Soviética, desde 1917, un partido y su dirigente conducían los destinos de la nación sin que nada ni nadie se opusiera; en Italia, desde 1920, el Partido Nacional Fascista, con Benito Mussolini a la cabeza, había tomado el poder; en los Estados Unidos, gracias al *new deal* propuesto por Franklin Delano Roosevelt, el gobierno se había fortalecido, y pocos años más tarde en Alemania también surgiría un movimiento partidista que llevaría a Hitler al poder.

La creación del PNR, entonces, estaba profundamente influida por los éxitos que en aquellos momentos obtenían los grandes partidos y sus líderes indiscutibles: por las venas del PNR, al igual que por las de sus descendientes, corría esta sangre totalitaria que pronto se manifestó en la conversión de Plutarco Elías Calles en el jefe máximo, en la instauración del maximato –un asunto del que ya me ocupé en otro capítulo de esta edición– y, sobre todo, en la fuerza indiscutible que tendría el partido oficial durante casi setenta años.

Las masas y las instituciones

A pesar de que es innegable que la fundación del PNR ocurrió en los momentos en que los grandes partidos políticos y sus líderes determinaban el futuro de las naciones, sin más freno que su imaginación y sus deseos, este hecho –si bien muestra su herencia totalitaria– no nos permite comprender a cabalidad las razones de su predominio y de su fuerza. La sangre totalitaria tenía que unirse cuando menos a tres mecanismos fundamentales para garantizar el éxito de la nueva institución y de los nuevos tlatoanis de nuestra patria: un sistema de reparto del poder, una fórmula para controlar a las masas y un conjunto de instituciones que posibilitaran y «justificaran» su señorío.

Por ello no debe sorprendernos que en el *Primer manifiesto del Comité Organizador del Partido Nacional Revolucionario* –publicado el primero de diciembre de 1928– se invitara a «todos los partidos, agrupaciones y organizaciones políticas de la República, de credo y tendencia revolucionaria, para unirse y formar el Partido Nacional Revolucionario». La unidad de la llamada «familia revolucionaria» en una sola institución política tenía que lograrse a toda costa, pues esa era la única manera de garantizar el reparto del poder entre sus integrantes sin necesidad de recurrir a las armas. En efecto, a partir de la fundación del PNR, la única vía para llegar a los cargos públicos y disfrutar las mieles del erario eran el partido y el visto bueno de su líder –poco importaba si éste era el jefe máximo o el señor presidente–. Así, los revolucionarios ya no tendrían razones para tomar las armas, pues su lealtad sería compensada por una revolución que sí hacía justicia a sus hijos más esforzados. Un ejemplo de la justicia revolucionaria se encuentra en la biografía de Calles escrita por Carlos Silva, donde se narra cómo el jefe máximo pactó con Juan A. Almazán la aceptación de su derrota y el fin de sus intenciones armadas a cambio de la concesión para construir la carretera que iba de la capital del país a Nuevo Laredo. Los «cañonazos de cincuenta mil» creados por Álvaro Obregón se transformaron en obuses de varios millones.

Una vez que el partido oficial logró la unidad de la familia revolucionaria se enfrentó a un nuevo reto: crear los mecanismos que le permitieran controlar a la sociedad. Si bien es cierto que Calles fundó el PNR y estableció los primeros mecanismos de unidad y de cooptación de los opositores mediante negocios multimillonarios, también es verdad que Lázaro Cárdenas fue el creador de las primeras instituciones que castraron a la sociedad posrevolucionaria para entregar su voluntad al presidente y al partido oficial: en tiempos del cardenismo, la reforma agraria –que en realidad sólo repartió pobreza– le permitió al nuevo líder cooptar a los campesinos del país, pues sólo si formaban parte del partido oficial y se subordinaban a sus líderes podrían obtener tierras y créditos y acceder a mecanismos de comercialización y de subsidio; con los obreros –debido a la tristemente célebre CTM– ocurrió exactamente lo mismo, pues sus salarios y prestaciones sociales dependían en muy buena medida del visto bueno del presidente Cárdenas y de su lealtad al partido oficial; por su parte, el llamado sector popular también terminó atado al partido y al hombre fuerte: la regularización de los predios urbanos, el acceso a alimentos baratos –a través de instituciones como la CEIMSA, la Conasupo o Liconsa–, al igual que los apoyos para obtener servicios públicos y muchas otras cosas más, también dependían de la decisión final del partido y del presidente.

Es decir: el partido oficial y sus líderes indiscutibles –el jefe máximo o los presidentes– crearon una serie de instituciones que van desde los llamados sectores del PRI hasta las dedicadas a atender a la sociedad en su conjunto –como el IMSS, el Infonavit y la Conasupo– con el único fin de controlar a la sociedad y encauzar la satisfacción de sus demandas gracias a mecanismos que no incluían las urnas. Esta es la «dictadura perfecta» de la que habló Mario Vargas Llosa en uno de sus polémicos viajes a nuestro país. Evidentemente, a quienes no aceptaban el PAN a cambio de sus conciencias, el gobierno los persiguió –en algunos casos hasta la muerte– con el pretexto de que sí existían los «cauces legítimos» para satisfacer sus demandas.

Las elecciones perfectas

Aunque la «democracia» funcionaba casi a pedir de boca como un mecanismo para repartir los cargos públicos y castrar políticamente a la sociedad, no puede negarse que en más de una ocasión surgieron opositores capaces de meter en aprietos al partido oficial y a sus líderes. Posiblemente los primeros intentos de oposición que tuvieron estas cualidades fueron las campañas que José Vasconcelos y Juan A. Almazán emprendieron para ocupar la presidencia de la República sin tener el visto bueno del patriarca de la familia revolucionaria. En estos casos –al igual que en muchos otros que ocurrieron a nivel regional, como sucedió con el doctor Salvador Nava en San Luis Potosí– el partido oficial y el líder máximo del país optaron por el fraude descarado o por el soborno. Uno de los ejemplos más notorios de la primera opción es narrado por Pilar Torres en su biografía de Vasconcelos, donde se lee que:

> El día de las elecciones las tropas [...] se apostaron y patrullaron en las ciudades que eran principalmente vasconcelistas, como las del norte del país, Guadalajara, Toluca, Oaxaca y el Distrito Federal. Según cuentan quienes lo vivieron, el fraude fue escandaloso.

> En muchos lugares no se distribuyeron papeletas de voto. Se supo de un importante número de casillas electorales que nunca se instalaron o que se instalaban en lugares lejanos para confundir a los votantes. Se falsificaban votos, se cerraban las urnas varias horas antes de que terminara la jornada. En otros lugares, hechos como los anteriores estaban acompañados de asaltos armados en los que desaparecían las urnas llenas.

Es cierto: desde sus primeros momentos de vida el partido oficial nunca estuvo dispuesto a aceptar los dictados de las urnas, ya que podían ser adversos a sus candidatos. Así, desde su más tierna infancia, los priístas «embarazaron urnas», crearon el «ratón loco» y los «carruseles» para que sólo votaran quienes «debían» votar, idearon la «operación tamal» para conducir desde las primeras horas de las elecciones a los votantes que sufragarían por sus candidatos y, en los casos extremos, utilizaron la fuerza pública con tal de llevar a la democracia por el camino correcto. El fraude electoral fue una característica distintiva del partido oficial desde el momento de su fundación.

Además del fraude, los nuevos tlatoanis y el partido oficial también utilizaron el erario y las obras públicas como mecanismos para sobornar a sus oponentes y garantizar su victoria indiscutible en las urnas, tal como ocurrió con Juan A. Almazán, quien -según se afirma en el libro de Carlos Martínez Assad, Ricardo Pozas Horcasitas y Mario Ramírez Rancaño, *Revolucionarios fueron todos*- no sólo obtuvo la concesión para construir la carretera México-Nuevo Laredo, sino que también se ganó la posibilidad de crear Acapulco como un destino turístico, al tiempo que se apoderó de varias minas, ante el beneplácito oficial.

El PRI, digámoslo claramente, nunca fue un partido democrático y, gracias a él, la corrupción, el fraude y la castración política de nuestro pueblo se convirtieron en características de un sistema político que aún espera su oportunidad para crear una nación acorde con los sueños y los deseos de los mexicanos.

Los nazis no actuaron en México

A mediados de los años treinta del siglo pasado la guerra en Europa era algo más que una simple posibilidad. En aquellos momentos ya estaba perfectamente claro que el expansionismo del régimen nacional-socialista de Adolfo Hitler no tendría freno y que la guerra no tardaría mucho tiempo en comenzar. Así que mientras la industria nazi iniciaba un colosal programa de producción de pertrechos y la diplomacia alemana presionaba a Francia e Inglaterra para ampliar el espacio vital de los germanos, la cancillería y el alto mando analizaban el papel que los Estados Unidos podrían desempeñar en el conflicto bélico inminente: para el Estado Mayor nazi quedaba claro que la potencia americana era capaz de dar un giro al curso del conflicto, tal como había sucedido durante la Primera Guerra Mundial. Aunque los nazis contaban con importantes simpatizantes en los Estados Unidos –Ford, Getty y Rockefeller ya habían mostrado abiertamente su apoyo al régimen y a las ideas de Hitler–, el presidente Franklin Delano Roosevelt era el principal enemigo de los nazis en este lado del Atlántico. Así, los germanos optaron por una estrategia muy similar a la que habían intentado en la Primera Guerra Mundial: utilizar a nuestra patria para frenar a los Estados Unidos, y de ser posible incrementar el abasto de materias primas, establecer un régimen acorde con sus ideas y mermar la fuerza de los Estados Unidos mediante un conflicto en América Latina.

Las razones que apuntalaban los proyectos de los nazis no eran despreciables: desde el siglo XIX los mexicanos mantenían una tensa relación con los Estados Unidos, y la mayoría de los ciudadanos le guardaba rencor a esa nación porque se había apropiado alevosamente de la mitad de nuestro territorio; asimismo, la expropiación de los activos de la industria petrolera había distanciado al régimen de Cárdenas de los gobiernos de Estados Unidos e Inglaterra, y por último, algunos políticos, intelectuales y empresarios de nuestra nación tenían marcadas preferencias por Hitler y los nazis.

De esta manera, desde mediados de la década de los años treinta los seguidores de Adolfo Hitler realizaron en México una serie de operaciones, entre las que destacaron una fortísima labor de propaganda en favor del régimen nacional-socialista, numerosas acciones que buscaban garantizar el abasto de materias primas y combustibles a Alemania, el apoyo a los grupos conservadores con la finalidad de establecer un gobierno acorde a la ideología nazi y, muy probablemente, la creación del primer cártel de la droga en México.

Adentrémonos, pues, en la historia de las actividades nazis en nuestro país.

Los nazis en México

El ascenso del nazismo no fue visto con malos ojos en nuestro país: Alemania, gracias a un hombre fuerte y a un partido de masas se había convertido en una potencia que se alimentaba del nacionalismo extremo y del racismo. Estos ingredientes eran sin duda más que atractivos para la clase política mexicana, que recién había creado el partido oficial y vivía los primeros momentos del presidencialismo, y que aún tenía fresca la experiencia del maximato. Por ello no debe extrañarnos que Plutarco Elías Calles, cuando partió al exilio, llevara bajo el brazo un ejemplar del libro *Mi lucha*, de Hitler; ni tampoco la arquitectura de aquellos tiempos, que tiene la innegable marca de las obras de Speer, el arquitecto del führer; o el hecho de que el escudo del estado de Sonora mostrara una svástica en su centro.

Los mexicanos eran, hasta cierto punto, germanófilos. Así, poco antes de que el Ministerio de Propaganda nazi iniciara sus labores en México, en algunos puntos de nuestro país surgieron medios de comunicación cuya política editorial era de franca admiración hacia el nazismo, como fue el caso –según la *Historia general de Sonora*– del periódico hermosillense *El Pueblo* y de muchos otros diarios del noroeste de México. Sin embargo, como bien lo señala Juan Alberto Cedillo en su libro *Los nazis en México*, cuando el ministro Goebbels entregó recursos a la embajada nazi en nuestro país, éstos se invirtieron en la revista *Visor*, que dirigía José Vasconcelos, y en la radiodifusora XEW, la cual permitió a los alemanes enviar mensajes cifrados por medio de su canal libre internacional. Los nazis, sin duda alguna, tuvieron el control de algunos medios de comunicación mexicanos y los convirtieron en parte de su aparato de propaganda. El único que pudo poner freno a esta política fue Lázaro Cárdenas –como lo señalan Pilar Torres en su biografía de Vasconcelos y Juan Alberto Cedillo–: clausuró la revista *Visor* y metió en cintura a los Azcárraga para que terminaran sus relaciones con el Tercer Reich.

Contra lo que pudiera pensarse, las actividades nazis en nuestro país no se limitaron a la propaganda: para una nación que estaba a punto de entrar en guerra era fundamental mantener e incrementar sus suministros de petróleo y de materias primas para la producción de pertrechos. De modo que al comenzar el régimen nacional-socialista la expropiación petrolera de Cárdenas permitió que Alemania se convirtiera en uno de los principales clientes del gobierno mexicano, que estaba prácticamente imposibilitado para vender hidrocarburos a los Estados Unidos e Inglaterra. Sin embargo, conforme la tensión aumentaba en Europa, los «castigos» a México por parte de aquellas naciones se relajaron y el régimen nazi estuvo a punto de perder una de sus fuentes de abasto de petróleo. Por ello se envió a nuestro país a Hilda Kruger, una bella actriz alemana que –según nos cuenta Juan Alberto Cedillo– tuvo amoríos con Miguel Alemán Valdés, Mario Ramón Beteta, Ezequiel Padilla y Juan A. Almazán, para garantizar que el abasto de hidrocarburos y de materias primas no se suspendiera... y no se suspendió sino hasta el momento en que México se incorporó a la Segunda Guerra Mundial en el bando de los aliados.

Además de aquellas acciones, el régimen nazi colaboró financieramente con algunos de los grupos conservadores y eclesiásticos interesados en que nuestra patria dejara el camino del liberalismo y volviera a los tiempos de la oscuridad religiosa, cuando no podía ponerse en entredicho el poder de la Iglesia católica. Por esta razón –como se lee en el libro *Camisas, escudos y desfiles militares. Los Dorados y el antisemitismo en México*, de Alicia de Backal Gojman– los nazis entregaron importantes recursos a Nicolás Rodríguez Carrasco, el general revolucionario que acaudillaba la Acción Revolucionaria Mexicanista, cuyo brazo armado eran los «Camisas doradas», quienes emulaban a los «Camisas negras» del fascismo y a los «Camisas pardas» del nazismo. Esta organización política pretendía poner freno a las «acciones socialistas» del gobierno mexicano e instaurar un régimen eclesiástico, conservador y sobre todo «defensor de las divinas verdades de la Biblia», pero luego de sus primeras acciones fue destruida por el gobierno mexicano.

Sin embargo, los nexos de los nazis con la reacción mexicana no se limitaron al financiamiento de la Acción Revolucionaria Mexicanista, pues la Unión Nacional Sinarquista –fundada en mayo de 1937 por un grupo de activistas políticos católicos, liderados por José Antonio Urquiza y Salvador Abascal– también recibió importantes recursos de los nazis: el conservadurismo del nacional-socialismo encontró, cuando menos en nuestro país, a sus mejores aliados entre los activistas católicos y en la jerarquía eclesiástica, que estaban dispuestos a aceptar su ayuda con tal de recuperar los privilegios que habían perdido a causa de la Constitución de 1917.

Asimismo, según se afirma en la Wikipedia, la candidatura de Juan A. Almazán estuvo apoyada por los nazis, quienes pretendían instaurar un régimen afín a sus ideas en la frontera sur de los Estados Unidos. Almazán, como sabemos, fue vencido en las urnas gracias a las prácticas «democráticas» del partido oficial, y luego de su derrota comenzó a organizar una insurrección, pero para ello:

> viajó a Cuba y después a Estados Unidos para entrevistarse con funcionarios de la administración del Presidente norteamericano Franklin Delano Roosevelt y sondear su posición frente a una eventual revolución almazanista. Aunque el gobierno norteamericano no veía con buenos ojos las posiciones [...] radicales de Cárdenas, también estaban molestos por la presunta amistad de Almazán con un general norteamericano retirado de apellido Mosley que lideraba un grupo neonazi estadounidense. Temiendo que Almazán se convirtiera en aliado de Hitler y de Japón, y confiando en que Ávila Camacho sería un aliado contra las potencias del Eje, los funcionarios americanos le dejaron claro que apoyarían decididamente a Cárdenas y su sucesor designado. Almazán pensó que no tendría oportunidad

de triunfar contra Roosevelt y Cárdenas aliados, y que no sería conveniente una guerra civil; por eso finalmente desistió de la idea de sublevarse.

Por último, según lo señala Juan Alberto Cedillo en su obra antes mencionada, los nazis crearon un cártel de la droga gracias a su alianza con algunos políticos mexicanos encabezados por el general Aguilar González y Maximino Ávila Camacho. El objetivo de este cártel era enviar drogas opiáceas a los Estados Unidos con el fin de enviciar a los soldados que se encontraban en las bases navales y del ejército en espera de partir a la guerra.

Así pues, querido lector, es un mito que los nazis no realizaron actividades en nuestro país: la Iglesia católica y los grupos conservadores, al igual que los políticos más corruptos de aquella época, se beneficiaron del oro de Hitler.

El pacifismo de los mártires cristeros[103]

El trasfondo de la cristiada, o guerra cristera (1926-1929) -donde la jerarquía católica volvió a enfrentarse militarmente al Estado-, fue la oposición clerical al Estado instaurado desde mediados del siglo XIX con las leyes de Reforma. Aliada del dictador Victoriano Huerta, la Iglesia católica estuvo en contra de la Revolución mexicana y luego, a fin de conservar sus antiguos privilegios, se opuso a la Constitución de 1917, que refrendaba los principios del laicismo. Como forma de presión, el episcopado mexicano -y no Calles- ordenó el cierre de templos e inició una campaña de desestabilización en contra del gobierno; en su propaganda llamaba «persecución religiosa» a la limitación de sus prerrogativas.

Sin embargo, la libertad de cultos y de creencias estaba garantizada por el artículo 24 constitucional. Había tolerancia para todos los credos. En realidad, lo que el clero buscaba era recuperar el poder político y económico que había perdido durante la guerra de Reforma. Ante tales sucesos, el papa Pío XI, en su encíclica *Iniquis Afflictisque* (18 de noviembre de 1926, cap. II, núm. 15), aprobó y alentó, con «bendición apostólica», la vía armada para la defensa de la «libertad religiosa»: «Los obispos, los sacerdotes y los fieles de México se han levantado y han opuesto un muro alrededor de la Casa de Israel y se han organizado en guerra». Por cierto, los obispos mexicanos, por unánime consentimiento, debían probar todos

[103] La redacción de este gran mito de la historia de México se debe a la generosa participación y conocimiento de causa de Laura Campos Jiménez.

los medios posibles...[104] La llama de la rebelión se había encendido. A lo largo de tres años los cristeros mantendrían una lucha cruel y sanguinaria.

A ocho décadas de distancia, los apologistas de los cristeros han difundido el mito de que en esos «mártires» anidaba un espíritu pacifista, o de que fueron sólo víctimas y no participantes de dicha guerra. ¿Cómo olvidar igualmente a otro papa intervencionista, como sin duda lo fue Pío IX durante la guerra de Reforma de 1859?

El espíritu cristero: la guerra santa

Enemigos del Estado laico, los cristeros pretendían implantar una hegemonía clerical, a lo que llamaban «instaurar el reinado temporal» de Cristo en México.[105] Lejos de mostrar un espíritu pacifista y humanitario, concebían su lucha como una «guerra santa» contra los «enemigos de la fe», en la que llegaron a extremos increíbles de crueldad y violencia de los que ellos mismos se jactaban en sus comunicados y publicaciones.[106]

Los cristeros quemaban escuelas, asesinaban a los maestros de las zonas campesinas o les cortaban las orejas y la lengua, y destruían los libros que les parecían irreverentes. Sus represalias contra agraristas, soldados y protestantes eran también salvajes. Además, los cristeros descarrilaban trenes, violaban, asaltaban, robaban... ofrendando todas esas acciones a las imágenes de Santa María de Guadalupe y de Cristo Rey, a quienes religiosamente se encomendaban. Alegaban, como los conquistadores encabezados por Cortés, que «Dios luchaba por ellos».[107]

[104] *Encíclicas pontificias*, Colección completa 1832-1959, tomo I, p. 1095.

[105] Miguel Palomar y Vizcarra, dirigente de la Liga Nacional Defensora de la Libertad Religiosa, enfatizó la «conformidad de los cristeros con la voluntad de Dios al empuñar las armas luchando y sufriendo gustosos para liberar a la Iglesia y a la Patria y reimplantar el Reinado Temporal del Rey de Reyes...» (Miguel Palomar y Vizcarra, *El caso ejemplar mexicano*, Jus, México, 1967).

[106] Véanse los documentos compilados en Consuelo Reguer, *Dios y mi derecho*, 4 vols., Jus, México, 1997.

[107] En la segunda de sus cartas, remitidas al emperador el 30 de octubre de 1520, relataba que, enfrentado a más de 140000 enemigos, «quiso Nuestro señor en tal manera ayudarnos, que en obra de cuatro horas habíamos hecho lugar para que en nuestro real no nos ofendiesen [...] y como traíamos la bandera de la cruz y pugnábamos por nuestra fe y por servicio de vuestra majestad en su muy real ventura, nos dio Dios tanta victoria que les matamos mucha gente, sin que los nuestros recibiesen daño» (Hernán Cortés, *Cartas de*

Los cristeros recurrieron también al asesinato de políticos y de funcionarios, como el del entonces presidente electo de México, Álvaro Obregón, perpetrado el 17 de julio de 1928 por José de León Toral, con una pistola bendecida previamente por un sacerdote.[108]

Los «mártires»

La jerarquía católica estimuló, aplaudió y perdonó en los confesionarios y desde los púlpitos todos esos crímenes, al extremo de haber elevado a los altares a varios personajes, sacerdotes y laicos, que participaron directa o indirectamente en el conflicto armado. El 21 de mayo de 2000 varios cristeros (veintidós sacerdotes y tres laicos), fueron canonizados en la basílica de San Pedro por el papa Juan Pablo II, mientras que el 20 de noviembre de 2005, otros de ellos, de más cuestionable trayectoria, incluyendo líderes de la rebelión armada, fueron beatificados en México (tres sacerdotes y diez laicos).

Entre el grupo de los beatos destacaba Anacleto González Flores, a quien algunos defensores de los cristeros han comparado nada menos que con Gandhi, porque -dicen- recurrió a la resistencia civil antes que adoptar la vía armada. Anacleto González Flores estaba tan inmerso en la guerra que se autoproclamó y fue reconocido jefe civil del movimiento cristero y, como los demás «mártires», participó en organizaciones que impulsaban la lucha armada contra el gobierno. Moisés González Navarro señala que dicho «mártir» era «líder intelectual de los 'fanáticos en armas', redactaba proclamas y los proveía de parque, víveres y dinero, y en más de un combate se comprobó su presencia con las armas en la mano».[109] En los últimos

---

relación, Porrúa, México, 1992, p. 38). Siglos después, el sacerdote Lauro López Beltrán sugería en el libro *La persecución religiosa en México* (Tradición, México, 1987), que las numerosas bajas del Ejército federal contra los cristeros se debían a que éstos contaban con la «ayuda de Dios».

[108] El presbítero Aurelio José Jiménez Palacios, en el relato detallado de Alfonso Taracena -*La verdadera Revolución Mexicana (1928-1929)*, Porrúa, México, 1992, pp. 106 ss.-. Acerca de ese episodio, el escritor hace notar que, para evadir responsabilidades, pues estaba enterado de lo que se proponía Toral, en lugar de bendecir directamente el arma hizo notar que al bendecir a las personas quedaría bendito lo que llevaban consigo. «De modo que para estos fariseos, es dable bendecir una macana, un puñal o una arma, cualquiera capaz de segar una vida humana» (p. 106).

[109] Moisés González Navarro, *Cristeros y agraristas en Jalisco*, tomo III, El Colegio de Jalisco, México, 2000, p. 380.

días de diciembre de 1926, González Flores dirigió unas palabras a sus colaboradores más cercanos:

> Estaré con la Liga [para la Defensa de la Libertad Religiosa] y echaré todo lo que soy y lo que tengo. Mezclados como van a quedar, demasiado lo sé, en el torbellino de una lucha que recomendamos hoy, acudiendo a la razón de la fuerza [...] Dios haga fructificar este sacrificio colectivo [...][110] Bendición para los valientes que defienden con las armas a la iglesia de Dios.[111]

Cuando el Comité Episcopal aceptó la lucha armada en 1926, Anacleto se prestó a seguir dirigiendo la campaña, ahora en el plano bélico [...] Se plegó a la orden de iniciar la defensa armada [y] no puso ningún pretexto para llevar adelante esta nueva etapa. Con relación al movimiento armado, era jefe. La filosofía de este beato, ciertamente, no era el pacifismo.[112]

El historiador Enrique Bautista González, expresidente del Centro de Estudios Fray Antonio Tello, corrobora el perfil combativo:

> Están claros los testimonios suyos y de gente cercana: la decisión fue tomar las armas [...] Anacleto no fue el hombre contradictorio que plantean la iglesia y quienes se refritean las obras citadas, al decir que era un hombre pacífico, que en sus últimos momentos tuvo que decidirse en contra de sus propios pensamientos. Él fue un guerrero. Hay que leer sus escritos, sus discursos. En todo momento está en la idea de la guerra [...] Hay que recordar que la organización que lideró al final de su vida fue puesta en el camino de la violencia contra el Estado y él asumió el cargo de jefe militar.[113]

González Flores, a finales de 1926, se dio a la tarea de organizar a los grupos armados, mientras seguía escribiendo fulminantes artículos en

[110] Heriberto Navarrete, *Por Dios y por la Patria*, pp. 124-125.

[111] Laura Campos Jiménez, *Los nuevos beatos cristeros. Crónica de una guerra santa en México*, p. 66.

[112] Ismael Flores Hernández, *Anacleto, líder católico*, Folia Universitaria, UAG, México, 2005, p. 81.

[113] Hermenegildo Olguín Reza, «El Beato armado», en *Proceso Jalisco*, núm. 1516, 20 de noviembre de 2005, p. VII.

contra del gobierno.[114] El «mártir», después de vivir a «salto de mata», fue capturado por el ejército en la casa de la señora Elvira G. de Vargas, en marzo de 1927. Lo acompañaban los hermanos Jorge y Ramón Vargas y Luis Padilla (también beatos), colaboradores de González, que fueron acusados de traficar parque y de proveer armas a los rebeldes. González Flores fue ejecutado el primero de abril de 1927 en el Cuartel Colorado de Guadalajara. No fue aprehendido y muerto por el hecho de ser católico, sino por su papel protagónico en las actividades subversivas que encabezaba y, de acuerdo con documentos difundidos en esa época, por haber planeado hechos delictivos para apoyar el movimiento cristero, entre ellos el secuestro del estadounidense Edgar Wilkins, consumado el día 27 de marzo, quien fue asesinado por sus captores. Según la nota publicada en *Excélsior* el 5 de abril de 1927, y fechada el día anterior en Guadalajara, el general Jesús Ferreira, quien en esa entidad luchaba contra los cristeros, señalaba a Anacleto como el «director intelectual» de ese secuestro y asesinato.

Miguel Gómez Loza, otro de los «beatos», mantuvo un perfil violento desde su juventud. Cuando cursaba la escuela primaria arrancó de su aula un retrato del presidente Benito Juárez y lo arrastró por el piso, ante el agrado de su madre y del párroco de El Refugio (Jalisco), su pueblo. Años más tarde intervino en un zafarrancho contra grupos comunistas en las puertas de la catedral de Guadalajara.[115] Gómez Loza, después de haber participado con cargos relevantes en diferentes sociedades secretas, llegó a ser un cristero de cuerpo completo. Luego de la muerte de González Flores ostentó, a los 37 años, el grado de jefe militar cristero del sur de Jalisco, Colima y Nayarit, en donde combatió al ejército. A este «mártir» se le asocia también con actos de barbarie, como el descarrilamiento y asalto de un tren de pasajeros en La Barca, Jalisco (cerca de Guadalajara), el 19 de abril de 1927. El *Universal Gráfico*, en su edición del 20 de abril de 1927, lo menciona como uno de los cabecillas cristeros responsables de dicho atentado terrorista, en el cual perdieron la vida cientos de pasajeros civiles inocentes, entre ellos niños y mujeres:

[114] Sus artículos aparecían en el periódico *Gladium*.

[115] Andrés Curiel, *Héroes cristeros*, Amat, México, 2004, pp. 106-109.

> El criminal acto que hizo víctimas no sólo a la escolta, que se batió heroicamente, sino a una parte del pasaje, fue consumado por la gavilla capitaneada por los curas Vega, Pedroza y Angulo, el licenciado Loza y el cabecilla apodado «El Catorce». La escolta sucumbió ante la superioridad numérica de los levantados y la fiereza de éstos que hizo víctimas, en forma espantosa y con una crueldad que subleva, a una parte del pasaje.[116]

Las gavillas cristeras capitaneadas por Gómez Loza y sus fanáticos secuaces, entre ellos los sacerdotes Jose R. Vega, Aristeo Pedroza, Jesús Ángulo, Miguel P. Aldape, José Mariano Garibi –alías «Pepe Dinamita»– y José Verduzco, se apostaron a ambos lados de la vía, en espera del descarrilamiento del convoy 320, después de haber colocado dinamita y quitado dos rieles de 70 libras.[117] Al ser descarrilado el tren, y ante el desconcierto de los pasajeros, los disparos se generalizaron mientras se escuchaban los gritos de «¡Viva Cristo Rey! ¡Viva la Virgen de Guadalupe!». Los 53 soldados que viajaban en la unidad ferroviaria repelieron el atentado en proporción de casi uno contra veinte. En tales circunstancias, Gómez Loza obligó al maquinista a prenderle fuego al convoy, lo que llevó al pasaje a replegarse en medio de la balacera, como si el descargar los rifles sobre niños y mujeres inocentes fuera insuficiente para vengar la muerte de González Flores.[118] El combate entre cristeros y militares duró casi tres horas, hasta que sucumbió el último hombre.[119]

Agotado el parque de los militares, éstos eran sacados por los cristeros de entre los herrajes y llevados ante el cura Vega –como lo recuerda el general J. Ángel Moreno–, quien, con un verdugo a su lado y haciendo la señal de la cruz, decía a sus víctimas: «Que Dios te perdone, hijito», y al verdugo: «¡Quémalo!».[120] Según el relato de *El Universal Gráfico*:

[116] *El Universal Gráfico*, 20 de abril de 1927.

[117] J. Ángel Moreno Ochoa, *Semblanzas revolucionarias*, Guadalajara, 1959, pp. 234-235.

[118] Entrevista con el licenciado Constancio Hernández Allende, filósofo e historiador egresado de la Universidad de Guadalajara, el 3 de junio de 2008.

[119] Luis Rivero del Val, *Entre las patas de los caballos*, Jus, México, 1970, pp. 138-139.

[120] *Ibid.*

> Subieron los rebeldes sin escuchar a las mujeres que pedían piedad. Bajaron del tren los pasajeros que pudieron hacerlo, pero se quedaron los niños y heridos. Los asaltantes, sin miramiento alguno, regaron de chapopote los carros y les prendieron fuego, consumiéndose por completo y oyéndose en medio de la hoguera los gritos de quienes se quemaban vivos.

Después del asalto al tren, Gómez Loza se había convertido en un prófugo de la justicia. Fue muerto el 21 de marzo de 1928, al ser sorprendido en una reunión militar.

El sacerdote jesuita Miguel Agustín Pro, otro de los «mártires»,[121] «estaba a favor de la lucha armada y sabía que su hermano Humberto –como encargado de la Liga Nacional de la Defensa de la Libertad Religiosa en el Distrito Federal– apoyaba directamente la lucha armada 'traficando con parque y armas para los rebeldes'».[122] Este sacerdote fue fusilado junto con su hermano Humberto y dos militantes cristeros, quienes fracasaron en el intento de asesinar al presidente electo Álvaro Obregón en 1927. El beato José Trinidad Rangel era vicario de la parroquia de Silao, Guanajuato, pertenecía a los Caballeros de Colón, quienes apoyaban directamente la guerra cristera, y fue acusado de participar en el famoso asalto al tren de Guadalajara.[123]

El beato Luis Padilla Gómez ocupaba cargos de dirección en organismos que combatían al gobierno y distribuía parque a los rebeldes cristeros. El 27 de marzo de 1927 llegó a la casa de su amigo Vicente Camberos cargando sendos bultos de papelería, que contenían «exhortaciones y proclamas de la defensa armada. Luego [sacó] de los bolsillos pequeñas, pero compactas, cajas repletas de parque en varios calibres, destinadas también a la *Cristiada*, cuyo peso venía deformando sus ropas».[124]

El beato Luis Magaña Servín daba parque a los cristeros, por lo que fue delatado por una espía del ejército. El beato Ezequiel Huer-

[121] Miguel Agustín Pro fue beatificado el 25 de septiembre de 1988, fecha que coincide con el aniversario del natalicio del general Plutarco Elías Calles.

[122] F. M. González, *La Iglesia del silencio*, Tusquets, México, 2009, p. 26.

[123] Édgar González Ruiz, «La contrarrevolución al poder. Testimonios perdidos del Fox cristero», en *Adital*, 15 de septiembre de 2005.

[124] Vicente Camberos Vizcaíno, *Más allá del estoicismo*, Jus, México, 1953.

ta Gutiérrez era cantor en los templos de la capital tapatía, y fue fusilado, al igual que su hermano Salvador, por ayudar a los cristeros. Antes había tenido una riña con «un impío que cometía faltas de respeto en el templo en que ambos estaban, recibiendo en respuesta una puñalada que era una condecoración en carne viva».[125]

El beato José Luis Sánchez del Río, a sus 14 años, se dio de alta en el ejército cristero, como otros niños y adolescentes que participaron en la guerra; había religiosos que los enseñaban a armar y desarmar un fusil, así como el odio hacia los liberales y la falta de escrúpulos para matarlos. Sánchez del Río fue capturado en combate y ejecutado en 1928; se le atribuye la frase: «Me han cogido porque se me acabó el parque, pero no me he rendido».[126] Fue elevado a los altares por haber tomado las armas contra el gobierno.

A manera de epílogo, se puede resumir que tanto los «santos» como los «beatos» cristeros fueron parte activa del conflicto armado que desafió al Estado. Cuando el episcopado declaró la licitud de la guerra, los citados «mártires» se mantuvieron en comunión con el obispo de Roma en turno y con sus pastores, y actuaron en consecuencia.

A cien años de haberse iniciado la Revolución mexicana, la jerarquía católica insiste en recuperar los privilegios por los que lucharon los cristeros, a los cuales ha idealizado como «santos» y «mártires» en las versiones conservadoras. La de ahora es una batalla por la lectura de la historia: este es el trasfondo de la construcción del mito «pacifista».

[125] Joaquín Blanco Gil, *Clamor de la sangre*, Jus, México, 1967, p. 133.

[126] *Ibid.*

Celebramos el cumpleaños de la patria en la fecha adecuada

La noche del 15 de septiembre los mexicanos celebramos el cumpleaños de nuestra patria: a lo largo y ancho del país –y en todas las representaciones diplomáticas en el extranjero– los políticos hacen sonar las campanas, enarbolan las banderas y lanzan vivas a los héroes que se adecuan a sus idearios, mientras silencian los nombres de aquellos personajes que podrían verse como contrapunto de sus acciones. Tras la arenga, la fiesta continúa con menos brío gracias al desfile militar, el cual, al concluir, invita al público a regresar a sus casas con la certeza de haber celebrado como es debido el cumpleaños de la patria. El ritual se cumple a la perfección. La ciudadanía festeja estruendosamente, como si ese día hubiera nacido nuestro país. Sin embargo, si sometiéramos esta celebración al ácido de la historia nos daríamos cuenta de que sólo festejamos un mito y que el nacimiento de nuestro país ocurrió en otra fecha.

El falso cumpleaños de la patria

Oficialmente nuestro país nació en la madrugada del 16 de septiembre de 1810, cuando Miguel Hidalgo tocó las campanas de la iglesia del pueblo de Dolores y convocó a sus feligreses a luchar por la independencia. A pesar de las repeticiones y de lo que se afirma en los libros de texto, este suceso no marca el nacimiento de nuestra patria pues, como ya lo demostré en otro capítulo de esta edición, el cura Hidalgo no consumó la independencia, es decir, el nuevo México aún no había nacido.

Muy posiblemente el creador de este y otros mitos fue el mismísimo José María Morelos y Pavón, quien en sus *Sentimientos de la nación* propuso al Congreso que se considerara aquella fecha como el momento climático de nuestra historia. Morelos necesitaba crear una idea de nación, por ello propuso:

> Que igualmente se solemnice el día 16 de septiembre de todos los años, como el día aniversario en que se levantó la voz de la independencia y nuestra santa libertad comenzó, pues en ese día fue en el que se desplegaron los labios de la nación para reclamar sus derechos con espada en mano para ser oída; recordando siempre el mérito del grande héroe, el señor don Miguel Hidalgo y su compañero don Ignacio Allende.

Además, si la fecha oficial del nacimiento de México es el 16 de septiembre, ¿por qué se celebra un día antes? Alguien podría decir que porque resulta poco sensato dar el Grito en la madrugada del 16, pero la verdad es que celebramos la noche del 15 de septiembre porque ese día nació ni más ni menos que Porfirio Díaz, el golpista, quien decidió unir las dos celebraciones: la del Grito de Dolores y la de su nacimiento. Como resultado de ello, los mexicanos, en realidad, no celebramos el surgimiento de nuestro país, sino el cumpleaños de Díaz.

El verdadero cumpleaños de la patria

México nació el 27 de septiembre de 1821, cuando el ejército Trigarante entró a la ciudad de México y se consumó la lucha por la independencia. Ese día, en principio, muy bien podría tomarse como el del nacimiento de México y no cuando los insurgentes se levantaron en armas en aquel amanecer de septiembre de 1810. Sin embargo, esa fecha apenas es recordada en el calendario cívico por una extraña y comprensible razón: Iturbide, el verdadero consumador, tuvo el mal tino de proclamarse primer emperador de México, y terminó siendo fusilado por órdenes del Congreso. Así, los mexicanos no sólo ejecutamos a uno de los padres de nuestra nación, sino que también negamos nuestra fecha de nacimiento para alejarnos de una monarquía que nos parecía tan vergonzosa como inconveniente, de cara a la organización política estadounidense.

Hasta donde tengo noticia, la única ocasión en que se festejó de manera solemne nuestra verdadera Independencia el día 27 de septiembre, fue en 1921, cuando el gobierno revolucionario –en aras de distanciarse del porfiriato– celebró el primer centenario de nuestra patria. Sin embargo, como los alzados nada querían saber de las monarquías, pronto le echaron tierra al asunto y prefirieron seguir festejando la noche del 15 de septiembre.

Queda todavía la duda en cuanto a qué día exactamente pudiera celebrarse el cumpleaños de la patria, pues en 1821 hubo por lo menos tres momentos significativos que podrían reclamar ese honor: la firma del Plan de Iguala (el 24 de febrero), la entrada a la ciudad de México del ejército Trigarante (el 27 de septiembre) o la firma del Acta de Independencia del Imperio Mexicano (el 28 de septiembre). Usted dirá, querido lector.

¿No valdría la pena, acaso, que dejáramos de ser una nación de mitos para convertirnos en un país de verdades?

Madero y Carranza, obreristas

La historia oficial engrandece a sus héroes y nos obliga a mirarlos con las lentes del mito; por ejemplo, Madero y Carranza siempre han sido descritos como hombres buenos, justos y preocupados por los trabajadores, pero esta versión sólo oculta la verdad a fin de mantener vigentes los mitos, pues los hechos demuestran que mientras Madero y Carranza fueron profundamente antiobreristas, Victoriano Huerta trató de ser, al menos en un inicio y con tal de no complicar aún más la contienda revolucionaria que había desencadenado, un aliado de los obreros… una gran mentira que durante los primeros meses de su dictadura pasó como verdad, pero que pronto se desplomó en el vacío por su propio peso.

Madero y Carranza: los antiobreristas

Cuando Francisco I. Madero llegó a la presidencia de la República enfrentó al movimiento obrero como un enemigo más: los deseos de mejoría de los trabajadores, su posición política contraria a pactar con cualquier gobierno y el choque con la aristocracia porfirista y con los inversionistas extranjeros –que buscaban imponer condiciones más ventajosas para sus capitales–, no podían ser aceptados por su régimen, preocupado por lograr la reconciliación nacional y por derrotar a los enemigos que incesantemente se levantaban en armas. De modo que, como bien señala Ramón Eduardo Ruiz en su libro *La revolución mexicana y el movimiento obrero:* «la suerte de los obreros no mejoró bajo el gobierno de Madero, y por ello los trabajadores vieron con escepticismo las pretendidas buenas intenciones de los capitalistas, tan encomiadas por los funcionarios del gobierno».

El escepticismo de los obreros no tardó en provocar una reacción por parte del gobierno maderista: su periódico oficial, la *Nueva Era*, comenzó a atacarlos y a acusarlos de ser los responsables de muchas de las desgracias que ocurrían, pues los trabajadores y su principal organización –la Casa del Obrero Mundial– eran una caterva de anarquistas siempre dispuesta a destruir la paz pública.

Madero no se conformó con emprender una campaña mediática que desprestigiaba a los trabajadores; en 1912 se lanzó en contra de ellos: clausuró la Casa del Obrero Mundial, prohibió la circulación de los periódicos que imprimía esa organización, encarceló a muchos de sus líderes, deportó a sus simpatizantes extranjeros y, por si lo anterior no bastara, también rompió las huelgas que iniciaron, como ocurrió –por poner sólo un ejemplo– en la fábrica de tejidos que era propiedad de su hermano Gustavo.

Pero Francisco I. Madero no fue el único que se opuso y atacó al movimiento obrero, Venustiano Carranza –por lo menos en este aspecto– se lleva las palmas. Veamos por qué: en 1916 los trabajadores mexicanos decidieron protestar en contra de las medidas tomadas por el gobierno constitucionalista: el nuevo papel moneda –los famosos *bilimbiques*– no servía para nada, y aunque todos estaban obligados a usarlo, la inflación condenaba a los trabajadores a la miseria más absoluta. Así, como resultado de esta pésima medida económica, los obreros mexicanos no sólo colocaron las banderas rojinegras en muchas empresas, sino que también exigieron al gobierno una moneda fuerte que les permitiera adquirir sus satisfactores sin ser derrotados por la escalada de precios.

La reacción de Carranza no se hizo esperar y en julio de 1916 invocó una ley que el gobierno juarista publicara el 25 de enero de 1862, y la hizo extensiva a los huelguistas, de tal manera que condenaba a la pena de muerte a aquellas personas que

> inciten a la suspensión del trabajo en las fábricas o empresas destinadas a prestar servicios públicos o la propaguen; a los que presidan las reuniones en que se proponga, discuta o apruebe; a los que la defiendan y sostengan; a los que la aprueben o la suscriban; a los que asistan a dichas reuniones o no se separen de ellas tan pronto como

> sepan su objeto, y a los que procuren hacerla efectiva, una vez que se hubiera declarado.

Esta ley -publicada por Carranza en el *Diario Oficial* el 21 de agosto de 1916- no sólo prohibía las huelgas y las reuniones donde los trabajadores criticaran su régimen, sino que también -y esto es lo más escalofriante- los condenaba a muerte luego de que fueran juzgados... ¡por tribunales militares! Más aún, Carranza también utilizó la fuerza pública para masacrar y reprimir a los obreros: las huelgas de 1916 -según lo señala Marjorie Ruth Clark en su libro *La organización obrera en México*- fueron eficazmente aplastadas y sus líderes terminaron en la cárcel por alterar el orden público y por atacar los intereses de la patria. Así, «los sindicalistas quedaron convencidos de que en Carranza tenían a su más decidido enemigo».

El «Chacal», falso obrerista

A diferencia de Madero y Carranza, Victoriano Huerta -quizá por la necesidad de lograr el reconocimiento a su gobierno y por el estallido de la Revolución- trató de mantener buenas relaciones con los trabajadores, a tal grado que -como afirma Ramón Eduardo Ruiz en su libro ya citado- «el régimen huertista, tachado de neoporfirista por sus enemigos, demostró una simpatía por el movimiento obrero que puso en situación difícil a los revolucionarios». Pero esta imagen de un Victoriano Huerta protector de los obreros es otro mito funesto. Efectivamente, al comienzo de su férrea dictadura, Huerta hizo todo cuando estuvo a su alcance para congraciarse con la clase obrera, como lo señala Barry Carr en su libro *El movimiento obrero y la política en México: 1910-1929*, en el que se afirma que el golpista, inicialmente:

> no emprendió ningún ataque serio en contra de la Casa del Obrero Mundial. [Asimismo] Huerta no intentó suprimir el Departamento del Trabajo [...]: esta dependencia gubernamental continuó funcionando [...] y siguió recibiendo peticiones de ayuda de varios grupos de trabajadores. Siguió habiendo huelgas, aunque en un número menor; de junio a noviembre de 1913, sólo se registraron 17.

Incluso, su simpatía por los trabajadores quedó manifiesta en un hecho cívico que aún marca la historia: durante su gobierno se celebró, por vez primera en nuestro país y con el beneplácito del gobierno, la marcha del 1 de Mayo para conmemorar a los mártires de Chicago. Desafortunadamente para los apologistas de Huerta, la simulación del «Chacal» tuvo un límite, y a principios de 1914 decretó el cierre de la Casa del Obrero Mundial y desató una implacable persecución de los líderes sindicales. Posteriormente, «Huerta mató e incineró a varios líderes obreros tras el cierre de la Casa del Obrero Mundial».[127]

La historia es clara: Madero y Carranza fueron enconados enemigos de los obreros (cuya organización era menos que espuria), mientras que Victoriano Huerta fue en un principio uno de sus aliados, para luego acabar revelándose como un enemigo feroz de la clase obrera. La historia oficial sólo miente para otorgar los laureles a quienes no los merecen. Estas fueron sólo dos maneras de lucrar con las necesidades de los trabajadores mexicanos, que apenas estaban en vías de convertirse en aceitados engranajes, en esclavos abyectos del partido oficial y de la dictadura perfecta.

[127] Camile Nick Buford, *A Biography of Luis N. Morones, mexican labor and political leader*, The Lousiana State University and Agricultural and Mechanical College. Ph.D., 1971, *History modern*, p. 9.

Las mujeres no influyeron en el destino de México

En febrero de 1928, poco antes de precipitarse en una tormentosa relación amorosa con José Vasconcelos, Antonieta Rivas Mercado publicó en *El Sol de Madrid* un artículo titulado «La mujer mexicana»:

> En general [explicaba] se conceptúa a la mujer en México como buena. De los hombres se dice, con una sonrisa benigna, que son una calamidad. Pero de la mujer que es buena, muy buena. Extraño concepto de la virtud femenina que consiste en un «no hacer» [...] Las mujeres mexicanas, en su relación con los hombres, son esclavas. Casi siempre consideradas como cosa y, lo que es peor, aceptando ellas serlo [...] Como esposas, toleran y sufren, como madres, sufren y toleran [...] Basta echar una hojeada a las páginas de nuestra historia para sentir inmediatamente que nos han faltado mujeres fuertes, mujeres conscientes de sí mismas y del papel que debían desempeñar.[128]

Tal ha sido y es la idea que se tiene respecto de la mujer y de su participación en la construcción del México actual.

Es cierto: la mujer ha sido marginada de los ámbitos de poder debido tanto a nuestro pasado prehispánico (profundamente machista) como a nuestra herencia colonial, enemiga salvaje del talento femenino. No obstante, es necesario precisar que esta falta de mujeres fuertes no ha sido tan absoluta como se pretende y que, por el contrario,

[128] María Antonieta Rivas Mercado, *El Sol de Madrid*, febrero de 1928, en Luis Mario Schneider, prólogo a *La campaña de Vasconcelos*, de María Antonieta Rivas Mercado, Oasis, México, 1981, p. 13.

algunas mujeres han estado tan cerca del poder que difícilmente se dudaría de que han sido artífices (ocultas, eso sí) de muchos y muy importantes pasajes de nuestra historia.

Así, durante toda la Colonia, de entre todas las virreinas («llamadas así no por título propio sino por compartir el lecho conyugal de quien lo ostentaba», según Sara Sefchovich) debemos recordar con hondísimo respeto el nombre, por lo menos, de una de ellas: María Luisa Manrique de Lara y Gonzaga, condesa de Paredes, a quien los mexicanos (y la humanidad entera) debemos la publicación en Europa –y a contrapelo de la siempre retrógrada jerarquía eclesiástica– de la obra de sor Juana Inés de la Cruz: acto valiente y, por demás está decir, afortunado, que nuestra fantástica poetisa (que saltaba así a la fama eterna) agradeció a su amante con estos hermosos versos:

El hijo que la esclava ha concebido,
dice el Derecho que le pertenece
al legítimo dueño que obedece
la esclava madre, de quien es nacido.
El que retorna al campo agradecido,
óptimo fruto, que obediente ofrece,
es del Señor, pues si fecundo crece,
se lo debe al cultivo recibido.
Así, Lysi divina, estos borrones
que hijos del alma son, partos del pecho,
será razón que a ti te restituya;
y no lo impidan sus imperfecciones,
pues vienen a ser tuyos de derecho
los conceptos de un alma que es tan tuya.
Ama y Señora mía, beso los pies de V. Excia., su criada.-
Juana Inés de la Cruz.

¿En cuántos libros de texto se agradece a la condesa de Paredes el haber puesto ante nuestros ojos lo mejor de nuestra literatura?

Las madres de la patria

La lucha por la independencia no escatimó en protagonistas del sexo femenino. Ahí está desde luego nuestra Corregidora –tratada con profundidad en otro capítulo de esta edición–, a quien tantos méritos se le han regateado, reduciendo su participación al mero papel de una vieja chismosa... Ahí están Leona Vicario y Gertrudis Bocanegra, capaces de organizar redes de espionaje al servicio de la insurgencia, la primera, inclusive, financiando el movimiento de su propio bolsillo; la segunda, tras haber perdido a su hijo y a su marido en las primeras batallas, fue hecha prisionera y torturada salvajemente... pero no «cantó».

Ahí está también María Tomasa, incorporada a las filas insurgentes del cura Hidalgo el 24 de septiembre de 1810. Su principal función: atraer soldados realistas a la causa insurgente.

> Era una «Mata Hari» salmantina. Fue capturada en una batalla y fue Agustín de Iturbide quien personalmente ordenó que se le fusilara, ya que «había seducido a las tropas sacando fruto de su bella figura». Fue fusilada el 9 de agosto de 1814 en la Villa de Salamanca. Sus últimos deseos antes de morir fueron que se le prendieran alfileres en la falda para que al caer muerta la falda no se le levantara, y que no le dispararan al rostro.

Después de fusilada fue decapitada, y su cabeza se exhibió en la plaza de la villa para escarmiento público.

Y qué decir del obsequio que de más de la mitad de nuestro país hicieron a los gringos los Santa Annas, los Nepomucenos, los Marianos Paredes, los obispos machistas y los incontables traidores de aquella traumática experiencia de la guerra contra los Estados Unidos. ¡Ay, si todos los mexicanos hubieran sido como Marta Hernández...! Doña Marta, una humilde maestra de escuela, vendía dulces envenenados a los soldados norteamericanos en las puertas de la Catedral Metropolitana... Ella los manufacturaba domésticamente con un veneno de efecto retardado conocido en los pastizales del Bajío como la «veintiunilla», porque quien lo ingería tardaba veintiún días en morir... Hermosa maestra cuyo gesto ejemplar escasamente recoge la historia. ¿Cómo olvidar su estatura heroica ante el sinnúmero de bajas causadas en el ejército invasor sin más armas que su audacia, su imaginación y su patriotismo? Muchos soldados como Marta Hernández hubieran impedido la catástrofe, como igual la hubiéramos evitado de haber contado con más cantinas en donde se vendía pulque envenenado a los enemigos, quienes eran enterrados en solares anexos a los expendios. ¡Cuántos muertos dejaron de ser enterrados en el panteón americano de San Cosme porque nuestros pulqueros, evidentemente, jamás reconocieron la tenencia de los cuerpos!

¿Venganza a la mexicana? Algo había de ello. Bravo.

Reforma

Recordemos también que la madre de Ignacio Comonfort obligó a su hijo a retractarse de haber jurado la Constitución de 1857, lo que, a causa del elevado puesto que ocupaba «Nachito» (presidente de la República), significó el inicio de la famosa guerra de Reforma. La mano siniestra que dirigió esta conspiración de confesionario fue la del padre Miranda, confesor de la señora Comonfort y jefe eclesiástico de los ejércitos que hicieron la guerra a la Constitución de 1857. Pues bien, derrotado en esa guerra que así comenzaba, el padre Miranda no se rindió y se trasladó a Europa a acabar de conspirar en contra de la Carta Magna. Allí recibió la siguiente carta de su informante Bruno Aguilar, fechada en México, D.F. el 25 de marzo de 1862:

> Mi muy apreciable amigo.- Anoche recibí la carta de U. del día 18 tan deseada y con ella las dos que eran adjuntas para nuestros amigos Gral. Márquez y Zuloaga [...] hice que al primero le escribiera la madre recomendándole su pronta deferencia y eficaz cooperación [con la intervención francesa]. Al segundo también le escribió su esposa muy especialmente para que adopte lo que se le propone, encareciéndole lo mucho que ganará por un acto tan oportuno de abnegación, indicándole que dé un manifiesto renunciando o mejor dicho dejando la Presidencia. No dude U. de que ambos obrarán de acuerdo con nuestros deseos.

¡Y así ocurrió! De manera que ahí está, una vez más, el poder de la mujer, si bien, en este caso, sirvió únicamente como brazo del poder clerical, al que debemos anotarle, desde ya, estas dos renuncias presidenciales...

«Carmelita» Romero Rubio, segunda esposa de Porfirio Díaz, a la que tan sólo llevaba 34 años de edad, escribió alguna vez la siguiente carta que consignamos como un amargo testimonio de lo que el poder, también, puede lograr en una mujer talentosa:

> Ciudad de México, 14 de enero de 1885.
> Sr. Lic. don Sebastián Lerdo de Tejada.- Mi muy querido padrino [...] Tú sabes mejor que nadie que mi matrimonio con el general Díaz fue obra exclusiva de mis padres, por quienes, sólo por complacerlos, he sacrificado mi corazón [...] No temo que Dios me castigue por haber dado este paso, pues el mayor castigo será tener hijos de un hombre a quien no amo; no obstante, lo respetaré y le seré fiel toda mi vida [...] Desde mi matrimonio estoy constantemente rodeada de una multitud de aduladores [que] se arrastran como reptiles a mi paso, y se considerarían muy felices si las ruedas de mi carruaje pasaran sobre sus sucios cuerpos [...] Esta calamidad me irrita los nervios hasta el punto de que a veces tengo ataques de histeria [...] ¡Dios! Quién soy yo para que me deifiquen y envuelvan en esta nube de fétido incienso? Ay, padrino, soy muy infortunada y espero que no me negarás tu perdón y tu consejo.
>
> CARMEN.[129]

Pero llegó la Revolución, etapa gloriosa para la mujer como agente de la historia, cuyo primer y mejor retrato lo ofrecen las soldaderas, quienes durante las marchas

> van a vanguardia adelantándose varios kilómetros a las tropas, para que «el hombre», al llegar, encuentre encendido el fuego y lista la comida [...] Caminan días enteros con un niño de cada lado, otro invisible que espera el momento de aparecer [...] Por donde ella pasa no queda árbol con fruta, campo con verdura, corral con gallina ni establo con cerdo: todo se lo lleva por delante; la tierra la deja a sus espaldas seca y yerma como si fuese una nube de langosta...[130]

La progresiva metamorfosis de la Revolución, de estallido social a conspiración de matones jugadores de naipes, significó una transformación proporcional de las maneras de acercarse al poder por parte de

[129] John Kenneth Turner, *México bárbaro*, Instituto Nacional de la Juventud Mexicana, México, 1964, pp. 195-196.

[130] Vicente Blasco Ibáñez, *El militarismo mexicano*, INEHRM, México, 2003, p. 196.

las mujeres. Así, vemos a Victoriano Huerta enamorarse perdidamente de la zarzuelista María Caballé, a quien acosó brutalmente en el escenario del teatro Principal, al grado de despachar una temporada desde su camerino, a donde repetidas veces convocaba a reuniones de gabinete. Temerosa, la actriz decidió escapar, pero fue descubierta y entonces

> Huerta vióse precisado a dar un paso terrible: ofreció casarse [...] Mas Huerta no contaba con los hijos, quienes al enterarse de que su padre pretendía legalizar aquel divorcio para separarse de su esposa y unirse a la cantante de zarzuela, hicieron presión cerca del usurpador. Ni tampoco [contaba] con el clero, a quien se le debían sobre cinco millones de duros, y movió toda clase de resortes para que la iniciativa [sobre divorcio] no pasara de tal [...] Sólo tuvo primera lectura y se le dio carpetazo.[131]

Poco tiempo después, a su vez, la huida de Huerta daría carpetazo a esta historia de desamor senil. ¡Así era el dictador!

El cuerpo pecador

El 8 de julio de 1927 el embajador de los Estados Unidos en México, James Sheffield, dimite de su cargo tras haber hecho hasta lo imposible por lograr una intervención militar norteamericana en México que garantizara los intereses petroleros aquí invertidos. Se dice que cuando el escándalo Sheffield,

> estuvieron de por medio relaciones de tipo lesbiano que sostuvo la esposa del Embajador de los Estados Unidos de Norteamérica con una muchacha mexicana, a medias mujer galante, a medias espía, buena mexicana, de cuerpo entero (aunque fuera de cuerpo pecador), en todo caso, que logró introducirse en la intimidad de la mujer del embajador, conocer los secretos de su alcoba y sustraerle documentos que en tan recatado sitio le parecieron al embajador fuera del alcance de cualquier mirada indiscreta.

[131] Luis F. Bustamante, *Bajo el terror huertista*, San Luis Potosí, 1916, pp. 43-47.

¿Se creerá que esta participación impidió una tercera intervención militar estadounidense en México? Debe pues afirmarse que en esta ocasión pudo más este cuerpo pecador que el cuerpo diplomático.

También era mujer la famosa madre Conchita, involucrada en el asesinato del presidente electo Álvaro Obregón, crimen de suprema importancia para el México del siglo XX y antesala del priato. En diversas ocasiones la madre Conchita amenazó con declarar lo que sabía sobre el magnicidio, pero desde las sombras le sellaron los labios. Murió en agosto de 1979, en la paz de su domicilio ubicado en la... ¡avenida Álvaro Obregón!

Contemporánea de la monja, debemos a Josefina Ortiz el hecho de haber obligado a su marido y tío, Pascual Ortiz Rubio, flamante primer presidente emergido del PRI, a renunciar a su cargo por temor a ser asesinado, pues, como se recordará, «el Nopalito» sufrió un atentado el mismo día de su toma de posesión a manos de un vasconcelista fanático.

> El caso es que el atentado que sufrió don Pascual el día de su toma de posesión del poder aterrorizó de tal manera a Josefina, que [...] viviendo en Chapultepec [...] y si salía él a las terrazas, sólo o acompañado, no tardaba ella en buscarlo para gritarle: «Pascual, Pascual, ya vente: hazlo por tus hijos» [...][132]

¿Y qué diremos de Soledad González, la hija adoptiva de Francisco I. Madero que milagrosamente atraviesa toda la Revolución sin separarse de la cúpula del poder revolucionario, sirviendo como secretaria particular del propio Madero, de Álvaro Obregón y de Plutarco Elías Calles? Lo cierto es que muchos años después la vemos escondiendo su archivo secreto, conformado por papeles de esos tres personajes, en una de las recámaras de la famosa Quinta del Lago, residencia de descanso que don Plutarco tuvo a bien obsequiar a «Cholita» como regalo de bodas.

[132] Salvador Abascal, *Tomás Garrido Canabal. Sin Dios, sin Curas, sin Iglesias*, México, 1987, p. 100.

Quetzalcóatl no influyó en la conquista de México

Quetzalcóatl, la serpiente emplumada y dios de la sabiduría de los antiguos mexicanos, es uno de los mitos más relevantes de nuestra historia: su imagen y sus distintas advocaciones, que encontramos en casi todas las culturas mesoamericanas, fueron –junto con el cultivo del maíz y el juego de pelota– uno de los símbolos más importantes para la identidad de esta región. Quetzalcóatl, en este sentido, es uno de los mitos fundacionales de nuestra patria, una opinión que, entre muchos otros, sostienen Enrique Florescano y Maurice Duverger en sus libros *Quetzalcóatl y los mitos fundadores de Mesoamérica* y *El primer mestizaje*.

Asimismo, como puede verse en la mayoría de los libros escritos por los cronistas de Indias, su figura protagonizó la profecía que señalaba el regreso del dios blanco y barbado, con el cual los aztecas confundieron a los españoles, incurriendo en una terrible confusión que posteriormente puso fin a su imperio. Por lo anterior, puedo pensar que, además del mito fundacional, existe otra mitología de Quetzalcóatl que lo convierte en agorero y causante de la conquista. Por si esto no fuera suficiente, Quetzalcóatl, como señalan Jacques Lafaye en su libro *Quetzalcóatl y Guadalupe*, y Enrique Florescano en su obra antes mencionada, también fue utilizado por los sacerdotes que llegaron a México durante el siglo XVI para impulsar la evangelización –y con ello embrutecer a los indígenas y aumentar su riqueza personal y la del Vaticano.

Así, existen cuando menos tres mitos sobre Quetzalcóatl que merecen ser aclarados, pues de ello depende nuestro reconocimiento como nación y nuestra capacidad para superar el trauma de minusvalía que la Iglesia católica y los historiadores oficiales crearon entre los mexicanos.

El primer Quetzalcóatl: el mito fundacional

El mito de Quetzalcóatl nació mucho tiempo antes de la fundación de la mítica Tollan y de la llegada de los grupos chichimecas al Altiplano Central. Lo más probable es que su culto se haya iniciado entre los antiguos olmecas y que, desde los territorios que actualmente ocupa el estado de Tabasco, se diseminara por toda Mesoamérica. De esta manera, es innegable que el culto a la sabiduría, al dios que fue capaz de crear un paraíso –la mítica Tollan– y que terminó siendo derrotado por Tezcatlipoca para después anunciar su regreso, es mucho más viejo de lo que tradicionalmente se piensa. Pero la antigüedad del mito no es su único rasgo interesante, pues la historia de Quetzalcóatl nos coloca ante dos preguntas –cuando menos– que es necesario responder: ¿qué significa realmente este mito? y ¿en verdad existió la mítica Tollan? En *El primer mestizaje*, Maurice Duverger nos ofrece una de las interpretaciones más interesantes y realistas del mito:

> Quetzalcóatl no es un dios tolteca, nació mucho antes de la llegada de los migrantes chichimecas; quizá haya aparecido con Mesoamérica en el segundo milenio a.C. [...] Sin embargo, es indudable que Quetzalcóatl es un dios exaltado por los toltecas, quienes lo recuperan para instalarlo en el trono de Tula y convertirlo en el fundador de su linaje. En esta cooptación hay una voluntad explícita: darle al pueblo tolteca un arraigo simbólico en los sedimentos de la historia mesoamericana. Para este fin, el mito tolteca hace que la Serpiente Emplumada nazca de un jefe chichimeca, Mizcóatl, y de una mujer autóctona, Chimalma.

El análisis de Duverger resulta fascinante: muestra con gran precisión cómo los «bárbaros chichimecas» que llegaron y conquistaron –al modo de los aztecas– a las culturas mesoamericanas requerían de un mito que los legitimara como dominadores y los transformara en herederos de la sabiduría y la cultura de sus vasallos. Este es el origen del mito de Quetzalcóatl: un dios que nace de la unión de los chichimecas con los antiguos pobladores de Mesoamérica para otorgar realce y nobleza a los bárbaros del norte.

Por su parte, según Duverger, la caída de Quetzalcóatl y su salida de Tula también pueden comprenderse debido al empuje y la ferocidad de las migraciones que venían del norte de México:

> La guerrilla de Tezcatlipoca, dios de origen típicamente chichimeca, traduce la presión de los grupos nahuas que siguen afluyendo en las puertas de Mesoamérica. Quetzalcóatl aparece en este contexto como el representante del antiguo poder fundado en el equilibrio cultural entre las tradiciones del norte y las tradiciones procedentes de la costa del Golfo.

De esta manera, el mito de Quetzalcóatl revela en primer término el surgimiento de las deidades agrícolas en la zona olmeca, las cuales se diseminaron por toda Mesoamérica y terminaron siendo utilizadas por los conquistadores chichimecas, quienes aprovecharon a Quetzalcóatl para adquirir legitimidad y después para justificar la ferocidad que hizo huir a los viejos moradores de las regiones que conquistaron. Quetzalcóatl nunca anunció la llegada de los españoles, sino el regreso de los antiguos pobladores de Mesoamérica que fueron desplazados por los conquistadores chichimecas.

Veamos ahora las mentiras que se han creado sobre el edén de Tollan. Para ello, creo que es necesario recuperar la descripción que hizo fray Bernardino de Sahagún acerca de esta mítica ciudad:

> Y más, dicen que [Quetzalcóatl] era muy rico, y que tenía todo cuanto era menester [...] de comer y beber, y que el maíz era abundantísimo, y las calabazas muy gordas, de una braza en redondo, y las mazorcas de maíz eran tan largas que se llevaban abrazadas, y [los] bledos eran muy largos y gordos [...] y que sembraban y cogían algodón de todos colores [...]. Y más dicen que en dicho pueblo de Tulla se criaban muchos géneros de aves de pluma rica y colores. Y [los] vasallos del dicho Quetzalcóatl estaban muy ricos y nos les faltaba cosa ninguna, ni había hambre ni falta de maíz.

La identificación de la paradisiaca Tollan con la antigua ciudad ubicada en el estado de Hidalgo también es una falsedad que se originó hace poco más de sesenta años. Según Enrique Florescano, este error tuvo su origen en una mesa redonda que se llevó a cabo en 1941, en la que participaron Alfonso Caso, Wigberto Jiménez Moreno, George Vaillant y Jorge R. Acosta, quienes –ignorando toda la evidencia empírica– dictaminaron que Tula era Tollan, el reino de Quetzalcóatl:

> La tesis que sostengo [afirma Florescano en *Quetzalcóatl y los mitos fundadores de Mesoamérica*] es que la Tollan exaltada por los antiguos textos nahuas es Teotihuacan y no la Tula de Hidalgo, a quien la Sociedad Mexicana de Antropología, en la desafortunada mesa redonda de 1941, le regaló este título.

Las pruebas que Florescano presenta en su obra son sólidas –están sustentadas en muchísimos documentos prehispánicos y del siglo XVI– y, como resultado de ellas, el mito de la ciudad sagrada de Quetzalcóatl se derrumba sin más: la mítica Tollan es Teotihuacan...

El segundo Quetzalcóatl: el mito de la conquista

Con el paso del tiempo, el anuncio de los grupos mesoamericanos desplazados por los chichimecas se convirtió en una narración mítica entre estos últimos que, como los aztecas, ya se habían convertido en los grupos más poderosos de Mesoamérica. Vale la pena aclarar que esta historia fue recuperada después de la caída de Tenochtitlan por fray Bernardino de Sahagún en su *Historia natural de las cosas de Nueva España* y por otros cronistas de Indias.

Pero volvamos a los hechos: cuando los españoles llegaron a las costas del Golfo y los mensajeros de Moctezuma le informaron del arribo de los extraños, el viejo mito renació con toda su fuerza, y el gran tlatoani y los sacerdotes, en vez de averiguar lo que realmente ocurría, dieron a este acontecimiento una interpretación absolutamente religiosa: los recién desembarcados eran Quetzalcóatl y los hombres que habían sido expulsados por los chichimecas.

Como la religión siempre obstruye al pensamiento racional, el tlatoani se preparó para recibir al dios y sus seguidores que venían a ajustar cuentas con los chichimecas. Para los aztecas, por razones estrictamente religiosas, resultaba totalmente cierto que los españoles eran dioses, pues lanzaban rayos, producían fuego y algunos de ellos eran seres monstruosos de cuatro patas. En este caso, como en muchos otros, la religión y el mito permitieron la derrota e hicieron posible la claudicación ante seres que se suponía más poderosos (aunque en realidad eran simples mortales a los cuales se les podía vencer sin grandes problemas, tal como ocurrió durante la noche alegre -¿por qué «noche triste...»?).

El tercer Quetzalcóatl: el mito católico

La recuperación del mito de Quetzalcóatl por parte de los sacerdotes católicos ocurrió casi treinta años después de la caída de Tenochtitlan y siempre fue narrada por los indígenas derrotados, quienes le dieron un aura trágica. Así, cuando los clérigos escucharon esta historia -como lo hizo fray Bernardino de Sahagún- pronto utilizaron este mito para sus fines. Según señalan Jacques Lafaye y Enrique Florescano, en las páginas de muchos cronistas de Indias Quetzalcóatl dejó de ser un guerrero y se convirtió en un hombre dedicado al culto religioso y absolutamente ajeno a una de las principales costumbres prehispánicas: los sacrificios humanos. Efectivamente, en las obras del siglo XVI Quetzalcóatl se ve como un sacerdote contrario a los sacrificios humanos, como un gobernante que se oponía al derramamiento de sangre y que exigía la obediencia ciega para los dioses. ¿Qué estaba pasando? Pues que Quetzalcóatl se cristianizó y se transformó en un nuevo mito creado por los religiosos para mostrar a los indígenas cómo sus antepasados más importantes se habían negado a practicar sus ritos tradicionales. No hay duda: la vieja divinidad fue criticada y censurada, aunque, a pesar de esto, se utilizó como un ejemplo para la nueva religión, que castró la inteligencia de los mexicanos para beneficio de los sacerdotes y de la jerarquía eclesiástica. Empezaba la conquista espiritual de México.

Incluso aquellos clérigos, en cierta medida, también promovieron la imagen de los conquistadores como herederos de Quetzalcóatl -ahí están los libros de Sahagún para corroborarlo-, lo cual no sólo les otorgaba una condición casi divina, sino que también obligaba a los indígenas a aceptar la dominación de los hombres blancos y barbados. Y ahí está también el hispanista católico José Vasconcelos echando mano de este mito durante su campaña presidencial de 1929: «Y digo ahora, como hace mil años en condensado programa exclamara Quetzalcóatl: Trabajo, Creación, Libertad».[133] Y en efecto, el Maestro de la Juventud «se siente la reencarnación de aquel reformador preexcelso y abnegado que regeneró a un pueblo embrutecido y sanguinario, enseñándole la civilización que él trajera de tierras ignotas».[134] Por eso, cuando sus colaboradores se enteraron de que había hecho compromisos con los cristeros, le espetaron: «¿Ya se le acabó lo Quetzalcóatl?». «Eso lo hice -replicó Pepe- para despistar al Gobierno... Yo me levantaré en armas el 20 de noviembre o el 1 de diciembre».[135]

Los tres mitos

Los tres mitos de Quetzalcóatl, además de mostrarnos con claridad algunas imágenes fundacionales y de la conquista de Mesoamérica, nos permiten descubrir un hecho crucial: los mitos -poco importa si se refieren a una deidad prehispánica o a una interpretación tendenciosa de la historia- siempre están vinculados con la necesidad de los poderosos de adquirir prestigio y de legitimar sus mandatos: esto fue lo que hicieron los chichimecas, los conquistadores hispanos y los evangelizadores, y lo que trató de hacer la ultraderecha hispanista, y esto fue sin duda lo que provocó (y sigue provocando) muchas de nuestras desgracias, como el miedo a los extranjeros, el temor ante quienes suponemos más poderosos, la obediencia ciega a la iglesia y el acatamiento irrestricto a las órdenes de los gobernantes enloquecidos. De esta manera, la lección de Quetzalcóatl va más allá de la mitología prehispánica: si queremos dejar de ser lo que somos, sólo tenemos un camino: abandonar los mitos y enfrentarnos a la realidad.

[133] Cárdenas, 1995, p. 137.

[134] Vázquez, 1929, pp. 84-85.

[135] Blanco Moheno, *Crónica...*, vol. 3, p. 162

El Congreso: una institución inútil

Todos los días asistimos indignados a la descomposición de nuestro Poder Legislativo. Prácticamente no hay día que no tengamos –a través de la prensa– noticias relativas al mal desempeño de nuestro Congreso. Silbatos, caballos, machetes, máscaras de cochino, golpes, calumnias, pancartas, cristalazos, portazos, difamaciones, declaraciones racistas, tomas de tribuna: de todo hemos visto en los salones de sesiones de ambas cámaras federales (de diputados y de senadores), por no hablar ya de las auténticas canalladas que hemos visto cometer, también, en los congresos estatales...

Legisladores hay que, a su vez, han alzado la voz para denunciar campañas de hostilización y de desprestigio contra el Poder Legislativo por parte de los medios. Y en efecto, la prensa vigila acuciosamente el trabajo de los legisladores (como no podía ser de otro modo en una República democrática) y ello hace aparecer sus críticas, en ocasiones, como exageradas. Y sin duda a veces lo son, pero es precisamente el bajo rendimiento de nuestros legisladores, cuando no su ineptitud, lo que termina por arraigar entre la gente la certidumbre de que tenemos un Congreso en franca decadencia, lo cual puede ser cierto, pero, ojo: allí están, para que nunca jamás se nos olviden, las imágenes de la totalidad de los diputados poniéndose de pie y aplaudiendo al unísono los informes de gobierno de los tlatoanis sexenales a lo largo de siete décadas, cual si de una ceremonia religiosa se tratara; sí, allí está el Congreso aplaudiendo de pie a Gustavo Díaz Ordaz en 1968, luego de que este hombre –que sarcásticamente vino a heredar el poder *revolucionario*– reclamara para sí toda la responsabilidad política, jurídica e histórica por los sucesos del 2 de octubre de ese mismo año, cuando todavía eran perseguidos y torturados muchos estudiantes; allí está el Congreso aplaudiendo, todos de pie una vez más, la devaluación del peso con Echeverría; allí está aplaudiendo la nacionalización de la banca, y en fin: allí está aplaudiendo la privatización de la misma, unos años más adelante...

Allí están también los congresos de Porfirio Díaz, quien, recordemos, desconoció al Senado al dar el golpe de Estado militar que lo llevó al poder en 1876, únicamente para conformar uno nuevo, de acuerdo con sus intereses, de modo que hacia 1892

> los diputados eran seleccionados por el mismo presidente [...] Primero venían los familiares del presidente, su hijo, yernos, sobrino, suegro, Porfirito [...] Después, viejos camaradas de armas [...] Después venían los parientes de los generales, los de los secretarios del gabinete y los de los gobernadores [...] Por último, se acomodaba a los niños finos, los consentidos de Carmen, de sus amigas y del arzobispo, incluidos Luis Aguilar y Eduardo Viñas, administradores de las propiedades del arzobispado de México [...] y Joaquín Silva, hermano del arzobispo de Morelia [...] Un dentista que fue llamado de carrera una noche para atender al dictador y que luego se convirtió en su dentista de planta, también fue hecho diputado [...] Ángel Gutiérrez, su doctor, también tenía una curul. Porfirio no corría riesgos [...] Por último, se atendía a unos cuantos hombres de verdadero mérito, pero con conexiones similares o cercanos a los científicos [...] Elaborada la lista final, los gobernadores recibían los nombres que «debían ser favorecidos por el voto público».[136]

No hay duda: con todos sus achaques, nuestros congresos de hoy en día son muy distintos tanto de los congresos porfiristas como de los priístas. Negarlo sería engañarse o querer engañar a alguien más: allí están de pie aplaudiendo al famoso asesino Goyo Cárdenas...

En defensa de la ley

La pregunta, en efecto, es si no existirán precedentes históricos en los que encontremos a un Congreso cumpliendo con sus facultades y

[136] Beals, 1982, pp. 308-309.

obligaciones constitucionales, buscando las mejores opciones para el país. En efecto: la lucha por la supervivencia del Congreso fue históricamente la lucha por la vigencia de la ley, pues en una dictadura o en un imperio en el que sólo rige la voluntad y el capricho del sátrapa... ¿qué viene a cuento una ley?, ¿qué viene a cuento un Congreso?

Allí está Iturbide, el sanguinario y falso Padre de la Patria, clausurando el Congreso Constituyente del imperio cuando se atrevió a prohibir al emperador los gastos no autorizados por el propio Congreso y a eliminar los préstamos forzosos. Iturbide dio pues el primer golpe de Estado del México independiente con el fin, por supuesto, de poder gobernar a su estilo, es decir, de acuerdo con sus estados de ánimo, invariablemente autoritarios, y cumpliendo, eso sí estrictamente, con las instrucciones vertidas por la autoridad mayor, en su caso, la Iglesia católica.

Allí está Santa Anna, otro brazo armado clerical, cerrando el Congreso en tres ocasiones para poder gobernar como monarca; las razones aducidas para justificar los sucesivos golpes de Estado: «sus servicios ya no son requeridos por el país».

Allí está también Victoriano Huerta, «el Chacal», cerrando asimismo las cámaras para consolidar -sin éxito- su dictadura, coludido una vez más con el clero.

¿A qué impulso obedecían al actuar de este modo nuestros dictadores? ¿Por qué lo hacían? Naturalmente no porque los diputados fueran unos comodinos, ni unos inútiles, ni unos ineficientes... Lo hacían porque el Congreso, al igual que el Poder Judicial, sirve de contrapeso al Poder Ejecutivo, que estos hombres y sus socios pretendían ejercer (y ejercieron mientras les fue posible) del modo más absolutista posible.

> Hasta aquí, señor [levantaba la voz el diputado Ignacio Manuel Altamirano el 1° de julio de 1861], se ha creído en México que la política consiste en la vergonzosa contemporización con todas las traiciones, con todos los crímenes; hasta aquí ha sido la divisa de la mayor parte de nuestros Gobiernos, el «hoy por ti y mañana por mí». Pues bien, señor, eso es infame, esa será una política, pero una política engañosa e inmunda...

En efecto: no todas las legislaturas han sido instituciones decorativas, como los «congresos» de don Porfirio, integradas por falsos representantes populares (empleados incondicionales del presidente) a que nos acostumbró el priísmo. Allí están nuestros congresos constituyentes capaces de dar a luz a las constituciones (de 1814, 1824, 1857 y 1917), con las que se ha pretendido gobernar y que resultaron tan incómodas para los seguidores de los modelos monárquicos o dictatoriales, al grado de que fueron salvajemente combatidas con arreglo a las armas o sin ellas, hasta caer en desuso, derogarse o simplemente convertirse en letra muerta por las camarillas de poder en turno.

Allí está Morelos dando su vida a cambio de la del Congreso, en 1815; ahí están también los diputados mexicanos liberales enviados a las cortes de Cádiz, como Miguel Ramos Arizpe, quien al volver a México participó muy activamente (1823) en la elaboración del proyecto de la primera Constitución federal; ahí está fray Servando Teresa de Mier, diputado del primer Congreso mexicano disuelto por Iturbide, y también diputado constituyente en 1823-1824, opuesto, sin embargo, al sistema federal tal como se adoptó, pero que hizo valer la naturaleza parlamentaria del Congreso manifestando abiertamente sus puntos de vista.

¿Y don José María Luis Mora? ¿Qué decir de este patriota ilustre, una de las inteligencias más notables de nuestra historia, también diputado constituyente, pionero promotor del laicismo educativo y perseguido hasta su muerte en el exilio, rodeado de austeridad después de haber sido un hombre rico y de haber sido sacerdote? «Mora pues [escribió en su autobiografía] nada hará que sea o pueda interpretarse como un acto de reconocimiento de estos vínculos civiles [y] resistirá hasta donde alcancen sus fuerzas, a las pretensiones que otros puedan tener para imponerle privilegios que está resuelto a no aceptar».[137]

¿Y qué decir de Melchor Ocampo, un verdadero mártir de la razón victimado cobarde e impunemente por las partidas armadas del clero, al que despojó de algunos de sus privilegios como uno de los miembros más ilustres del Constituyente de 1857?

Allí están también las legislaturas que durante la República Restaurada (uno de los pocos periodos, quizá el único, en el que la división de poderes funcionó en el país, sin olvidar los quince meses del presidente Madero) invistieron con el carácter de ley orgánica

[137] José María Luis Mora, «Semblanza autobiográfica», en *Ensayos, ideas y retratos*, UNAM, México, 1941, p. 206

una ley liberal de imprenta, «asegurando la plena libertad del pensamiento, tan indispensable para que subsistan y fructifiquen todas las libertades conquistadas por la Constitución y la Reforma», como reconoció el presidente Juárez al IV Congreso constitucional que tenazmente hizo las veces de contrapeso al Ejecutivo y que fue el primero que ejerció la facultad constitucional de organizar y decretar el presupuesto, «una de sus más importantes prerrogativas» según enfatizó una vez más el oaxaqueño, para quien no fue fácil, pero sí posible, gobernar en el marco de las instituciones republicanas y liberales.

Allí está el senador don Belisario Domínguez, uno de cuyos discursos contra el «Chacal» Huerta le costó la mutilación de la lengua y la pérdida de la vida en 1913.

> Para los espíritus débiles, parece que nuestra ruina es inevitable, porque don Victoriano Huerta se ha adueñado tanto del Poder que, para asegurar el triunfo de su candidatura a la Presidencia de la República [...] no ha vacilado en violar la soberanía de la mayor parte de los Estados, quitando a los gobernadores constitucionales e imponiendo gobernadores militares que se encargarán de burlar a los pueblos [...] Sin embargo, señores, un supremo esfuerzo puede salvarlo todo. Cumpla con su deber la Representación Nacional y la Patria está salvada y volverá a florecer [...] La Representación Nacional debe deponer de la Presidencia de la República a don Victoriano Huerta, por ser él contra quien protestan, con mucha razón, todos nuestros hermanos alzados en armas y por consiguiente, por ser él quien menos puede llevar a efecto la pacificación, supremo anhelo de todos los mexicanos [...] Me diréis, señores, que la tentativa es peligrosa, porque don Victoriano Huerta es un soldado sanguinario y feroz que asesina sin vacilaciones ni escrúpulos a todo aquel que le sirve de obstáculo. ¡No importa, señores! La Patria os exige que cumpláis con vuestro deber aun con el peligro y aun con la seguridad de perder la existencia [...] ¿Dejaréis, por temor a la muerte, que continúe en el Poder? Penetrad en vosotros mismos, señores, y resolved esta pregunta: ¿Qué se diría de la tripulación de una gran nave que en la más violenta tempestad y en un mar proceloso, nombrara piloto a un carnicero que sin ningún conocimiento náutico navegara por primera vez y no tuviera más recomendación que la de haber traicionado y asesinado al capitán del barco? [...] Vuestro deber es imprescindible, señores, y la Patria espera de vosotros que sabréis cumplirlo.

Cumpliendo ese primer deber, será fácil a la Representación Nacional cumplir los otros que de él se derivan, solicitándose en seguida de todos los jefes revolucionarios que cesen toda hostilidad y nombren sus delegados para que, de común acuerdo, elijan al Presidente que deba convocar a elecciones presidenciales y cuidar de que éstas se efectúen con toda legalidad. El mundo está pendiente de vosotros, señores miembros del Congreso Nacional Mexicano, y la Patria espera que la honraréis ante el mundo, evitándole la vergüenza de tener por Primer Mandatario a un traidor y asesino. *Doctor Belisario Domínguez*, senador por el Estado de Chiapas.[138]

Allí está Francisco Field Jurado, patriota senador opositor a los acuerdos de Bucareli que violaban la Constitución para favorecer a las compañías petroleras y cuya ratificación en los recintos parlamentarios impidió eficazmente, sin violencia y apoyado en la ley, hasta que Obregón y Calles lo mandaron asesinar a la puerta de su casa en la colonia Roma.

Allí está Aurelio Manrique, diputado obregonista que tras el asesinato del caudillo se atrevió a gritar desde su curul al falso modernizador Plutarco Elías Calles, que anunciaba el arribo de una época de instituciones: «¡Farsante! ¡Farsante! ¡Farsante!». Y la verdad, gritarle ¡Farsante! en público al Turco no era una tarea sencilla...

Así pues, nadie puede decir que el Congreso siempre ha sido ineficiente ni una institución inútil. Si hubiera sido así, ¿por qué utilizar al ejército para clausurarlo precisamente cuando se encuentra elaborando una Constitución para el país, como lo hicieron Iturbide y Santa Anna con los constituyentes de 1822, 1834 y 1842? ¿Por qué arrojar encima de él a los soldados de la República precisamente cuando está cuestionando el ejercicio ilegítimo del Poder Ejecutivo, como hicieron Porfirio Díaz, Victoriano Huerta y otra vez Santa Anna? ¿Por qué disolverlo cuando utiliza su poder precisamente para legislar a favor de la educación laica o en contra de los intocables privilegios del clero y, en suma, a favor de las verdaderas causas republicanas?

En el Poder Legislativo radica la salud de la República, nada menos, pero requiere de ciudadanos capaces de ejercer la representa-

[138] http://www.congresogto.gob.mx/2010/historico/1910/1913-Discurso-Suicida-Belisario-D.htm

ción popular de modo honesto y valiente: la tenencia de una curul constituye una responsabilidad de dimensiones nacionales que debe asumirse sin perder jamás de vista los supremos intereses del país. En la historia legislativa del país han existido diversos senadores y diputados que han cumplido con creces sus obligaciones constitucionales y con el juramento de ver en todo caso por el bien de la nación.

Lucas Alamán: patriota mexicano

Ha sido y es del dominio público la tesis de que México ha importado (es decir ha copiado, ha imitado) la experiencia política de otras naciones para diseñar su propio aparato de Estado, lo cual es cierto y comprobable. En este «malinchismo antinacionalista» radican algunas de las desgracias que ha padecido la República. Como el problema de nuestra forma de gobierno se planteó casi de manera simultánea a la consecución de nuestra independencia, se dice, en efecto, y de la mano de don Lucas Alamán, insigne escritor mexicano del siglo XIX, que:

> La falta de un número suficiente de hombres capaces de proceder con acierto en tales puestos [de representación], convence demostrativamente que sí era posible establecer en México un gobierno independiente, bajo una forma sencilla y semejante a la que hasta entonces había existido; [pero] no lo era comenzar con plantear el sistema representativo, para el que no había elementos ningunos, dado caso que este sistema sea practicable en parte alguna sin consecuencias ningunas.[139]

Además de las aparentes tendencias independentistas de don Lucas y de su clara aversión personal al régimen republicano, nótese también cómo resulta ser uno de los precursores de otro mito que ha resultado funesto para los mexicanos de todos los tiempos, y que consiste en afirmar que «todo es culpa del sistema...»

[139] Lucas Alamán, *Historia de México*, tomo V, p. 487.

Según cuenta la leyenda, «Lucas Alamán participó activamente en la política mexicana durante la primera mitad del siglo XIX, y su tendencia fue lograr que México fuera un país independiente y desarrollara su economía».[140] Pero la leyenda miente: Lucas Alamán, a pesar de su interés por el desarrollo de la economía nacional, jamás estuvo interesado en la independencia de México.

En efecto, para Alamán el movimiento del cura Hidalgo fue «una superchería», en el mejor de los casos... O bien: «[una] reunión monstruosa de la religión con el asesinato y el saqueo, grito de muerte y de desolación, que habiéndolo oído mil y mil veces en los primeros años de mi juventud, resuena todavía en mis oídos con un eco pavoroso».

Para él, las colonias americanas «no necesitaban otra cosa que hacer hereditario el poder que los virreyes ejercían por tiempo limitado», como escribió en el primer tomo de su *Historia de México*. «Hemos visto [dijo acerca del régimen virreinal] un gobierno establecido y sucesivamente mejorado por la sabiduría y experiencia de tres siglos; consolidado por el hábito de una larga obediencia; afianzado en el respeto y amor de los súbditos». Es evidente que, como asienta Moisés González Navarro en *El pensamiento político de Lucas Alamán*:

> No se le ocurría que esas costumbres formadas en trescientos años podían haber sido injustas, que esas opiniones establecidas podían estar equivocadas y que esos intereses creados podían ser inicuos. Y no quiso, o no pudo, pensar de otra manera, porque esas costumbres, esas opiniones y esos intereses eran los suyos.

Precisamente por eso, en 1821 vemos a don Lucas sumarse a la consumación de la Independencia (y quizá de ahí provenga el mito de su simpatía por la causa), afirmando, a propósito del Plan de Iguala, que:

[140] «Lucas Alamán y Escalada (1792-1853) intelectual y político conservador», en *Historia Patria*, Patria, México, 1984.

otra ventaja de la mayor importancia tenía el llamamiento de las casas reinantes de Europa al trono de México [y] consistía en que México venía a ser por esto una potencia europea más bien que americana, y podía contar con su apoyo e influjo y acaso con la fuerza de las monarquías de aquella parte del mundo, entonces unidas entre sí por la Santa Alianza, para preservarse de las miras de un vecino ambicioso que en aquel tiempo por un error muy general era considerado su mejor aliado.

Esta obsesión por que México fuera «una potencia en Europa» llevó a Alamán a romper después con Iturbide, pues, en efecto, en los Tratados de Córdoba, Iturbide dispuso que por renuncia o no admisión del príncipe europeo del trono de México, gobernaría «el que las cortes del Imperio designen». En consecuencia, Alamán se regocijó con el fusilamiento del emperador, e incluso reclamó al autor del fusilamiento «la morosidad con que había obrado para ejecutar a Iturbide».[141] Más tarde dirá: «La muerte [de Iturbide] fue, pues, uno de aquellos sucesos desgraciados que el curso de las revoluciones hace inevitables, y en que todos tienen parte sin que se pueda acusar en particular a ninguno».

Poco después, a pesar de estar en desacuerdo con el sistema de República Federal adoptado por la nueva Constitución, don Lucas Alamán se desempeñó como ministro de Relaciones del primer gobierno constitucional mexicano, encabezado por Guadalupe Victoria, periodo en que se obtuvo el reconocimiento de nuestra independencia por parte de la Gran Bretaña y se firmó el primer tratado internacional, celebrado con la misma nación.

Esta gestión se ha hecho célebre, también, por la rabiosa oposición de Alamán al primer embajador norteamericano en México, Joel Robert Poinsett, cuyas intenciones expansionistas fueron bien advertidas por el entonces ministro de Relaciones, quien a causa de su intransigencia (tenía conflictos también con el embajador inglés y con el propio presidente Victoria) abandonó el ministerio a los nueve meses de haberlo asumido (curiosamente el día de la Independencia).[142]

[141] González Navarro, *op. cit.*, p. 16.

[142] El 16 de septiembre de 1825.

Hacia 1826, por conveniencia o por hipocresía, don Lucas Alamán ya dice que el dominio español en México «felizmente ha cesado» y alude a la independencia como un «bien precioso» obtenido «en recompensa de los más grandes sacrificios».[143] Los tres siglos de sabiduría y experiencia del régimen virreinal ceden su paso, en la retórica de este importante político mexicano, al «estado de abyección y abatimiento en que [México] permaneció por tres siglos…».[144] Cuatro años más tarde vemos a Alamán tomar parte importante en el derrocamiento militar del presidente Vicente Guerrero, tras cuya desaparición y muerte ejerce el Poder Ejecutivo por breves días.

Con el arribo a la presidencia de Anastasio Bustamante (quien figuraba como vicepresidente de Guerrero), Alamán pasa a ejercer, una vez más, el ministerio de Relaciones Exteriores e Interiores, dando comienzo a la famosa «Administración Alamán», cuyo primer acto será declarar que «el ciudadano general Vicente Guerrero, tiene imposibilidad para gobernar la República». Alamán, que sí tenía capacidad, comenzó a gobernar –según Jorge Gurría Lacroix– con procedimientos que «fueron de franco matiz absolutista: leyes restringiendo la libertad de imprenta, apresamientos, destierros, centralización del gobierno con menoscabo de la autonomía de los Estados federales», y finalmente, despotismo, bajeza y crimen al ordenar la muerte del expresidente Vicente Guerrero…

Efectivamente, Lucas Alamán autorizó el pago al secuestrador de Vicente Guerrero –el marino italiano Picaluga– para que lo entregara a su administración, de modo que ésta pudiera, como lo hizo, acabar con los días de este líder de la Independencia fusilándolo en la villa de Cuilapam el 14 de febrero de 1831.

Juzgado por estos hechos luego de la caída de su ilegítimo gobierno, «[Alamán] fue absuelto el 17 de marzo de 1835»,[145] pero dicha absolución –hay que aclarar– no se la brindó el gobierno de Gómez Farías, que lo llamó a rendir cuentas, sino el régimen militar

[143] González Navarro, *op. cit.*, p. 109.

[144] Gurría, *op. cit.*, p. 29.

[145] Méndez, *op. cit.*, 92.

encabezado por Santa Anna y Miguel Barragán que había derrocado a aquél. Estaba en ciernes el gran paradigma de la reacción: «Hubiera sido necesario educar a la nación para la Independencia bajo gobiernos menos complicados y no admitir formas populares hasta que se hubiesen creado elementos necesarios para que [éstas] pudiesen existir». Todo lo cual resulta incomprensible en un hombre que se regocija con la caída de un gobierno que si algo intentó hacer fue educar, como el encabezado por Valentín Gómez Farías y José María Luis Mora en 1834. El mismo gobierno que trató de juzgarlo...

De modo, pues, que don Lucas «intermitentemente luchó por la no tolerancia religiosa, por los fueros del clero, y por un gobierno fuerte que no admitiera oposición alguna, y de haberla, usar mano de hierro para destruirla».[146]

El mejor patriota en la peor traición

En diciembre de 1845 Mariano Paredes y Arrillaga, enviado a combatir a los texanos que habían proclamado su anexión a los Estados Unidos, finge dirigirse hacia el norte, pero se pronuncia contra el gobierno nacional y se proclama presidente, dándose a la tarea de acabar con la República para establecer nada menos que una monarquía encabezada por un príncipe extranjero. Todo esto, entiéndase bien, cuando estaba por comenzar la guerra contra los Estados Unidos, de la que se desentendió cobarde y descaradamente. Como director de *El Tiempo,* periódico promonarquista fundado al efecto y financiado por la Corona española, Alamán escribió:

> Creemos que las instituciones republicanas [que no había dejado de combatir un solo instante desde su nacimiento] nos han traído a semejante estado de abatimiento y de postración [...] Creemos que nuestra república ha sido un ensayo costoso, un escarmiento duro; pero que tiene remedio aún [...] Queremos la Monarquía Representativa; queremos la unidad de la nación; queremos el orden junto con la libertad política y civil [...] queremos, en fin, todas las promesas y garantías del Plan de Iguala [...] Queremos el sostén decoroso y digno del culto católico de nuestros padres, no esa amenaza continua con que amaga sus propiedades la anarquía.

[146] Gurría, *op. cit.*, p. 30.

Recuérdese que el gobierno recién derrocado (encabezado por José J. Herrera) rogaba a la iglesia que apoyara económicamente la defensa de la patria amenazada... «La más alta autoridad de la iglesia, el arzobispo Posada y Garduño, casi en las puertas de la muerte, presidió la junta en que se discutió y aprobó el programa del gobierno traidor, el cual se orientaba hacia un único y fundamental propósito: el establecimiento de la monarquía».

Lucas Alamán, a pesar de no ejercer ministerio alguno en este gobierno absurdo y traidor, era el consejero de Castillo Lanzas, ministro de Relaciones, quien «concurría a la residencia de Alamán a recibir instrucciones».

Era esta la primera de las muchas traiciones con que la jerarquía eclesiástica mancharía para siempre su falso patriotismo, llegando al colmo de pactar con el presidente norteamericano la derrota de las tropas mexicanas a cambio del respeto a los bienes del clero.

Los hombres del progreso

Tras la dolorosa derrota en la guerra con los Estados Unidos, Lucas Alamán regresó a la trinchera monárquica y en 1849, a través de *El Universal*, una vez más se entregó a propagar ideas... ¿exóticas?: «los enemigos de la moderna democracia y defensores del principio conservador son los hombres del verdadero progreso, los legítimos hijos del siglo». Pero

> llamarse hombres del progreso quienes querían la conservación de los privilegios de las clases altas del país, los que deseaban implantar una monarquía absoluta, los enemigos de la libertad de prensa y del sistema parlamentario; los que despreciaban la división de poderes [...] En fin, un individuo como Alamán que protestaba contra la declaratoria hecha por Guerrero libertando los esclavos, por no haber dispuesto nada sobre cómo indemnizar a sus dueños. Esos eran los membretes que portaban los hombres del progreso.[147]

[147] *Ibid.*, p. 55.

En 1852 Alamán participó, también una vez más, en la caída del gobierno constitucional y republicano encabezado ahora por Mariano Arista, y en el colmo del descaro y de la insensatez, reivindicó a Santa Anna como un caudillo ilustre y recto varón, y cooperó en los esfuerzos por hacerlo regresar del exilio –a través de una carta que se ha hecho célebre– para que tiranizara al pueblo de México por última ocasión. Además de sus célebres impuestos por puertas y ventanas, «el Cojo» volvió a vender territorio patrio, esta vez La Mesilla.

Se suele decir que don Lucas Alamán, que había muerto el 2 de junio de 1853, ostentando una vez más el ministerio de Relaciones Exteriores, «no tuvo nada que ver en los posteriores abusos dictatoriales de Santa Anna, quien, como se sabe, se haría llamar Su Alteza Serenísima».[148] Pero sí tuvo que ver: no sólo por haber traído a Santa Anna con la promesa de hacerlo monarca (cosa que cumplió mientras le fue posible como «jefe ostensible del partido eclesiástico», según lo definió, atinadamente, José María Luis Mora), sino por dedicar buena parte de su vida política a sabotear la consolidación de la República Mexicana, consolidación que de haberse logrado habría bastado por sí misma para no padecer tanta demagogia, tanta retórica, tanta hipocresía y tanta ruindad...

> Si alguna vez [escribió don Lucas Alamán] los mexicanos fatigados de los males de la anarquía que han de ir cada día en aumento pensaren seriamente en remediarlos, el primer paso que deben dar es vigorizar al gobierno, hacer que haya energía y fuerza donde ahora no hay más que languidez y debilidad.

Con justicia, Andrés Molina Enríquez indicó, antes de estallar la Revolución, «que el general Díaz no hizo sino seguir la política de don Lucas Alamán».[149] José Vasconcelos –quien padeció graves confusiones en relación con la figura histórica de Lucas, llegando a afirmar que había sido ministro de Guerrero, por ejemplo–, pudo decir: «Mi

[148] Méndez, *op. cit.*, p. 94.

[149] Navarro, *op. cit.*, p. 27.

cabeza, cabeza dura la mía; dura a los golpes y firme a las convicciones; linda cabeza, créamelo, y con la de Alamán, la única cabeza que ha llegado a un Ministerio mexicano, y que se perdieron ustedes de tenerla de presidente».

No es verdad, pues, que la culpa por el precario funcionamiento de nuestras instituciones sea toda del sistema republicano, federal y democrático: una buena parte de la responsabilidad la tendrá también el clero católico y sus instrumentos militares, como Santa Anna, Paredes, Miramón y Porfirio Díaz, o civiles, como Lucas Alamán, José Vasconcelos y Alfonso Junco: ellos son algunos de los tantos enemigos de la República. Quienquiera que los haya leído sabe que ellos mismos se enorgullecerían de estos títulos.

Más inconfesable resulta, sin duda, su otro gran motivo de amargura: la independencia de México.

Hidalgo: ángel o demonio

por mucho que hicieran los gobernantes sería nada si no tomaban por cimiento la buena educación del pueblo, que ésta era la verdadera moralidad, riqueza y poder de las naciones.[150]

¿«Excura de Dolores, exsacerdote de Cristo, excristiano, examericano; exhombre y generalísimo capataz de salteadores y asesinos»?;[151] ¿«una ráfaga de luz en nuestra historia que vino en nombre de Dios»?;[152] ¿el cura apacible y docto de los varios retratos?, ¿el cura jugador y borrachín?, ¿el impío materialista?, ¿el fino teólogo?... ¿Quién es el verdadero Hidalgo?

Cuando el intendente de Guanajuato, Juan Antonio Riaño, se enteró de que Hidalgo, su hasta entonces amigo, había lanzado el grito de independencia, comentó: «¡Malo! Si Hidalgo está en esto, Nueva España es independiente».[153] Riaño sabía que Hidalgo no era un hombre de medias tintas. No se callaría sus opiniones y sería consecuente con sus acciones como alumno, maestro y rector del colegio de San Nicolás Obispo. «El Zorro» –como se le llamaba a Hidalgo– tendrá problemas con la rígida e inquisitorial moral de su época por sus excesos, sus mujeres y sus opiniones políticas y religio-

[150] Guzmán (1985), p. 56

[151] El Antihidalgo, Carta 1. http://www.biblioteca.tv/artman2/publish/1810_115 /El_Anti-Hidalgo_Cartas_de_un_doctor_mexicano_al_ se_or_Hidalgo_printer.shtml

[152] Vicente Riva Palacio, el *Libro Rojo*.

[153] Chavarri (1957), p. 59.

sas, pues «siente mal de nuestro gobierno, se lamenta de la ignorancia en que estamos y la superstición en que vivimos [...] engañados por los que mandan».[154]

Con declaraciones similares, Hidalgo discurría en fiestas que organizaba asiduamente en la Francia Chiquita, como se conocía a su casa tanto en San Felipe como en Dolores, lo que ayudó a crearle fama de «cura borrachín». Hay razones para creerlo: en su casa se bailaba, se jugaba, se reía, se discutía y argüía sobre casi cualquier tema al calor del vino que él mismo preparaba: Hidalgo opinaría que «es perversa obstinación mantenerse de bellotas después de descubiertas las frutas».[155] Su buen humor y carácter dicharachero lo llevaron a entablar amistad con el intendente Riaño, con Manuel Abad y Queipo, con el obispo de Michoacán –José Sixto Verduzco–, con la familia Alamán e incluso con el mismo Félix María Calleja.

Intelectual empedernido, su cultura es reconocida por amigos y detractores. Aparte del latín y el castellano, lee y entiende, habla y escribe, traduce e interpreta el griego, el hebreo; el francés, el italiano y el portugués; el purépecha, el otomí y el náhuatl.[156] El políglota, erudito, teólogo, liberal y humanista social prefería ser maestro de indios que funcionario religioso.[157]

Sin embargo, sus excesos violaban ostensiblemente las restricciones del manto eclesial. Y es que el padre Hidalgo pensaba que la fornicación no era un pecado, y bien que lo mostró con varias mujeres e hijos que tuvo y disfrutó a lo largo de su vida.

Ya en materia religiosa, en la acusación que le formula la Inquisición se le dirá: «Aseguráis que ningún judío que piense con juicio se puede convertir, pues no consta la venida del Mesías, y negáis la perpetua virginidad de María».[158] Efectivamente, Hidalgo entendía que no hacen falta las supersticiones para tener fe en dios. La Iglesia católica no toleraría estos comentarios (como tampoco soporta la aplastante evidencia que hay en contra de sus dogmas –sin contar que la evidencia a favor es nula–). Claramente, Hidalgo –al igual que Morelos– no puede ser considerado un buen pastor del rebaño de la

[154] Herrejón, *op. cit.*, pp. 42-46.

[155] Cue, 1966, p. 64.

[156] Herrera, 1995, p. 56-57.

[157] Campuzano (1964), p. 30.

[158] Mancisidor (1944), pp. 98-101.

Iglesia católica, y para ello basta con ver sus acciones al frente de los ejércitos insurgentes en 1810-1811.

Los saqueos

Apenas entraba el «ejército» independiente a San Miguel en aquel 16 de septiembre, los saqueos, el robo y la rapiña comenzaron. Allende, al ver a la masa desbordada, «echó mano a su espada y la emprendió a cintarazos con ella. Hidalgo [...] reprochó a Allende su proceder».[159] Asimismo, el cura protegió el saqueo que urgían las huestes insurgentes. En la catastrófica masacre de la alhóndiga de Granaditas, mientras se asesinaba por igual a mujeres y niños,

> se ejecutó el saqueo en las tiendas de ropa, vinaterías, casas y haciendas de platas de los españoles, operación que duró hasta el sábado por la mañana [...] En la noche del viernes no se oían más que hachazos para derribar puertas, barriles que rodaban, y tercios o fardos de todas clases que pasaban por las calles. Descubríase multitud de gentes en ellas con ocotes bebiendo con la mayor imprudencia. Entre diez o más personas abrían un barril, y saciados y beodos derramaban el licor estante, o botaban los frascos llenos [...] Al amanecer del sábado la ciudad estaba inconocible. Treinta y cuatro tiendas ya no existían ¿qué digo? Hasta sus mostradores y armazones habían desaparecido. De las casas de los europeos estaban quitadas hasta las chapas de las llaves, vidrieras y balcones: una tribu de apaches no hubiera tratádolo con más ferocidad. No se veía en la calle ni una persona decente, ni más objetos que gente armada.[160]

Hidalgo no tuvo piedad al dirigir y alentar estos actos, y a pesar de los altercados con Allende, se le ve declarando el 18 de diciembre de 1810 que se «procurase realizar cuanto fuese posible, los bienes de los europeos, para cuyo saqueo había comisionado a varios sujetos».[161] Muy probablemente estas acciones obedecían a una razón de índole práctica para que el pueblo lo siguiera y cada vez fuera

[159] Mancisidor (1944), p. 111.

[160] Carlos María de Bustamante, *Cuadro histórico de la revolución mexicana de 1810.*

[161] Baz (2003), pp. 46-47.

más gente... Si esa fue la estrategia, sin duda no fue la mejor, ya que la vasta superioridad de número no venció a la calidad y el orden del ejército español.

Así pues, del mismo modo en que se recuerda de Hidalgo la abolición de la esclavitud, el progreso de sus industrias en Dolores y su obstinada convicción de un cambio social, también se recordarán como memorables las decisiones que tomó aquellos 13 de noviembre y 12 de diciembre de 1810.

Las ejecuciones

El 13 de noviembre de 1810, antes de que el cura Hidalgo abandonara la ciudad de Valladolid, se le presentó una disyuntiva: las masas que se sumaban a la Independencia y a los saqueos querían más que oro: buscaban venganza. La situación ideológica del pueblo conquistado no estaba para menos; los que se sumaban a la Independencia pedían justicia por la muerte y la suerte de sus abuelos, y con el candor que genera la guerra, exigían la ejecución de todos los prisioneros españoles. Hidalgo dudó, se resistió, pero al fin accedió.[162] Los desafortunados españoles apresados salían en grupos para ser asesinados uno tras otro: «Estas ejecuciones [...] tuvieron lugar desde el día 13 hasta el 18 de noviembre de 1810».[163]

Para el 12 de diciembre, la Virgen del Rosario, a quien se habían encomendado los ejércitos realistas, habría de abandonar al pueblo español y las ejecuciones volverían a suceder. Se hizo una redada de peninsulares, a los que siguieron cazando sin piedad no sólo en la ciudad, sino también en los poblados cercanos a ella. Ese día 12, por orden de Hidalgo, 48 prisioneros españoles fueron fusilados y enterrados a dos leguas de Guadalajara.[164] A estas ejecuciones siguieron muchas otras, pues noche tras noche

> a eso de las once, se presentaban en uno o el otro encierro, un tal Vargas, Manuel Muñiz, o Agustín Marroquín, a extraer una partida de veinte o más de aquellos desgraciados [...] y sin ruido los conducían a las Barranquitas de Belem a la orilla norte de la población, o

[162] Chavarri (1957), p. 94.

[163] *Ibid.*, p. 95.

[164] Amaya (1954), pp. 179-180.

al cerro de San Martín a dos leguas de distancia, donde eran inhumanamente matados.[165]

¿Gajes del oficio de la guerra?, ¿inhumanidad del padre Hidalgo?, ¿consecuencia de trescientos años de Colonia? Sabemos que Hidalgo dio las órdenes y que consintió tales actos. Sabemos que el fino teólogo, considerado un sabio de la época, tomó decisiones tan drásticas como permitir el saqueo, la rapiña y los asesinatos. Hidalgo sabía que obraba mal, y quizá por ello nos dejó estas palabras en su defensa sobre el cargo de herejía que le imputaba el Santo Oficio: «Todos mis delitos traen su origen del deseo de vuestra felicidad».[166]

Son pues, injustas, en sentido estricto, aquellas interpretaciones que, ya tratando de glorificarlo como el Padre de la Patria, o ya de vituperarlo como el cura borrachín autor de una superchería (como quería Alamán), nos han falsificado el verdadero rostro, el rostro humano, de don Miguel Hidalgo y Costilla: ni ángel ni demonio. En todo caso, se trató de un político práctico en condiciones desesperadas y de gran tensión y absoluto peligro, tal como la realidad se encargó de demostrarlo cuando fue fusilado después de una alevosa traición...

[165] *Ibid.*

[166] Mancisidor (1944), pp. 102-106.

Huerta nunca trató con el káiser

En su pequeña biografía del expresidente Victoriano Huerta, la página oficial del Bicentenario concluye que «el Chacal», «desprestigiado e incapaz de contener el avance constitucionalista, renunció y partió al exilio».[167]¿Qué pasaría después con Huerta?, ¿viviría tranquilo en su exilio europeo o pensaría, ambiciosamente, cómo recuperar el poder en México? Huerta sería presa de la siguiente conspiración: si, apoyado por Alemania, encontraba un pretexto para declararle la guerra a los Estados Unidos, la Casa Blanca tendría que distraer al menos medio millón de hombres que ya no podría enviar al frente europeo, pues tendría que mandarlos a México para sofocar un nuevo conflicto militar con su vecino del sur... Franz von Rintelen, representante del Deutsche Bank en México, había desplegado la operación de apoyo moral, económico y militar a instancias del káiser Guillermo II...

Huerta renuncia a la presidencia de la República el 15 de julio de 1914. «A medianoche, Huerta y Blanquet, los dos principales criminales, huyen con sus familias debidamente escoltados, hacia Puerto México, Coatzacoalcos, dispuestos a embarcarse en el *Dresden*»,[168] rumbo a Jamaica y de ahí a su retiro en Europa. El comandante del *Dresden* informará: «Huerta y el general Blanquet estaban abundantemente provistos de dinero para el viaje, lo mismo que las damas con sus joyas. Huerta tenía consigo cerca de medio millón

[167] http://www.bicentenario.gob.mx/index.php?option=com_content&view= article&id=613

[168] Alfonso Taracena (1972), pp. 222-223

de marcos en oro. Además, una suma mucho mayor en cheques y otros valores».[169] La oportunidad de usar esos marcos y de regresar triunfalmente a México fue prevista por el gobierno alemán, el que desde la presidencia de Huerta se había expresado favorablemente respecto del «Chacal». Cuando Rudolf von Kardorff, encargado de negocios suplente de Alemania en México, informó acerca de la apertura del Congreso mexicano, hacía constar, entre otros hechos, que Huerta

> había hecho lo que nadie había sido capaz durante meses. Había infundido confianza. Confianza y al mismo tiempo respeto. Él, el viejo soldado que en el pasado tal vez no le haya pedido consejo con frecuencia a su redentor, había hablado de Dios, había implorado la ayuda de los poderes celestiales y [los] había hecho suyos [...] Les había hablado sencilla y llanamente a sus compatriotas sobre sus obligaciones y su amor por la patria [...] Pero junto con esto, el tono fuerte e intimidatorio –cosa importante en esta situación– había sonado para todos de manera impresionante.

El káiser hizo una serie de anotaciones que explicarán su proceder de 1915:

> El káiser anotó en este informe, «Bravo: en todas partes es lo mismo y se tendrá el mismo éxito dondequiera que se tenga el valor de enfrentarse así al parlamento». Al margen de las palabras «tono fuerte e intimidatorio», anotó: «Esencial». Kardorff concluyó su informe con la frase: «En lo más íntimo de uno anidó la convicción de que en el pecho de este viejo soldado habitan la voluntad y el amor a la patria, un instinto claro de lo que es útil en el momento, y entusiasmo, astucia y no demasiados escrúpulos», lo cual acotó Guillermo II con las palabras: «¡Bravo! Un hombre así tiene nuestras simpatías».[170]

Y las simpatías que tuvo el káiser hacia Huerta no disminuyeron, incluso después del «Huerta debe irse» de Wilson el 2 de diciembre

[169] Katz (2008), p. 286.

[170] *Ibid.*, pp. 244-245.

de 1913 frente al Congreso: cuando los banqueros ingleses, en enero de 1914, proponen al parlamento inglés confabularse con Francia y Alemania para hacer que Huerta renuncie, Guillermo II se encoleriza: «¡Absolutamente no! Huerta es el único que puede mantener el orden en México; él tiene que quedarse [...] Soy de la opinión de que Huerta tiene que quedarse y ser apoyado mientras sea posible».[171]

La embriaguez del poder

En febrero de 1915, cuando Huerta se encuentra en Barcelona, recibirá la propuesta de Franz von Rintelen, que sería la primera y más conocida conspiración alemana en México, prometiéndole apoyo moral, económico y militar al gobierno huertista. En calidad de pago, Huerta se comprometía a declarar la guerra a los Estados Unidos. También, a finales de 1914 y principios de 1915, Pascual Orozco, con un grupo de revolucionarios huertistas exiliados en los Estados Unidos –como Federico Gamboa, Querido Moheno, Toribio Esquivel Obregón y Nemesio García Naranjo–, introducía armas a México: «en mayo [...] algunas tropas de Orozco, mandadas por José Inés Salazar y Emilio Campa, atravesaron de Texas al norte de Chihuahua para encabezar una rebelión *in situ*».[172] Al respecto, Martha Strauss nos dice que:

> Alemania expresó cada vez más su deseo de ayudar a estos exiliados y en fomentar y financiar sus actividades. Sin embargo y con el correr de los meses, esta revolución aún carecía de fondos económicos suficientes y sobre todo del apoyo de un líder político fuerte que asumiera la presidencia una vez alcanzada la victoria. Por tal motivo, Orozco envió a España a Enrique Creel, ex gobernador de Chihuahua y miembro del clan Terrazas, con el propósito de informar a Huerta de los planes, y de ser posible, contar con su apoyo.[173]

La visita de Creel y el trato con Rintelen caían bajo la conspiración de Berlín. Huerta llegó a Nueva York el 12 de mayo de 1915, evento

[171] *Ibid.*, p. 267.

[172] http://www.iih.unam.mx/moderna/ehmc/ehmc19/247.html

[173] http://www.iih.unam.mx/moderna/ehmc/ehmc07/784.html#nf18

que causó en la prensa norteamericana un gran escándalo, incluso –nos cuenta Taracena–, la revista *The Literary Digest* publicó una foto en la que se ve a Huerta manejando una cortadora de pasto.[174] Después de sus labores caseras se vería de nuevo con Rintelen para acordar que Alemania desembarcara armas en la costa mexicana por medio de submarinos, y que Huerta recibiera fondos para la compra de armas: «El gobierno alemán había dispuesto 12 millones de dólares para este plan; 800 000 dólares habían sido depositados como anticipo en bancos cubanos y mexicanos a nombre de Huerta».[175]

Pero el gobierno de Wilson y el Reino Unido habían espiado de cerca al «Chacal» e impedirían a cualquier precio que alguien como Huerta entrara de nuevo a México a gobernar, ya no digamos a encabezar una celada en contra de los Estados Unidos. La conspiración fue desmantelada prontamente por la inteligencia norteamericana. Huerta «fue detenido con Orozco en la ciudad de Newman, Nuevo México, cerca de la frontera mexicana, por el funcionario provillista Zachary L. Cobb, agente federal, y 25 oficiales del Departamento de Justicia de Estados Unidos».[176] Acto seguido fueron encarcelados en El Paso, Texas. Con ello acabarían los planes alemanes para involucrar a México, a través de Huerta, en un conflicto armado con los Estados Unidos, de modo que este país no pudiera participar en la guerra europea.

Debe subrayarse que la salud de Huerta se deterioró notablemente en la cárcel norteamericana. Al ser examinado por los médicos militares de Texas se descubrió una avanzada cirrosis que acabaría con la vida del «Chacal» el 12 de enero de 1916. Victoriano Huerta fue enterrado «en el cementerio de la Concordia, en la tumba siguiente a la que correspondía a su amigo Pascual Orozco»,[177] quien había sido baleado meses antes por la policía de los Estados Unidos.

[174] Taracena, *op. cit.*, pp. 256-257.

[175] Katz, *op. cit.*, p. 378.

[176] http://www.iih.unam.mx/moderna/ehmc/ehmc19/247.html

[177] Flores (2005), p. 342.

Los masones eran el demonio

Durante más de dos siglos la Iglesia católica se ha dedicado a desprestigiar a los masones: en tiempos de la Colonia, algunos de ellos fueron aprehendidos, torturados, juzgados y condenados por la Inquisición debido a sus ideas, que sin lugar a dudas los aproximaban al pensamiento de la Revolución francesa. A lo largo del turbulento siglo XIX la situación cambió muy poco: los clérigos acusaron a los masones de adorar al demonio, los excomulgaron y difundieron una leyenda negra con la que trataban de manchar su liberalismo y de evitar que nuestra patria venciera a sus enemigos –no olvidemos que los curas hicieron cuanto estuvo a su alcance para evitar la derrota de los conservadores y de las tropas extranjeras, a las cuales se aliaron–. El mito de las conjuras masónicas, indudablemente, una creación de la Iglesia católica, vio en ellos a uno de sus principales enemigos: las cadenas de la fe son incompatibles con la libertad del pensamiento.

La negra leyenda y la blanca verdad

La leyenda negra que la Iglesia católica creó sobre la masonería sentó sus reales en Nueva España mucho antes de que desembarcaran los fundadores de las primeras logias. Esta situación no era resultado de la casualidad: la persecución de los grupos que sostenían ideas distintas a las del catolicismo y de la realeza ya formaba parte del imaginario español desde el reinado de Felipe V, quien vio en las organizaciones masónicas a los hombres que estaban dispuestos a desafiar a la iglesia y a la monarquía con las banderas del enciclopedismo, la ilustración y el liberalismo.

Los clérigos, la jerarquía eclesiástica y las autoridades civiles de Nueva España no eran ajenos a estas figuraciones, y tenían la certeza de que nuevos demonios estaban a punto de desembarcar en sus dominios: sus feroces enemigos imaginarios eran hombres que habían hecho suya la herejía de la masonería y que, para colmo de males, creían que una institución creada en Inglaterra –una nación tradicionalmente enemiga de la Corona española– podía dar un nuevo rumbo a las colonias del Nuevo Mundo.

En los púlpitos, los sacerdotes se lanzaron en contra de los masones. La Inquisición afiló sus garras para enfrentarse a los herejes que estaban a punto de llegar. Los novohispanos comenzaron a sospechar de sus vecinos y pronto descubrieron masones en todas partes. Casi todos los creyentes estaban seguros de que existía un complot en contra de la iglesia y de la corona. Las denuncias no se hicieron esperar: en 1785, Felipe Fabris fue acusado ante el Santo Oficio de practicar la masonería; en 1793, el cura de Molango presentó cargos en contra de Pedro Burdalés, y en aquellos tiempos Juan Esteban Laroche también se enfrentó a los dominicos que formaban parte de la Inquisición.

A pesar de estas aprehensiones y juicios cuyos folios aún se conservan en el Archivo General de la Nación, casi nada sabemos del funcionamiento de las logias en México durante el siglo XVIII. En 1806 –en el número 4 de la calle de Las Ratas (hoy Bolívar)– se fundó una logia a la cual pertenecieron, entre otros, algunos de los regidores del Ayuntamiento de México y Francisco Primo de Verdad y Ramos, quienes ya trabajaban en secreto a favor de la independencia de Nueva España. Hay incluso historiadores –como César Vidal y Manuel Esteban Ramírez– que sostienen que Miguel Hidalgo e Ignacio Allende también pertenecieron a esta logia.

Los hombres que estaban a favor de la independencia de Nueva España –como los regidores del Ayuntamiento de México y Francisco Primo de Verdad– no se unieron a las logias con el fin de cometer una herejía o algo parecido, pues el mito creado por la iglesia no nos ha dejado ver que las logias cumplían una función de gran importancia para la vida política novohispana: ellas eran –muy probablemente– el único espacio donde los hombres podían discutir y afinar sus ideas sobre el liberalismo, la ilustración y la Enciclopedia francesa; la discreción que las caracterizaba les daba la cobertura necesaria para no ser descubiertos por la Inquisición o por las autoridades civiles, y por si lo anterior no bastara, el sistema de logias les proporcionaba un mecanismo para comunicarse con quienes tenían las mismas ideas en toda la Colonia. Las logias, digámoslo claramente, eran la principal organización política de oposición al gobierno virreinal, y en un tiempo en el que los partidos políticos brillaban por su ausencia, ellas eran la única institución que permitía el encuentro y la acción de las minorías políticamente activas que buscaban un nuevo destino para nuestra patria.

En 1808, luego de la invasión de Napoleón a España y de la abdicación de los monarcas españoles, las logias comenzaron a florecer y a alimentarse con algunos sucesos que ocurrían más allá de las fronteras de Nueva España: en las cortes de Cádiz –convocadas para crear una nueva Constitución– confluyeron muchos liberales que robustecieron los ideales y la organización de las logias de este lado del Atlántico; incluso algunos de ellos, como fray Servando Teresa de Mier, lograron entrar en contacto con las organizaciones inglesas que no sólo fortalecieron sus ideas libertarias, sino que también apoyaron la causa insurgente. Hidalgo, Allende y fray Servando, héroes de nuestra independencia, fueron masones, aunque la iglesia se obstine en señalar lo contrario.

En 1821, luego de once años de guerra, Nueva España conquistó la independencia, por lo que los miembros de las logias escocesas se prepararon para definir el rumbo de la nueva nación: no sólo fundaron uno de los primeros diarios políticos de nuestro país –*El Sol*–, sino que también impulsaron la aplicación del sistema lancasteriano para alfabetizar lo más pronto posible a los novohispanos. Los escoceses, acaudillados por Manuel Codorniú, pensaban que el futuro del país no debía romper de manera definitiva con sus tradiciones españolas y religiosas.

Sin embargo, el espectro político de aquellos días no estaba dominado sólo por quienes se convertirían en los futuros conservadores: las logias yorkinas –profundamente liberales– tampoco dudaron en proponer un nuevo rumbo y fundar su periódico: *El Águila Mejicana*. No olvidemos que los yorkinos, sin duda vinculados con el primer representante «oficial» del gobierno estadounidense, Joel R.

Poinsett, tenían otros proyectos: establecer un sistema republicano, promover el liberalismo y frenar a los conservadores.

Los bandos que marcarían la historia del siglo XIX quedaron perfectamente delimitados gracias a las dos grandes fuerzas masónicas que existían en nuestro país: los escoceses, que tratarían de mantener el *status quo*, y los yorkinos, que apostarían a favor de la modernización, la liberación y la democratización de México. Ellos son –a final de cuentas– los conservadores y los liberales que chocarían no sólo en la guerra de Reforma, sino también con motivo de la instauración del Imperio de Maximiliano I. Aquellos años de lucha contra la reacción y el imperio también son los años de oro de la masonería mexicana, pues la generación de la Reforma optó por unirse a una logia marcada por el patriotismo: el Rito Nacional Mexicano, ya que el ideario de los escoceses estaba a años luz de sus aspiraciones. Uno de los procesos más documentados del proceso de afiliación de los liberales a las logias es el de Benito Juárez, por lo que bien vale la pena analizarlo para comprender el papel y el funcionamiento del Rito Nacional Mexicano en el siglo XIX.

Al leer la «Oración fúnebre» que Andrés Clemente Vázquez publicó tras el fallecimiento del Benemérito en *El siglo diez y nueve* el 30 de agosto de 1872, no pasan muchos renglones antes de que se descubran las directrices de este proceso: después de que Juárez se incorporó como alumno al Instituto de Ciencias y Artes y comenzó a participar con éxito en la política estatal bajo el amparo de sus profesores y amigos –quienes están perfectamente identificados en los *Apuntes para mis hijos*–, el joven liberal dio un salto a la arena nacional al formar parte del Congreso general como representante de Oaxaca. Sin embargo, cuando Juárez se sumó al Rito Nacional Mexicano, todavía era un político sin la responsabilidad nacional que cargaría más tarde sobre sus hombros. Su iniciación masónica, por lo menos desde este punto de vista, significó la posibilidad de que ampliara y fortaleciera su ideario liberal.

La ceremonia de iniciación de Juárez fue solemne: el Congreso de la Unión se transformó en un templo masónico. Él adoptó el nombre simbólico de Guillermo Tell y al evento asistieron, entre otros, Valentín Gómez Farías, Miguel Lerdo de Tejada y muchos otros de los notables gladiadores de nuestra patria. Una vez que Juárez se incorporó plenamente al Rito Nacional Mexicano, los liberales comenzaron a apoyarlo: en 1854, al proclamarse el Plan de Ayutla que dio fin a la era de Santa Anna, accedió al séptimo grado luego de haberse sumado a los hombres de Juan N. Álvarez. Puede suponerse que, en términos generales, la masonería, debido a las ideas de religión natural, deísmo y tolerancia, fue el sustento del ideal cívico que animó la vida de Juárez, y que cuando la muerte lo alcanzó en Palacio Nacional, el compás y la escuadra también hicieron acto de presencia en su velorio.

La masonería, de esta manera, fue una de las fuentes que nutrieron a los gladiadores de la Reforma y a los guerreros que derrotaron a los franceses. México, evidentemente, debe estarle agradecido a estos próceres y a sus organizaciones, pues ambos fueron puntales de la consumación de la segunda independencia que tanto dolió a la Iglesia católica.

No confundamos el verdadero papel de la masonería –sin duda vinculado con las ideas de la separación de la iglesia y el Estado, del liberalismo y de la conquista de la soberanía– con los mitos creados por la iglesia: durante el siglo XIX los masones no adoraron al demonio, no conspiraron en contra de México y mucho menos traicionaron a la patria. Ellos lucharon y entregaron sus vidas en el bando de los liberales, mientras la jerarquía católica conspiró contra México y traicionó a los mexicanos con tal de mantener su poder y su riqueza.

Los restos de Morelos en la Columna de la Independencia

Es el 22 de diciembre de 1815 en San Cristóbal Ecatepec. El padre Salazar, santiguándose repetidamente, reza *De profundis clamavit* y *Misere Mei Domine*... A un costado, José María Morelos y Pavón conserva, a pesar del tormento recibido, la serenidad que le ha caracterizado desde su captura el 5 de noviembre, y se prepara para ser fusilado por la espalda, como traidor al rey. Por segunda vez, el presbítero Salazar ofrece su asistencia espiritual a Morelos, pero éste la rechaza firmemente, pues «ya se había puesto a sí mismo en manos de su creador».[178] «¿Aquí es el lugar donde habremos de morir?... así sea», dice el prócer. Instantes después dos descargas de fusilería dejan sin vida al Siervo de la Nación. Son las 3 de la tarde.

Pasada una hora, y sin sufrir mutilación alguna –como la decapitación de Hidalgo–, el cadáver de Morelos sería sepultado en el atrio del templo de San Cristóbal. Ahí descansarán los restos del Siervo de la Nación hasta 1823, pues en septiembre de ese año serán exhumados para reunirlos con los de los demás caudillos de la Independencia, tal como correspondía a un líder político de su talla, sin duda uno de los padres de la patria...

La ceremonia, en la que por decreto del Congreso Constituyente se declaró «Beneméritos de la Patria en Heroico Grado» a los principales caudillos de la Independencia, se llevó a cabo el martes 16 de septiembre de 1823. A partir de esa fecha los restos de los insurgentes fueron colocados en una cripta de la Catedral Metro-

[178] Ruiz, 2005, p. 65.

politana... La historia oficial nos dice que los restos de Morelos permanecieron en la Catedral por poco más de un siglo, hasta que «el 16 de septiembre de 1925 [...] fueron llevados a la Columna de la Independencia».[179] Lamentable error, pues a pesar de que el decreto por el cual se consagró a los héroes de la nación mandaba que los restos se depositaran «en una caja que se conducirá a esta Capital, cuya llave se custodiará en el archivo del Congreso»,[180] lo cierto es que una tarde de abril de 1866, en pleno segundo imperio mexicano, la llave fue tomada, la cripta abierta y los restos de Morelos, sustraídos...

El entonces arzobispo de México, Clemente de Jesús Munguía –el «Campeón del Clero» como le llamaban– fue testigo de estos hechos y, según se dice, reclamó al ladrón su felonía, «pero la cosa no pasó a mayores». Segundos después abandonaba la Catedral uno de los más grandes traidores que ha dado nuestro país: el general Juan Nepomuceno Almonte, por momentos defensor de la República, otras veces defensor del Imperio, siempre almontista: buen alumno de Santa Anna. Se había robado los restos de su padre.

Juan Nepomuceno Almonte (Nocupétaro, 1803-París, 1869), siempre será recordado (y con razón) como traidor, pero no por este último ultraje, sino por su intervención en varias de las acciones más desafortunadas para la historia del México independiente. Un acto tan ruin como el mencionado requería para su ejecución de una cierta trayectoria en materia de felonías.

El adivino maldito

Se cuenta que su padre, el cura Morelos, le llamaba de pequeño «mi Adivinito», y que esto le hizo fama de que podía curar ciertas enfermedades... Lo que sabemos es que durante las flamantes campañas militares de Morelos el pequeño Juan Nepomuceno acompaña al cura-general ostentando el grado de capitán de la Compañía de Emulantes, y hacia 1814 lo vemos despidiéndose de su padre cuando éste, quizá intuyendo su próxima captura, pone a su hijo en manos del norteamericano Peter Ellis Bean para que, llevándolo consigo en su próximo

[179] Página oficial del Bicentenario, en la sección de Biografías/Independencia/Morelos. http://www.bicentenario.gob.mx/

[180] Ruiz, *op. cit.*, p. 70.

viaje de aprovisionamiento a los Estados Unidos, «el Adivinito» se educara por allá.

En 1828 Almonte reaparece con el grado de coronel, y en 1829 entra a formar parte de la tercera legislatura federal, como diputado por Michoacán. Al año siguiente, al protestar por la destitución de Vicente Guerrero como presidente de la República, es perseguido y pasa a la clandestinidad. Es entonces que se liga fuertemente con Santa Anna.[181]

El perfecto traidor

En 1834 Gómez Farías había enviado a Almonte a Texas con el fin de recabar información sobre el estado general de dicha provincia, todavía mexicana. «Cuando regresó a México entregó el mejor reporte que hay acerca de Texas y sus habitantes en esa época».[182] Así, en 1836, al saber de la declaración de independencia de la provincia norteña, Santa Anna marchó al norte y Almonte lo acompañó en calidad de secretario y asesor confidencial. Tras la «batalla» de San Jacinto, cuando Houston apresó a Santa Anna, Almonte queda arrestado al lado de éste en calidad de intérprete y negociador. Naturalmente, el traidor mayor y su emulante viajan juntos a Washington D.C. en noviembre para entrevistarse con el presidente norteamericano y para tratar de finiquitar contractualmente la pérdida de Texas.

Para febrero de 1837, ambos, traidor y capitán de emulantes, regresarían en un buque de guerra de la armada americana, escoltados por marines norteamericanos hasta la puerta misma de la casa del «Cojo», el famoso «Mocho», el brazo armado de la Iglesia católica, a quien después seguirían todos los «mochos...». Por esas fechas ya se dice que Almonte «va vestido con traje de general, pero usa mitra de cura...».[183]

En 1839 se le revalida el cargo de general brigadier (¿como premio a sus labores de traductor?) y el presidente Anastasio Bustamante, cuya misión en el cargo era fortalecer el régimen centralista, lo nombra ministro de Guerra y Marina, cargo que cumple hasta 1841.

[181] Iturbe, *loc. cit.*

[182] *Biographical Encyclopedia of Texas*, p. 329.

[183] Iturbe, *loc. cit.*

Es durante ese periodo que se casa en la capilla de Nuestra Señora del Pilar de la iglesia de San Miguel Arcángel, en la ciudad de México, con su sobrina María Dolores, la hija de su hermana Guadalupe.

> En 1841, Paredes lo nombró Ministro en Francia. En lugar de dirigirse directamente a su puesto, permaneció mucho tiempo en Veracruz pretextando falta de barcos, pero en definitiva con el fin de entenderse con el Gobernador del Estado para derrocar a Paredes. El gobernador rehusó darle ayuda a Almonte, éste se dirigió, no a París, sino a La Habana, donde se puso en relaciones con Santa Anna.[184]

A propósito de este nombramiento, «cuando [Almonte] fue enviado por Paredes como ministro en Francia, había recibido la cantidad de 20 000 pesos para los gastos de la Embajada. Se le acusa de no haber nunca justificado el empleo de esos fondos».[185]

Desde 1842 Almonte se desempeñó como ministro plenipotenciario de México en Washington. Cuando en marzo de 1845 los Estados Unidos se anexaron Texas, el general Almonte «pidió sus pasaportes y México rompió las relaciones diplomáticas».[186] Unos meses después ya lo vemos sumarse al golpe de Estado que dio Mariano Paredes y Arrillaga, quien lo nombra ministro de Guerra y Marina el 20 de febrero de 1846. Poco después, según señala José Herrera Peña, como «Ministro de Hacienda por breves días [del 11 al 22 de diciembre], rehúsa firmar la Ley de Manos Muertas que expropia los bienes de la iglesia, por sentirla inoportuna en esos momentos y propiciar la división»,[187] no obstante que la patria estaba amenazada de muerte.

Finalmente Paredes cayó, pero de inmediato vemos a Almonte en Cuba, otra vez como traductor de Santa Anna, quien ahora negociaba la derrota de las armas mexicanas en la guerra que acababa de comenzar... ¿Por qué ambos logran salvar el cerco que la flota norteamericana tiene tendido sobre el Golfo de México? Los resultados de esta estafa ya los conocemos: la mitad del país se perdió irremediablemente. Se habían hecho realidad los sueños de Thomas Jefferson:

[184] Luján, 1963, p. 12.

[185] *Ibid.*

[186] Campos-Farfán, 2001, p. 20.

[187] José Herrera Peña, maestro y discípulo, «El idilio prohibido», en: http:// jherrerapena.tripod.com/maestro26.html

> Cuidémonos de creer que a este gran continente interesa expulsar desde luego a los españoles. De momento aquellos países se encuentran en las mejores manos, que sólo temo resulten débiles en demasía para mantenerlos sujetos hasta el momento en que nuestra población crezca lo necesario para arrebatárselos parte por parte [Thomas Jefferson a Stuart, París, 25 de enero de 1786].

Aunque a decir verdad, todavía faltaba un despojo más. Y ahí estaba el general Almonte listo para desempeñar su papel de pelele de Santa Anna y de traidor a la patria. Corría la última dictadura del «Cojo», en 1853, cuando el hijo del Siervo de la Nación, que se había adherido al partido conservador en 1850, «con firmas en blanco del señor Presidente y del señor Bonilla, autorizadas con el gran sello nacional para aprobar o reprobar el tratado de la Mesilla»,[188] viaja a los Estados Unidos, y como embajador extraordinario y ministro plenipotenciario de la República Mexicana en Washington D.C., el 13 de junio de 1854 firma el indignante tratado a través del cual, no México, sino una camarilla apoderada del gobierno, vuelve a ceder parte de su territorio nacional a cambio de unos cuantos millones.

Conspirador consuetudinario, desde 1859 clama por una monarquía encabezada por un europeo, y es uno de los mexicanos que más se empeñaron en promover la intervención francesa y la imposición del Imperio de Maximiliano. Amigo cercano de Napoleón III, con quien intercambia detalles y atenciones, es enviado a México por éste en anticipación a la llegada de Maximiliano. A su regreso a México, en 1862, Almonte trae consigo las flotas de Inglaterra, España y Francia, y publica un plan político en Córdoba, Veracruz, el primero de marzo de 1862, en el que se proclama Jefe Supremo de la nación. Pocos meses después fue públicamente destituido del cargo y luego electo como jefe de la Regencia –en compañía del obispo Pelagio Antonio de Labastida y del general Salas–, puesto que desempeña hasta el 20 de mayo de 1864, cuando se vuelve lugarteniente de Maximiliano.[189]

[188] *Los millones de la Mesilla, y sus misterios en parte descubierto, por uno de los prohombres del gobierno actual en México*, Puebla, Imprenta de José María Macías, 1855.

[189] Campos-Farfán, *op. cit.*, p. 31.

Maximiliano de Habsburgo distinguió con los nombramientos de Mariscal de Campo, Gran Chambelán de la Corte de Chapultepec y Gran Canciller de las Órdenes Imperiales al hijo del Siervo de la Nación, quien, dicho sea de paso, sólo aceptó este humilde título cuando trataban de agasajarlo sus compañeros: no precisamente los traidores a la patria...

En marzo de 1866 el emperador «designó a su lacayo J. Nepomuceno Almonte para una misión especial ante Napoleón III a fin de que el auxilio militar francés se prolongara en territorio mexicano cuando menos un año más».[190] Almonte tomó sus cosas, a su esposa y a su hija, y los restos de su padre José María, más que arbitrariamente sustraídos al pueblo de México, y se embarcó en el *Emperatriz Eugenia*, que zarpó de Veracruz en abril, para no volver jamás. Vivió en París hasta su muerte, acaecida tres años más tarde, y fue sepultado en el cementerio de Pere Lachaise.

Los restos de Morelos aún están perdidos. Por supuesto que no se encuentran en el Monumento a la Independencia. Quizá fueron la última venta del patrimonio público que realizó Almonte, o quizá fueron arrojados a la mitad del océano Atlántico en venganza por haberlo convertido en un niño maldito, sí, maldito, y nada menos que por la Santa Inquisición, pues en la sentencia dictada contra Morelos claramente se «les declara incursos en las penas de infamia y demás que imponen los cánones y leyes a los descendientes de herejes con arreglo a las instrucciones que este Santo Oficio...»

Maximiliano de Habsburgo, en *Los traidores pintados por sí mismos*, dirá que «el carácter de Almonte es frío, avaro y vengativo».[191]

[190] Ruiz, *op. cit.*, p. 82.

[191] Luján, *op. cit.*, p. 12.

La iglesia no asesinó a Melchor Ocampo

Quizá en ningún otro personaje mexicano del siglo XIX confluyeron tantos talentos como en don Melchor Ocampo, ilustre político liberal y uno de los hombres más inteligentes, más justos y más valientes que ha dado nuestro país. Junto con Benito Juárez, Ocampo fue el hombre más importante de la Reforma, es decir, del periodo de consolidación del Estado mexicano que, tras una larga y sangrienta lucha contra el clero armado, fortaleció como nunca a las instituciones republicanas para abrirle paso al México del futuro.

Melchor Ocampo, un amante del saber, un fanático de la botánica y de todo género de agricultura, entre otras disciplinas, era asimismo un amante de la literatura, y especialmente de la filosofía, así como de la química y las matemáticas. Probablemente huérfano de padre y madre, fue recibido y cobijado en la hacienda de Pateo, Michoacán, por la señora Francisca Xavier Tapia, conocida por su generosidad con los desamparados.

> Cuando el niño supo hablar [...] se le mandó al sacristán [...] de Maravatío, Sr. José Ignacio Imitola, que a juicio de los vecinos alumbraba con su ciencia [...] Cierto día el maestro presentóse a Doña Francisca Tapia, llevándole al educando:
>
> –Señora, aquí tiene usted a su niño; no le puedo enseñar más: todo lo que sé, lo sabe ya [...] Tiene mucha inteligencia, mucho talento; todo lo aprende, todo lo abarca...[192]

[192] Ángel Pola, *Don Melchor Ocampo,* Gobierno del Estado de Michoacán, México, 1964, p. 9.

Con los años, esa avidez por el saber universal de Melchor Ocampo, crecerá en proporción a su sensibilidad social y a su indignación por las muchas y crueles injusticias que caracterizaban al México de su tiempo. Su gran talento, sumado a su dedicación, lo convirtió muy pronto en un hombre notable. Fue diputado, senador y gobernador de Michoacán, desde donde comenzó a trabajar por un país de hombres libres, no de criados, por un país de leyes, no de tiranos, «sosteniendo [para ello] la libertad religiosa, atacando las obvenciones parroquiales y preparando atrevidos sistemas de nacionalización de la propiedad estancada».

> Un día [así corre la leyenda] un dependiente suyo, de apellido Campos, pidió al cura Agustín Dueñas, párroco de Maravatío, sepultura gratuita para un hijo suyo. El cura se la negó. Al preguntarle Campos qué haría con el cadáver, la respuesta fue concisa: «¡Sálalo y cómetelo!». Palabras que abrían, más que una polémica, una época: la inaplazable Reforma.[193]

El reformista

Desterrado por Santa Anna, Ocampo entra en contacto con Juárez en Nueva Orleáns, y desde allí ambos dan forma al ideario y al programa básico de la Reforma que está por emprenderse. Adherido a la Revolución de Ayutla, logra el derrocarmiento a Santa Anna y figurar en el primer plano del nuevo gobierno de Juan N. Álvarez como ministro de Relaciones Exteriores, cargo que desempeña por quince días debido a diferencias de fondo con Comonfort, el futuro presidente de la República, de tendencias tan moderadas como confusas.

Al estallar la guerra de Reforma sigue el itinerario del presidente Juárez, y una vez en Veracruz, como secretario de Relaciones Exteriores, negocia con los Estados Unidos el tratado McLane-Ocampo, que siendo una de las obras maestras de nuestra diplomacia, ha sido presentado como una traición por los verdaderos traidores, a los que como pocos contribuyó a derrotar de modo aplastante al ser artífice de las leyes de Reforma, dictadas en julio de 1859, y mediante las

[193] Gastón García Cantú, *El pensamiento de la reacción mexicana*, vol. 1, p. 293.

cuales, a la vez que privaba al clero de los recursos con que incendiaba al país, inauguraba una nueva etapa en la vida de nuestra República.

Melchor Ocampo hizo su entrada triunfal a la ciudad de México acompañando al presidente Juárez, y de inmediato concluyó su obra ordenando la expulsión, el 12 de enero de 1861, de monseñor Luis Clementi, nuncio del papa en México, de Joaquín Francisco Pacheco, embajador español, y de los arzobispos Garza, Munguía, Espinosa, Barajas y Madrid.

Rumbo al cadalso

Hastiado de la política, Ocampo decidió volver a su amada hacienda de Pomoca para dedicar su tiempo al cultivo y al estudio de diversas especies vegetales. Entre sus logros en esta, su más querida vocación, está el haber descubierto y clasificado nuevas plantas.

Es verdad, el gobierno constitucional había ganado la guerra, pero el clero, que conspiraba desde el extranjero para impulsar la intervención francesa y la imposición del Imperio de Maximiliano, aún mantenía en armas y esparcido por diversos estados, a lo que quedaba del ejército clerical recién derrotado. Este ejército, así como el supuesto gobierno que defendía, no era sino un agregado de fanáticos religiosos dependientes del padre Francisco Javier Miranda, como lo confirma uno de los hombres más cercanos de este conspirador de oficio, el español Rafael, quien a propósito de Márquez, Cobos, Vicario y demás «jefes», escribió:

> estando el Dr. [Miranda] presente harán ciegamente cuanto él les diga, pero [...] estando él ausente desconfiarán de todo el mundo. Su primera pregunta será siempre: *¿Dónde está el Doctor? Si esto es lo que nos dicen ¿por qué no está el Doctor con nosotros?* Y a menos que el Doctor esté muerto, ninguna contestación a estas preguntas ha de ser satisfactoria a esa gente.

El mismo día que entraba triunfante a México el ejército liberal, el padre Miranda era visto por el canciller inglés en compañía de Leonardo Márquez, en Xalapa. Posteriormente, luego de la expulsión de los arzobispos desterrados por Ocampo, Miranda abandona el país, no sin dar instrucciones precisas a Márquez, su sicario favorito... ¿La víctima? Melchor Ocampo.

El mártir de la razón

De camino a su hacienda, su hermano del alma, Manuel Alas, en Toluca, le rogó que no se fuera a perder a aquellas soledades de Pomoca. «Nada tengo que temer [respondió Ocampo], no he hecho mal a nadie; he procurado servir a mi país conforme a mis ideas; es todo lo que puede exigirse a un ciudadano».[194] Ángel Pola, un estudioso del tema, escribió: «Tiene que cumplirse una predicción: la amenaza de muerte a Ocampo hecha por un cura de Michoacán, que no tuvo escrúpulos en difundirla el 29 de marzo de 1851, cuando estaba en su punto culminante la polémica sobre aranceles y obvenciones parroquiales». Ocampo dijo, a propósito de dicha amenaza, que había «infundido varios temores por mi vida a las personas que por mí se interesan».

Leonardo Márquez, que no tenía más antecedentes que ser un fanático católico y haber cometido las más atroces matanzas durante la guerra de Reforma, atendiendo las instrucciones del padre Miranda, que lo manejaba por medio de cartas, mandó secuestrar a Ocampo para que fuera llevado a su presencia en Tepeji del Río, lo que cumplió puntualmente el español reaccionario Lindoro Cajiga, en medio de insultos e injurias de todo tipo. El 3 de julio de 1861, en uno de los días más tristes para la patria, Melchor Ocampo caía asesinado con lujo de crueldad por orden de Leonardo Márquez: «el hijo predilecto de la Iglesia», el «soldado de la Cruz», el esclavo del padre Miranda –verdadero jefe de la reacción de aquellos años– a quien Márquez se dirigía en este tono:

> Hoy más que nunca importa que U. tenga la bondad de ilustrarme con su sabiduría [...][195] Es proverbial el vasto talento de U. [...] Sus profundos conocimientos en política [...][196] Este Cuartel general ha tenido a bien nombrarlo su apoderado [y] se abstiene de darle ins-

[194] Justo Sierra, *Juárez: su obra y su tiempo*, UNAM, México, 1984, p. 278.

[195] San Pedro Tolimán, 18 de febrero de 1862.

[196] Márquez a Miranda, Ixmiquilpan, 18 de diciembre de 1861.

> trucciones para el desempeño de su misión [...][197] Tenga la bondad de aceptar la cartera de Justicia que el Supremo Gobierno confía hoy al acendrado patriotismo de U. [...][198] En este momento mismo me muevo con mis tropas para donde U. me dice.[199]

Miranda, entretanto, le escribía desde Europa: «Suélese ver en la política de lejos mejor que de cerca, tal como sucede en las pinturas de perspectivas».[200] Mientras con la zurda escribía a Santa Anna: «El general Márquez, gefe del ejército nacional, recibirá a U. con aplauso».[201]

[197] Márquez a Miranda, Bernal, 21 de febrero de 1862.

[198] *Ibid.*

[199] Márquez a Miranda, San Gabriel, 6 de abril de 1862.

[200] Miranda a Márquez, La Habana, 21 de septiembre de 1862.

[201] Miranda a Santa Anna, La Habana, 5 de junio de 1862.

Madero, el pacifista inocente

Los héroes, cuando son descritos por la historia oficial, adquieren una serie de rasgos inamovibles que los definen de una vez y para siempre: Hidalgo, inexorablemente, viste como sacerdote; Morelos es incomprensible sin un paliacate en la cabeza; Porfirio Díaz es casi idéntico al káiser; Villa siempre anda a caballo; Carranza nunca deja sus quevedos, y Victoriano Huerta siempre está borracho y sediento de sangre. Todos ellos están atrapados por un arquetipo mítico que impide que los veamos más allá de la imagen oficial: ellos son íconos, nunca personas. Asimismo, los libros de texto y los imaginarios populares les han otorgado una serie de cualidades que terminaron por definirlos: Francisco Villa, por ejemplo, se parece más a Pedro Armendáriz –en su papel del Centauro del Norte– que al mismo Doroteo Arango, y Benito Juárez se parece más al personaje de «El Carruaje» que a sí mismo. Los héroes, así, son enviados de dios, seres excepcionales, prodigiosos... ¡Imposible que un héroe se dé el lujo de ser a la vez persona!

La figura de Francisco I. Madero también está atrapada en los arquetipos míticos y en los imaginarios populares: siempre viste de etiqueta, es chaparrito, ingenuo y, por supuesto, una excelente persona. Incluso, aun a riesgo de llevar al extremo esta imagen, me parece que la historia oficial mira a Francisco I. Madero de una manera muy parecida a como lo hicieron los caricaturistas que lo ridiculizaron durante su mandato, es decir, como alguien que no estuvo a la altura de Díaz, pues no pudo mantener el poder; alguien que –por puro buena gente– fue incapaz de enfrentar con éxito a sus enemigos y de tomar las armas para defender a su gobierno. Madero, en suma, era un pacifista inocente condenado a la derrota, pues México aún no estaba preparado para la democracia.

Esta imagen, heredada del porfiriato y favorable a los «revolucionarios» que nunca creyeron en la democracia (y que de ese modo justificaban sus abusos de autoridad), es falsa: Madero, sin duda alguna, fue capaz de defender su gobierno, de tomar las armas en contra de los enemigos de su régimen y, en más de una ocasión, de derrotarlos militarmente sin que le temblara la mano. Madero no era un pacifista inocente, era un hombre de decisiones y de acciones (pero sobre todo, un hombre valiente que supo ganarse el respeto de los hombres más violentos de entonces).

El otro Madero

El 7 de junio de 1911 Francisco I. Madero entró a la ciudad de México mientras cien mil capitalinos aplaudían su victoria. El Plan de San Luis había triunfado, los porfiristas habían sido derrotados en Ciudad Juárez y Torreón, y los acuerdos de paz incluían la obligación de convocar a nuevas elecciones. Durante siete días el hombre victorioso avanzó desde la frontera norte hasta el centro del país, y en todos los puntos de su trayecto fue aclamado por el pueblo. Aquel día, según cuentan los periódicos de la época, sólo ocurrió un suceso que ensombreció la llegada de Madero: un temblor de cierta magnitud sacudió a la capital del país y causó algunos destrozos.

Las elecciones se llevaron a cabo y la fórmula Madero-Pino Suárez obtuvo una victoria inobjetable. Sin embargo, la llegada a Palacio Nacional no significó que los problemas de Madero se resolvieran de manera milagrosa. Frente a él estaban cuando menos dos aristas que era necesario limar a la mayor brevedad posible: el licenciamiento de las tropas revolucionarias y la reconciliación nacional.

Licenciar a las tropas revolucionarias no era un asunto sencillo: los zapatistas estaban dispuestos a deponer las armas sólo si se cumplían de inmediato las demandas agrarias del Plan de San Luis, mientras que las tropas norteñas se enfrentaban a una situación casi inaceptable, pues –en el fondo– su futuro dependía del sometimiento de la familia Terrazas, una de las mayores terratenientes de aquella región. La reconciliación nacional –que en buena medida estaba supeditada al desarme y al licenciamiento de los revolucionarios- tampoco era un problema menor: la paz y el futuro de la nación dependían de la unidad de los alzados con los porfiristas y de los generales del Ejército federal. Madero estaba seguro de que si uno solo de aquellos tres factores rompía la unidad, la guerra volvería a hacer acto de presencia en nuestro país.

Madero tenía que tomar cartas en el asunto, y según narra Manuel Guerra Luna en su biografía del prócer, «decidió retener a sus más fieles revolucionarios e intentó reconciliarse con los federales», una medida absolutamente pragmática, sin duda.

La negociación y las armas

El proyecto de unidad y reconciliación de Madero implicaba la impostergable negociación con los caudillos armados. Así, en la segunda semana de junio de 1911 Madero se entrevistó con Zapata en Morelos, y luego de una ronda de conversaciones el caudillo suriano aceptó licenciar a una parte de sus tropas; asimismo, durante los días que antecedieron a su llegada a Palacio Nacional, Madero se reunió con el presidente León de la Barra y acordó desactivar algunos de los «focos rojos» que brillaban en la escena política nacional: Emilio Vázquez Gómez fue despedido de su cargo como secretario de Gobernación y Bernardo Reyes terminó por abandonar el país. Sin embargo, a las tres semanas de tomar posesión de la presidencia de la República, Madero enfrentó a los movimientos armados que estaban en su contra: Emiliano Zapata publicó el Plan de Ayala y rompió con la idea de la reconciliación. Los señalamientos que contiene este documento son claros, Zapata no aceptaba la unidad nacional y optaba por enfrentarse al gobierno porque:

> Francisco I. Madero no llevó a feliz término la Revolución que tan gloriosamente inició con el apoyo de Dios y del pueblo, puesto que dejó en pie la mayoría de poderes gubernativos y elementos corrompidos de opresión del gobierno dictatorial de Porfirio Díaz [...] Francisco I. Madero, actual Presidente de la República, tras de eludir el cumplimiento de las promesas que hizo a la Nación en el Plan de San Luis Potosí [...] ha tratado de acallar con la fuerza bruta de las bayonetas y de ahogar en sangre a los pueblos que le piden, so-

licitan o exigen el cumplimiento de sus promesas a la Revolución, [por esta causa] desde hoy comenzaremos a continuar la revolución principiada por él, hasta conseguir el derrocamiento de los poderes dictatoriales que existen.

Los zapatistas tomaron las armas y, para colmo de males, proclamaron que su alzamiento se sumaría al de uno de los caudillos que tampoco estaban de acuerdo con el gradualismo y con la reconciliación que animaban al gobierno de Madero. Efectivamente, en el Plan de Ayala los zapatistas sostenían que «se reconoce como Jefe de la Revolución Libertadora al ilustre general Pascual Orozco, segundo del caudillo don Francisco I. Madero, y en caso de que no acepte este delicado puesto, se reconocerá como Jefe de la Revolución al C. general Emiliano Zapata».

Los problemas de Madero no se limitaban al alzamiento zapatista, pues sus enemigos no tardaron mucho tiempo en tomar la ruta de las armas: en Texas, Bernardo Reyes comenzó a preparar una invasión; en la ciudad de México los hermanos Vázquez Gómez publicaron el Plan de Tacubaya en contra del gobierno maderista, y Pascual Orozco, luego de recibir financiamiento de las familias Creel y Terrazas, se levantó en armas con el Plan de la Empacadora. Incluso, por si lo anterior no bastara, Félix Díaz -popularmente conocido como «el sobrino del tío», por su parentesco con Porfirio Díaz- también se levantó en armas en Veracruz. Así, en los primeros momentos de su gobierno, Madero tuvo que enfrentar cuando menos cinco movimientos armados.

Madero no dudó y enfrentó a los cinco caudillos con gran éxito: gracias a sus negociaciones diplomáticas, el movimiento encabezado por Bernardo Reyes fue provisionalmente desmantelado y el general porfirista terminó rindiéndose en Nuevo León; los Vázquez Gómez tampoco lograron su cometido y luego de algunas escaramuzas fueron vencidos; Pascual Orozco fue batido por las tropas gubernamentales, al mando de Victoriano Huerta, en las batallas de Conejos, Rellano y Bachimba; mientras que «el sobrino del tío» fue aprehendido y encarcelado -junto con un Bernardo Reyes reincidente- en la capital del país.

En estos casos, Madero logró vencer a sus enemigos en el terreno de las armas y nunca actuó como un pacifista inocente.

En el estado de Morelos, las fuerzas de Madero también tuvieron algunos éxitos: luego de una cruel campaña que incluía quemar los pueblos zapatistas, se encomendó al general Felipe Ángeles la solución definitiva del conflicto. Así, a pesar de las bajas y de los excesos, el enviado de Madero logró cierto respeto y llegó a algunos acuerdos con los hombres de Zapata.

Sin embargo, como todos sabemos, Madero, al final del camino, fue traicionado por Victoriano Huerta, por el embajador estadounidense, por los caudillos encarcelados y, no faltaba más, por la iglesia, un conjunto retardatario y siniestro que orquestó un sanguinario golpe de Estado que detonó el mayor derramamiento de sangre conocido en nuestro país.

El verdadero Madero

Francisco I. Madero, como personaje histórico, nada tiene que ver con los arquetipos míticos que llenan las páginas de los libros de texto: a pesar de su derrota y de su asesinato, él no sólo fue capaz de plantear un proyecto de unidad nacional, sino que también derrotó a muchos de sus enemigos. La imagen del pacifista inocente le hace un flaquísimo favor a uno de nuestros grandes héroes.

La prensa mexicana siempre fue corrupta

Recientemente la organización internacional Reporteros sin Fronteras calificó a México como el país más peligroso de América para ejercer el periodismo. Esta es, ciertamente, una manera triste de honrar nuestra condición de pioneros continentales en el establecimiento de la imprenta, que vio su primera luz en América en 1534 en la ciudad de México y que tuvo su primer impresor en la persona de Esteban Martín, y no, como se ha dicho, del italiano Juan Pablos: un mito ciertamente ilustrativo de lo mucho que la letra impresa ha debido batallar para hacer prevalecer la verdad en México.

Pese a lo mucho que debemos lamentar el que el Estado incumpla su deber de brindar garantías al ejercicio periodístico, también debemos reconocer que a esta situación ha contribuido el hecho de no haber consolidado nunca una prensa libre, una prensa fuerte, capaz de informar verazmente a la ciudadanía. El proverbial soborno, las entrevistas pagadas, los inconfesables intereses creados, la autocensura, el periodismo mercenario, en fin: la complicidad de los medios con el poder público, con la iglesia, con los sindicatos, con los sectores empresariales, o hasta con los narcotraficantes, hace a los medios responsables de la inseguridad que desafortunadamente hoy caracteriza a la labor periodística.

Los inicios

En 1722 *La Gaceta de México* inauguró la aparición de publicaciones periódicas en nuestro país, pero el afán de transmitir noticias había surgido desde 1541 con *La hoja de México*, en la que se narraban los sucesos acaecidos durante un espantoso terremoto. Hacia finales del virreinato 98% de los habitantes del país eran analfabetos gracias a la Iglesia católica, la encargada de la educación en la Colonia. ¿Quién iba entonces a leer la prensa?

No obstante, fue en 1805 cuando comenzó a circular *El Diario de México*, primer cotidiano impreso en la Nueva España. Cinco años más tarde, el 20 de diciembre de 1810 aparece el primer número de *El Despertador Americano*, el diario de don Miguel Hidalgo y Costilla:

> ¡Nobles americanos! ¡Virtuosos criollos! [...] Despertad al ruido de las cadenas que arrastráis ha tres siglos; abrid los ojos a vuestros verdaderos intereses [...] Volad al campo del honor, cubríos de gloria bajo la conducta del nuevo Washington que nos ha suscitado el cielo en su misericordia, de esa alma grande, llena de sabiduría y de bondad, que tiene encantados nuestros corazones con el admirable conjunto de sus virtudes populares y republicanas...

Se referían, evidentemente, al Padre de la Patria: he ahí cómo, aparejado con su efervescente sentido de denuncia, aparece el espíritu adulador que acompaña a nuestra prensa desde sus primeros años...

La libertad de expresión

La Constitución de Cádiz (jurada el 5 de octubre de 1812) fue el primer instrumento legal que se ocupó de la libertad de imprenta. Pero sólo dos meses después el virrey Venegas elimina tal garantía. Como consecuencia, se cierra el periódico *El Pensador Mexicano*, que editaba José Joaquín Fernández de Lizardi. La libertad de expresión, como no podía menos, sufrió las mismas vicisitudes de la política mexicana en ese siglo vertiginoso, de ahí que toda clase de leyes y decretos se sucedieran unos a otros, contradiciéndose entre ellos y anulándose recíprocamente. Son muy significativas, sin embargo, la famosa «Ley Lares», decretada durante la última dictadura de Santa Anna (y conocida así por el apellido del ministro de Justicia, Teodosio Lares) y la «Ley Zarco», de corte liberal, dictada por el gobierno de Benito Juárez.

La primera disponía que «antes de proceder a la publicación de cualquier impreso, se entregará un ejemplar al gobernador o primera autoridad política del lugar [...] y otra a los promotores fiscales», y dividía los escritos objeto de censura en: subversivos, sediciosos, inmorales, injuriosos y calumniosos. La segunda fue decretada el 20 de febrero de 1861 con el objeto de reglamentar y aplicar los artículos relativos a la libertad de expresión asentados en la Constitución de 1857, y que declaraban inviolable la libertad para publicar escritos sobre cualquier materia. Naturalmente, esta ley fue atacada por los reaccionarios, «por su laxitud, que hacía inviable marcar un límite a los excesos».

Así pues, no obstante las batallas de la reacción clerical (que todavía mandaba quemar ediciones enteras de libros impíos), el siglo XIX es todavía hoy el orgullo de nuestro periodismo. Ahí están los extraordinarios periodistas mexicanos Ignacio Cumplido, fundador de *El Siglo Diez y Nueve*, Vicente García Torres, de *El Monitor Republicano*, Juan Bautista Ceballos, de *El Gallo Pitagórico*, y Francisco Zarco, sin olvidar, desde luego, a Ignacio Ramírez, nuestro amado «Nigromante»: admirados todos por la corrección y la franqueza de su lenguaje y por la convicción y claridad de sus ideas.

> PERIODISTAS
> ¿No podré ser, almas amigas mías, muy útil a vuestros paisanos en el noble ejercicio de periodista? Escribiré los verdaderos principios de la política, de la economía; apoyaré la justicia de los litigantes que la tengan; enseñaré la sana jurisprudencia [...] declamaré contra los malos comentadores de las leyes, contra los malos abogados y los malos médicos; haré descubrimientos de química, mineralogía y botánica, haciendo esperimentos con los minerales y plantas de esta república, o publicaré los que se hagan en otras partes; promoveré la creación de un comercio nacional; sostendré la industria del país; atacaré fuertemente a los usureros y agiotistas, finalmente, combatiré el ultramontanismo, y promoveré la restitución de la disciplina de la Iglesia a su antiguo esplendor; atacaré al vicio, tributaré alabanzas a la virtud, y caiga quien cayere.
>
> ¿Acabaste?, me dijo el alma de un pobre impresor. Sí, respondí, he concluido. Pues te falta añadir lo mejor, continuó. Verás tu imprenta hecha pedazos a sablazos, palos y pedradas: irás entre cuatro

> soldados y un cabo a hospedarte en los calabozos de la Acordada, y por fin de fiesta, te mandarán a echar un paseo por cuatro o seis años a Acapulco o Californias... [Juan Bautista Morales, *El Gallo Pitagórico*].

El gobierno de Sebastián Lerdo de Tejada parece haber sido uno de los más tolerantes respecto de las voces opositoras; le hacían viva oposición *El Ahuizote*, que redactaba el general Riva Palacio, y *La Voz de México*, del arzobispo Labastida; ello no obstante, «sólo poco antes de su caída persiguió a algunos» periodistas.[202] Cosa terrible en un gobernante republicano sin duda alguna, pero aun así incomparable con la obra que, en esta materia, como en muchas otras, realizó don Porfirio Díaz, el enterrador del liberalismo mexicano.

> Díaz se valió de los periodistas para que defendiesen su política, santificasen sus errores, cohonestasen sus atentados, escarneciesen a sus enemigos y entonaran himnos constantes a su gloria. En lo personal y de corazón, les profesaba el más profundo desprecio. Juzgábales gente sin pudor ni conciencia, baja y servil, capaz de patrocinar todas las causas y arrastrarse a los pies de todos los poderosos [...] Me dijo [alguna vez] que tenía a los periodistas a su servicio como a *perros dogos*, listos para saltar al cuello de la persona que él designara.[203]

Pero ahí, en ese ambiente fétido, hubo también algunos ejemplos notables de dignidad periodística: Filomeno Mata, director de *El Diario del Hogar*, «más de cuarenta veces fue encerrado por pretendidos delitos de imprenta en la inmunda cárcel de Belén».[204] Su lema siempre fue: «Sufragio efectivo y no reelección». Destacan también *El Hijo del Ahuizote*, de Daniel Cabrera, *El Correo del Lunes*, de Adolfo Carrillo, y por supuesto, hacia el final de la tiranía porfiriana, *Regeneración*, de Ricardo Flores Magón.

Cierto: también la prensa reaccionaria muchas veces ha tenido que ejercerse desde la clandestinidad. Y más cierto aún: nos ha rega-

[202] Toro, 1978, p. 567.

[203] López Portillo, *op. cit.*, p. 342.

[204] *Ibid.*, p. 220.

lado también extraordinarios, bellísimos retratos, como este de «¡La hermosa reacción!». Héla aquí de nuevo:

> No mandéis a vuestros hijos a las escuelas del Gobierno.¿Qué es una escuela de Gobierno, o en otras palabras, una escuela laica? Se dice que es una escuela laica aquella en que no se enseña a los niños religión. Muy malo es eso, pero la escuela laica es algo peor. La escuela laica es una escuela en que no sólo no se habla al niño de religión, sino que se le habla contra la religión, contra los sacerdotes, contra las virtudes, contra Jesucristo.[205]

La dictadura perfecta

Naturalmente que el régimen nacido de la institucionalización de la Revolución fue sumamente represor de la prensa libre, siendo así consecuente con su política de desconocimiento de la Constitución, que claramente establecía la libertad de expresión y de imprenta.

Jorge Piñó Sandoval, uno de los pocos periodistas que trató de hacer valer sus derechos constitucionales, fue objeto de numerosas agresiones. El propio presidente Alemán se refirió implícitamente a su publicación satírica, *Don Timorato*, en uno de sus informes de gobierno:

> El respeto a las libertades ciudadanas es el mejor patrimonio de la Revolución. Algunos irresponsables han creído que cuando el gobierno presencia sin intervenir las extralimitaciones de esas libertades acusa debilidades en su función de dirigente. Mas esto no lo imposibilita para que, si las circunstancias lo requieren, por el bien de México, sea aplicado el mayor rigor de la ley para salvaguardar los intereses nacionales.

Su revista *Presente* fue clausurada porque PIPSA, la empresa estatal que monopolizaba el papel, se lo negó; Piñó tuvo entonces que meter papel finlandés, aunque su revista subió de precio; como lo anterior no bastó, le mandaron pistoleros y las instalaciones de *Presente* fueron destruidas. De este atentado contra la libertad de prensa la noti-

[205] *Desde mi Sótano*, Dir. Silvio Pellico (pseudónimo del obispo de San Luis Miguel María de la Mora), 2 de septiembre de 1926.

cia circuló de boca en boca, pues ningún medio se atrevió a publicar nada. Semanas después Piñó Sandoval cayó de manera misteriosa del segundo piso de un edificio en el centro de la capital del país...

José Pagés Llergo, otro de los periodistas perseguidos por el alemanismo, merece asimismo ser recordado por haber fundado la revista *Siempre* luego de que se le prohibiera la publicación de ciertas imágenes que herían la susceptibilidad del presidente. Ya en 1937 había publicado una imagen del presidente Lázaro Cárdenas en calzoncillos. En respuesta, simpatizantes del mandatario le armaron una huelga y le destruyeron los talleres.

En su libro *Prensa vendida*, Rafael Rodríguez Castañeda sintetiza lo que fue el Día de la Libertad de Prensa a lo largo de los sexenios posrevolucionarios:

> Miguel Alemán: «Gracias, Señor Presidente».
> Adolfo Ruiz Cortines: «A sus órdenes, Señor Presidente».
> Adolfo López Mateos: «Cómo usted diga, Señor Presidente».
> Gustavo Díaz Ordaz: «Hasta la ignominia, Señor Presidente».
> Luis Echeverría: «Estamos con usted, Señor Presidente».
> José López Portillo: «Bravo, Señor Presidente».
> Miguel de la Madrid: «Nos aguantamos, Señor Presidente».
> Salinas de Gortari: «Nos modernizamos, Señor Presidente».

A pesar de esta funesta herencia, muchos son los nombres de los periodistas libres que fueron perseguidos por el régimen autoritario e hipócrita de la revolución institucionalizada –régimen conocido internacionalmente como «la dictadura perfecta»–, o que al margen de persecuciones hicieron valer su derecho a informar (y a formar) a la ciudadanía. Ahí están Filomeno Mata hijo, Carlos Septién García –periodista de la oposición de derecha muerto en cumplimiento de su deber–, Julio Scherer con *Excélsior* y Manuel Marcué Pardiñas con *Política*, entre muchos otros que contribuyeron a acendrar entre nosotros el derecho a expresarnos y que, desde luego, honran la profesión de periodista.

La retractación de Morelos

Hacia el 10 de diciembre de 1815, Morelos –según la versión de Félix María Calleja–, quizá en su celda inquisitorial en la Ciudadela, escribe las siguientes líneas:

> Para descargo de mi conciencia y para reparar en lo poco que puedo –ojalá pudiera hacerlo en todo– los innumerables, gravísimos daños que he ocasionado al rey, a mi patria y al estado [...] viendo que inútilmente se derramaba la sangre y se estaban causando tantos males, pensaba ya abandonarlo y aprovechar la primera ocasión para retirarme a la Nueva Orleáns o a los Estados Unidos. Y aun creo que algunas veces me ocurrió el pensamiento de ir a España a cerciorarme de la venida del soberano y a implorar el indulto de mis atentados de su real clemencia. [...] confinado aquí en la cárcel, a la luz de las reflexiones que me han hecho, he conocido lo injusto del partido que abracé y lo ajeno y repugnante que era mi carácter de estado. [...] Abandoné las ovejas que había puesto a mi cuidado [...] He atraído con mi conducta y con la de otros que han seguido mi mal ejemplo, sobre el venerable clero regular y secular de la América [...] Bien persuadido de ello [...] pido perdón a Jesucristo mi redentor, amantísimo Dios de la paz, de la caridad y la mansedumbre [...] se lo pido a la iglesia santa de no haber hecho caso de sus leyes y censuras por ignorancia y advertencia culpables, se lo pido al amado monarca Fernando Séptimo por haberme rebelado y sublevado contra él tantos fieles y leales vasallos suyos. Se lo pido al clero secular y regular de haberlo difamado y desautorizado con mi mala conducta y la de

> otros que me han seguido. Se lo pido a los superiores eclesiásticos y civiles por el desprecio que hice de su autoridad. Se lo pido a todos los pueblos [...] Estos son [...] mis sentimientos [...] Suplico a Vuestra Excelencia se sirva mandar a que se divulguen en el modo y tiempo que tuviere por conveniente. Diciembre 10 de 1815.

Al día siguiente, se nos sigue diciendo, Morelos añadió un crucial párrafo a su retractación:

> [...] las verdades han disipado mis antiguas ilusiones, quiero pagar un tributo de reconocimiento a la amistad que a tantos infelices he debido, a los cuales exhorto [...] que cesen ya de destruirla [...] Así nuestra patria volverá más pronto a la prosperidad y sosiego, de que carece y de que disfrutaba ciertamente bajo la quieta subordinación y obediencia a nuestros católicos monarcas, y la iglesia americana recobrará el crédito, el consuelo y gloria que con la insurrección le hemos quitado.[206]

¿Hemos de aceptar que el creador de los *Sentimientos de la Nación* –quien prefirió ser llamado Siervo de la Nación en lugar de Alteza Serenísima–, el hombre que dio su vida por salvar al Congreso Constituyente de Apatzingán; el hombre de gran inspiración militar y amante fervoroso de la Independencia de México; el hombre, en suma, de gran temperamento y recias convicciones, se retractó de sus actos y los comunicó a sus antiguos amigos para que regresaran a la «subordinación y obediencia a nuestros católicos monarcas»?

Por el contrario, casi todos los historiadores han declarado que la retractación de Morelos no es legítima, que no es suya, que no la firmó, o, en fin, que Morelos nunca se arrepintió y que jamás existió el ingrediente de la libre voluntad en los hechos, por lo que no son válidos los cargos que le imputó una autoridad clérigo-militar como el virreinato español, que nunca se distinguió por su amor a la verdad. No obstante, Carlos Herrejón Peredo, en su libro *Los procesos de Morelos*, sostiene la retractación como buena. No puedo estar de acuerdo con Herrejón en este juicio, y las razones son las siguientes:

Un primer acercamiento al tema se encuentra en esta famosa observación de Lucas Alamán: «No hay apariencia alguna de que

[206] Herrejón, 1985, pp. 454-457.

fuese suya, pues es enteramente ajena de su estilo».[207] Alamán, nada menos que el propio Alamán, de quien ya me he ocupado en otro capítulo de esta edición, acierta en este juicio, pues cualquiera que haya leído la correspondencia de Morelos dudaría inmediatamente de que él la hubiera redactado, aun con las crueles presiones y torturas a que fue sometido.

Otro enorme problema, ciertamente paradójico, es que la retractación se publica el 26 de diciembre de 1815, es decir, cuatro días después de fusilado Morelos, cuando él ya no podía defenderse de la infamia... ¡una canallada! El documento está fechado el 10 de dicho mes: ¿por qué más de dos semanas de tardanza?, ¿qué esperaba la iglesia para publicar ese texto? El hecho de que haya publicado la retractación cuatro días después de muerto Morelos, hace válida la observación de que la iglesia estaba poniendo palabras en boca de un muerto... si la retractación fuese original y legítima, ¿por qué retardar la publicación cuando esta misma dice que «Estos son [...] mis sentimientos [...] Suplico a Vuestra Excelencia se sirva mandar a que se divulguen [...]»?

Herrejón responde a estos argumentos con dos hipótesis: la primera es que Morelos no redactó la carta, y la segunda es que la firmó, pero no el día en que está fechada, sino el 21 de diciembre, un día antes de morir. La réplica es la misma: ¿por qué el gobierno no dio ese texto como regalo de navidad? Además, ¿por qué la carta tiene el 10 y no el 21 como fecha?

Suponiendo, por otra parte, que el texto sea legítimo, ¿qué esperaba el clero para sacarle todo el provecho al reo? Una persona que se retracta honestamente no tendría el recato de decir en público su nueva posición política. La retractación de un personaje como Morelos no pasaría inadvertida bajo ninguna circunstancia: que un líder tan notable de la Independencia renegara de sus principios patrióticos, honestamente en el momento más triste y difícil de la guerra, hubiese quebrado los ánimos hasta de Vicente Guerrero.

Otro hecho, que parece en verdad contundente, es también observado por Alamán: «Y no es tampoco probable que la firmase, habiendo sido redactada por otro, pues no se hace mención alguna de ella en la causa». Esto es en verdad sorprendente. Incluso bajo la his-

[207] Alamán, IV, p. 160.

toria de Herrejón, donde Morelos no redacta pero sí suscribe la carta el 21 de diciembre, ¿qué hizo que no se levantara absolutamente ninguna línea que nombrase que dicha retractación fue hecha? ¿Cómo es posible que, en toda la causa del proceso de Morelos no haya mención alguna del documento más importante que la iglesia y el virreinato pudieron haber obtenido del prócer? ¿Qué no hubo testigos cuando hicieron firmar a Morelos semejante documento? Notemos que Alamán tuvo acceso a los archivos de los procesos.

Quizá no hay espacio para la conclusión, y para dirimir la disputa debamos ir al documento mismo, cerciorarnos de su firma, saber que viene de su puño y letra, etc., pero al querer tomar este camino nos enfrentaremos al hecho de que ese documento no existe: la única copia de la que tenemos noticia radica en aquella publicada en la *Gaceta* del 26 de diciembre de 1815...[208] ¿Por qué no se hicieron copias de ese documento original? ¿Por qué no hubo nada que respaldase una declaración de arrepentimiento de semejante importancia? Estas preguntas seguirán en el aire de seguir pensando que ese documento es de Morelos, que él lo firmó, o que suscribió como propio el contenido: Morelos no se retractó; sus ideas sobre la patria mexicana y sobre la independencia fueron llevadas a sus últimas consecuencias, hasta que fue fusilado como *rebelde* aquel día en Ecatepec.

Ahora bien, suponiendo sin conceder que Morelos hubiera firmado su retractación, estaría viciada de nulidad por el simple hecho de que fue arrancada después de haber sometido a uno de los padres de la patria a unas torturas inenarrables por parte del clero católico, el mismo al que él pertenecía, para que confesara hechos inexistentes...

[208] http://jherrerapena.tripod.com/polem7.html

Hidalgo: padre del movimiento de 1810

Según cuenta la historia oficial, el 16 de septiembre de 1810 «Hidalgo resolvió entrar inmediatamente en acción, proclamando ese mismo día la Independencia [...] y, *secundado* por Allende y Aldama [...] llamó mediante el repique de campanas al pueblo de Dolores»,[209] con lo cual dio comienzo el movimiento insurgente. Estas palabras, repetidas una y mil veces en los libros de texto, han enraizado fuertemente la idea de que el cura Hidalgo era el jefe de la conspiración y del movimiento que estalló en 1810; pero este error debe ser corregido, pues, como veremos a continuación, el verdadero jefe era nada menos que el capitán Ignacio Allende, a quien en todo caso corresponde dicho honor.

Aunque se sabe que tanto Allende como Hidalgo profesaban ideas independentistas desde varios años atrás, no fue sino hasta principios de 1807 cuando, atendiendo la orden que el virrey Iturrigaray expidió para que todas las milicias que había en las provincias del interior se dirigieran a México lo más pronto posible, don Ignacio Allende

> vino a Dolores a hacer una visita al señor Hidalgo y a despedirse de él [...] La visita duró tres días, en los cuales se ventiló la materia, previniendo todos los casos que podían ocurrir, ínterin se conquistaba una fuerza respetable de partidarios, [a] Allende, con su gran reputación en la milicia, le sería fácil hacerse de partidarios en aquella gran reunión de militares [...] vigilando el uso que de esta fuerza

[209] Wigberto Jiménez, *Historia de México*, Porrúa, México, 1975, p. 353.

se pensara hacer, lo mismo que de lo que hubiera con relación a la política y cuanto a ella correspondiera, dando de todo conocimiento al señor Hidalgo. Este señor trabajaría por su parte para ganarse algunos adictos en todas las provincias, principalmente en la de Guanajuato. Acordados todos estos pormenores, se propuso cada uno adelantar cuanto se pudiera en la línea que le correspondía.[210]

Vino después la prisión del virrey (por temor de los propios españoles de que secundara un intento independentista) y Allende con su regimiento fue enviado a Querétaro, lo que le permitió estrechar relaciones con el corregidor don Miguel Domínguez y su esposa doña Josefa. A finales de 1808 se descubría una conspiración en Valladolid, encabezada por los oficiales del ejército realista Mariano Michelena y Manuel García Obeso. La Revolución debía estallar en Valladolid el 21 de diciembre de 1809. «El capitán Michelena [...] dice que entraban en esta conspiración los capitanes del Regimiento de la Reina, Allende y Abasolo; que Michelena pasó a Querétaro a tener una conferencia con Allende, y que Abasolo debía haberse presentado en las Juntas de Valladolid».

Allende (implicado, a diferencia de Hidalgo, en esta conspiración), siguió insistiendo en sus proyectos. El *Diccionario de Geografía, Historia y Biografías Mexicanas* de Alberto Leduc y Luis Lara y Pardo, señala que Allende «fue quien la inició [a la Corregidora] en los secretos de la conspiración que se preparaba». Poco a poco se ve a las claras que era Allende y no Hidalgo el motor de la conspiración y de la lucha por la independencia. Ya bastante avanzada la conspiración queretana, según refiere Luis Castillo Ledón:

> Don Felipe González manifestó al capitán Allende que como acaso se objetaría el tal proyecto [de independencia], si éste era encabezado por un militar, porque era contrario al juramento de fidelidad prestada al Rey, «dijo –en ausencia de Hidalgo– que nadie le parecía más a propósito para encabezar el movimiento, que don Miguel Hidalgo y Costilla», [lo que fue] aprobado por unanimidad por los conjurados de San Miguel [...] pero lo cierto es que el capitán Allende dirigía todos los rumbos de la conspiración.

[210] Armando de Maria y Campos, *Ignacio Allende: primer soldado de la nación*, Jus, México, 1964, p. 55.

Y en efecto: el que Hidalgo fuera designado para encabezar el movimiento no obedecía a sus dotes militares, sino simplemente a necesidades políticas: el estado de abyección del pueblo era tal que la lucha debía parecer una causa sagrada, de ahí la conveniencia de que el cura apareciera como jefe del movimiento. Su capacidad de convocatoria era innegable. Fue el propio Allende quien informó al cura Hidalgo de estas resoluciones.

> San Miguel el Grande, agosto 31 de 1810...
> Estimado Sr. Cura...
> El día 13 del presente [...] nos fuimos a casa de los Gonzales, donde se trataron muchos asuntos importantes [...] Se resolvió obrar, encubriendo cuidadosamente nuestras miras, pues si el movimiento fuese francamente revolucionario, no sería secundado por la masa general del pueblo, [y decidimos que] como los indígenas eran indiferentes al verbo libertad, era necesario hacerles creer que el levantamiento se llevaba a cabo únicamente para favorecer al Rey Fernando [...] Deseo su buena salud [...]
>
> IGNACIO DE ALLENDE.

La conspiración de Querétaro fue descubierta el 13 de septiembre de 1810, de lo cual tuvo noticia Allende (prueba una vez más de que tenía todos los hilos en la mano), quien de inmediato se trasladó a Dolores para acordar con Hidalgo lo que había de hacerse, pero Hidalgo «lleno de una calma imperturbable, dijo a Allende que iba a servir un chocolate...».

Era el comienzo de una nueva etapa del movimiento. El cura estaba decidido a ejercer a su estilo la jefatura que el propio Allende y sus conjurados pusieron en sus manos, no desde luego para que la ejerciera en los términos acordados e impuestos por este último.

Y comenzó la revuelta... Paralelamente, a partir de entonces, iría incrementándose la disputa por la jefatura del movimiento.

La insurgencia

En San Miguel el Grande, primer poblado importante ocupado por los insurgentes, llegaron a Allende noticias de los primeros saqueos perpetrados por «la plebe», por lo que a primeras horas del 17 de septiembre acude a ver a Hidalgo para reclamárselo. Éste, sin embargo, le responde –según Francisco de la Maza–:

> que le era sensible tratar a la «plebe» con aspereza hasta el extremo de golpearla con su sable, lo cual había visto en la mañana de aquel día, y en la noche anterior; Allende contestó que en tanto que la «plebe» de San Miguel o de cualquier otra parte intentara robar, estuviese seguro de que él se había de conducir como lo había hecho. Hidalgo se empeñó en probarle que aunque no se debía permitir el robo, por el solo motivo de ser un mal, sí convendría tolerarlo [...] porque de lo contrario, sin gentes, sin armas, sin dinero y con sólo aquel rigorismo, no sólo no se podría adelantar gran cosa en la empresa, sino que bien pronto se perdería la voluntad de los pueblos, y lejos de contar con ellos los tendrían en su contra. Allende le hizo ver que en la insurrección no debía contarse, para el buen éxito, con la gente del pueblo, buena sólo para saquear o causar escándalos, sino con la tropa disciplinada [...] Ambos caudillos llegaron a acalorarse hasta el punto de que *Allende le dijo a Hidalgo que si no quería acompañarlo en lo de adelante*, por no estar conformes sus principios, o por temor de perder la vida en la campaña, fuera a presentarse al intendente de Guanajuato o al virrey de México para obtener su perdón; que él solo continuaría con los que quisiesen seguirlo, fuere cualquiera el resultado.

Y en efecto, dos días más tarde, enterado Allende de que el culto se había suspendido en los templos por orden de Hidalgo, escribe al cura: «ruego y encargo a V.R., y con la mayor humildad le suplico, por las entrañas de Jesucristo Nuestro Redentor, no se haga la más mínima novedad en el culto religioso y su publicidad, sino que se practique en la misma conformidad de siempre». El día 19, en Valladolid, el conflicto volvió a suscitarse, pues Hidalgo manifestó claramente «no ser de su agrado se siguiese mencionando el nombre de Fernando VII». Esta fue la gota que derramó el vaso de la paciencia en el capitán Allende, pues con dicha actitud Hidalgo violentaba los compromisos contraídos con el sector militar y alteraba el sentido político de la rebelión.

En Acámbaro se tomó el acuerdo de que en lo sucesivo todos los nombramientos fueran hechos por Hidalgo y Allende, aclamados como generalísimo y capitán general respectivamente. Pero tras el implacable avance de las huestes insurgentes

> quedó abierto el camino de la Capital. Allende era de opinión que se avanzara sobre ella, aventurando un golpe decisivo. Hidalgo se opuso, alegando la falta de municiones [...] Ambos jefes sostuvieron su aserto y como no llegara a convenirse, se agrió con mucho el disgusto que alimentaban por celos de autoridad, dando esto motivo a que sus disturbios fueran fatales para ellos y para su patria.

Tras la nueva derrota de Aculco, Allende se encontraba en Salvatierra, «a sólo siete leguas de distancia de Hidalgo [pero] no quiso hablar personalmente con él» y partió para Guanajuato a enfrentar a Calleja. «En realidad Allende estaba organizando el primer ejército de la Nación Mexicana».[211] Derrotado, se retira para reunirse otra vez con Hidalgo, a la sazón en Guadalajara.

> Al llegar Allende a Guadalajara se halló con la novedad de que el Cura se trataba de Alteza Serenísima, y de que éste admitía que los sacerdotes le hablasen con la rodilla hincada, lo que no le pareció bien y aun se lo hizo presente a Hidalgo [...] Hidalgo sonrió.

Tres días después, «Su Alteza Serenísima» dio un manifiesto en que llamaba a establecer un congreso: «que se componga de representantes de todas las ciudades, villas y lugares de este reino, que *teniendo por objeto principal mantener nuestra Santa Religión*, dicte leyes suaves, benéficas y acomodadas a las circunstancias de cada pueblo».[212]

¿En acuerdo con quién? ¿Tal era el objeto acordado de la lucha? Adicionalmente, el apresurado Padre de la Patria ordenó nuevas matanzas.

> Las matanzas se hacían diariamente. Cerca de la medianoche se sacaba a los españoles de los edificios [...] y en partidas de veinte a treinta, montados en malos caballos y conducidos por multitud de indios a la luz de macilenta linterna [...] se les llevaba a las cercanas barraquillas de Belén, donde se les degollaba sin misericordia.

[211] *Ibid.*, p. 188.

[212] *Ibid.*, pp. 79-80.

Allende tomó entonces la decisión de acabar con Hidalgo y consideró que era lícito –así lo declaró en su juicio– darle un veneno para «cortar los males que estaba causando» y

> los muchos más que amenazaba su despotismo [...] lo que no pudo ejecutar por lo mucho que el Cura se reservaba de él, pues por lo demás, apoyándolo en su idea Maldonado y Villaseñor, compró el veneno por medio de Arias, para aprovechar la ocasión que se presentase a cualquiera de los tres.[213]

Antes de salir rumbo al puente de Calderón volvieron a reunirse los padres de la patria para discutir si sería o no conveniente presentar batalla, y Allende volvió a discrepar de Hidalgo, reprobando «una vez más el propósito de luchar con tropas tan indisciplinadas», pero Hidalgo volvió a imponerse decidiendo lanzar al pueblo a la mayor carnicería del movimiento.

> Perdida la acción del Puente de Calderón –declaró Hidalgo durante su juicio [...]– fui alcanzado en la Hacienda del Pabellón [...] por D. Ignacio Allende [...] y en dicha hacienda fui amenazado por el mismo Allende y algunos de su facción [...] de «que me quitarían la vida si no renunciaba al mando en Allende», lo que hube de hacer y lo hice verbalmente y sin ninguna otra formalidad.

Así pues, Hidalgo fue depuesto, y el mando fue devuelto al jefe original del movimiento, don Ignacio Allende. Lamentablemente ya era tarde. ¿No era evidente quién detentaba la autoridad?

Traicionados y arrestados en las Norias de Baján el 19 de marzo de 1811, en fuga rumbo a los Estados Unidos, donde planeaban rehacer el movimiento, ambos personajes fueron trasladados a Chihuahua y posteriormente enjuiciados, fusilados y decapitados.

A la tercera pregunta de su juicio, contestó Hidalgo:

> que es cierto que el declarante había tenido con anticipación varias conversaciones con don Ignacio Allende acerca de la Independencia, sin otro objeto de su parte, que el de puro discurso, pues sin em-

[213] *Ibid.*, pp. 209-211.

bargo de que estaba persuadido de que la independencia sería útil al reyno nunca pensó entrar en proyecto alguno a diferencia de D. Ignacio Allende que siempre estaba propuesto hacerlo, y el declarante tampoco lo disuadía, pues lo más que llegó a decirle fue que los autores de semejantes empresas no gozaban el fruto de ellas.

Porfirio Díaz: héroe de la Reforma

Si analizar la dictadura porfirista despierta pasiones, más complejo y temerario resulta atribuirle al tirano, sí, a Díaz, al dictador golpista, el título nada menos que de «Héroe de la Reforma». Pues bien: con esa novísima declaratoria fue inaugurado el programa «Discutamos México» el pasado 5 de febrero de 2010 (aniversario de la Constitución) nada menos que por Alonso Lujambio, el secretario de Educación Pública. Quizá sea pertinente, entonces, preguntarnos qué hizo Porfirio Díaz para convertirse en el héroe de la Reforma, según la nueva historia oficial.

En busca del héroe perdido

La guerra de Reforma comienza con el éxito del cuartelazo clerical aceptado por Ignacio Comonfort, de diciembre de 1857, cuyo Plan de Tacubaya establecía: «Art. 1. Cesa de regir la Constitución de 1857». Dicha guerra, que así comenzaba y que fue ganada por el gobierno liberal de Benito Juárez después de un auténtico baño de sangre, significó el triunfo de la Constitución de 1857 y la derrota del mencionado plan y sus defensores.

Y en efecto, vemos al tremendo Porfirio, entonces joven, pero ya militar, participar en numerosos hechos de armas durante esa guerra, llamada de Reforma; alguna vez incluso fue herido de gravedad y durante muchos años sufrió las molestias que le causaba una bala incrustada en la región lumbar. Dícese también que «el valor y la intuición permitían a Díaz vencer a contingentes por lo general más numerosos y más aguerridos que los que él mandaba». Ello no obstante, sabemos que fue derrotado por el general Cobos en Mitla, Oaxaca, el 21 de enero de 1860.

Como sea, Porfirio Díaz encadenó una serie de triunfos hasta lograr la toma de Oaxaca, que ya había sido sitiada pero que resistía tenazmente. Los enemigos

> abandonaron la plaza el día 6 de agosto de 1860 [...] El renombre del militar oaxaqueño comenzaba ya a brillar [...] por estas razones fue llamado a incorporarse a la división del general Ampudia [...] Formando parte de las tropas de este general, se unió al Cuerpo de Ejército del glorioso General Jesús González Ortega y con él llegó a la ciudad de México el 4 de enero de 1861.[214]

Así pues, Porfirio participó decididamente en la guerra de Reforma por la defensa de la Constitución de 1857. ¿Será por eso que hoy la historia oficial desea proyectarlo como el héroe de la Reforma? De ser así habría que considerar que antes que él, mucho antes que él, merecen este honor Benito Juárez, Melchor Ocampo, Guillermo Prieto, Miguel Ruiz, Francisco Zarco, Ignacio Ramírez, González Ortega... en fin, el mismo Santos Degollado, entre muchos otros, muchísimos más...

¿O será el héroe de la Reforma por su actuación como diputado en 1861, cuando la guerra ya había terminado? Imposible, pues como sabemos Díaz sólo permaneció en el puesto cinco semanas[215] y, además, «nunca en su breve actuación parlamentaria, Porfirio usó de la palabra para proponer, apoyar o refutar [y] se limitó a concurrir a las sesiones, seguramente lleno de admiración por aquellos maestros que rebosaban sus cualidades».[216]

Porfirio tendrá todavía dos actuaciones destacadas antes de consagrarse como el héroe de la lucha contra la intervención francesa: una cuando bajo las órdenes del general Ignacio Mejía fue derrotado a las puertas de la ciudad de México por Leonardo Márquez, «el Tigre de Tacubaya»; y otra cuando, bajo las órdenes de González Orte-

[214] Cantón, 1966, pp. 28-29.

[215] *Ibid.*, p. 31.

[216] *Ibid.*, pp. 29-30.

ga, vuelve a vencer en Jalatlaco a las hordas clericales, lo que le vale su ascenso a general… lo que sinceramente no alcanza para pensar en él como el héroe de la Reforma.

El héroe de la intervención francesa

Por fin, el 5 de mayo 1862 el ya general Díaz logra cubrirse de gloria, pues durante la famosa Batalla de Puebla «ordenó un movimiento simultáneo de ambos flancos para apoyar una carga contra el frente dirigida por él mismo»:

> Los franceses no pudieron resistir el choque y desconcertados todos huyeron, persiguiéndolos de cerca los mexicanos [...] los arrojaron más allá de un canal, donde pudieron al fin medio formarse de nuevo, continuando su retirada violenta aunque en mayor orden. Al mismo tiempo les fue adversa la suerte también en los cerros y se oyó el clarín que a lo lejos tocaba a retirada [de modo que] el general Díaz sin la ayuda de trincheras, declive en el terreno, o fuerzas de reserva, ventajas que favorecían a las fuerzas en los cerros, se batió a campo raso con un grueso de fuerzas igual al suyo, compuesto de hombres reputados como de los mejores soldados europeos, batiéndolos y poniéndolos en fuga.[217]

He aquí al general Porfirio Díaz: héroe de la resistencia ante las armas francesas. Pero, ¿será por eso que ahora es el héroe de la Reforma? Difícilmente, pues a Porfirio, según asienta uno de sus biógrafos, lo vemos «sacrificar sin piedad a los mejicanos y perdonar la vida a los franceses y belgas prisioneros»;[218] también lo vemos negándose a obedecer la orden de Juárez de tomar por asalto la legación francesa e incautar el archivo del embajador Dano, alegando que «Hasta hoy tenemos la malevolencia de Napoleón; no tengamos la de Francia por hollar su bandera». Lo cierto –una vez más– es que el mariscal Bazaine, al mando de la expedición francesa, mandó decir a Porfirio: «yo pagaré con usura el brillo con que nuestra bandera pueda salir de México».[219]

[217] Cantón, 1966, pp. 35-36.

[218] López Portillo, *op. cit.*, p. 218.

[219] Salvador Quevedo, *El caudillo: ensayo de psicología* histórica, México, 1967, pp. 104-105.

Se suele argumentar, a favor del heroísmo de Díaz, que estuvo preso en dos ocasiones, ejecutando asimismo dos fugas novelescas. Pero

> la versión dada por el conde Keratry –uno de los pocos soldados franceses que denunciaron los fraudes y las farsas de la intervención– afirma que Maximiliano mismo «por un sentimiento generoso, aunque imprudente, había mandado que se facilitara la evasión». Bulnes también lo acepta así.[220]

Por estas razones no creemos que sea debido a su participación en la intervención francesa que Porfirio venga hoy a ser el héroe de la Reforma. ¿Acaso es posible compararlo con Ignacio Ramírez?

¿Será el héroe de la Reforma porque en 1874, ante el Congreso, otra vez como diputado y por primera vez en la tribuna...

> abrumado por la congoja y enredado entre sus propias ideas y palabras, Porfirio, durante su peroración, no acertó a salir del paso, no supo cómo concluir la oración, y rompió a llorar como un niño [...] en un acto insólito hasta ese momento en la historia legislativa de México.[221]

Es preciso recordar que la obra toda de la Reforma (incluidas la guerra que entre 1858 y 1861 asolaron al país y las leyes que en 1859 dieron el tiro de gracia al absolutismo clerical de, por lo menos, dos siglos atrás) no fue otra cosa que esto: la defensa de la Constitución de 1857, una de las más importantes obras legislativas de nuestra historia. ¿Porfirio vendrá a ser el héroe de la Reforma cuando ni siquiera formó parte de la comisión legislativa que redactó las leyes respectivas?

Porfirio, finalmente, no puede ser el héroe de la Reforma porque, ya en el poder, abjuró de la Constitución de 1857 a cambio de que el arzobispo De Labastida y Dávalos accediera a casarlo con su sobrina Delfina, pasando por alto tanto los lazos consanguíneos de los contrayentes como la excomunión de que había sido objeto por

[220] Cantón, *op. cit.*, p. 57.

[221] http://es.wikipedia.org/wiki/Porfirio_D%C3%ADaz

haber jurado, en varias ocasiones, respetar y hacer respetar nuestra Carta Magna de 1857. La iglesia pudo así recuperar sus añorados fueros por la vía de los hechos.

¿De qué sirvió la Revolución de Ayutla que, triunfante, convocó al Congreso Constituyente? ¿De qué sirvió la guerra feroz, criminal, que incendió a la nación al grito de «Religión y Fueros»? ¿De qué sirvieron las leyes de Reforma de 1859 dictadas por el verdadero héroe de la Reforma y verdadero Padre de la Patria, Benito Juárez? ¿De qué sirvió la Batalla del 5 de Mayo? ¿De qué sirvió la errabunda y miserable supervivencia del gobierno juarista en espera de que la farsa del Imperio de Maximiliano se viniera abajo? ¿De qué sirvió el fusilamiento de Maximiliano en el Cerro de las Campanas? ¿De qué sirvió la obra legislativa del gobierno de Lerdo de Tejada, que incorporó las leyes de 1859 a la Constitución de 1857? ¿De qué sirvieron?

Sirvieron, sí, pero de simulación, porque el general Díaz, supuesto héroe de la Reforma, cobarde e hipócritamente no se atrevió a admitir el carácter decorativo que la Constitución tuvo a lo largo de su ignominioso reinado. Eso sí, como diría don Nemesio García Naranjo:

> A falta de instituciones, el General Díaz hizo todo lo posible por aparentarlas: la Dictadura se revistió de todas las formas de una República constitucional. Nadie ignoraba que la voluntad del gobernante era omnímoda [...] él, en vez de exhibir su omnipotencia, la tenía perfectamente enclaustrada dentro de los preceptos de la constitución.[222]

Así se expresaban los apologistas de don Porfirio, pero, eso sí, de ninguna manera llegaron a tanto como declarar en público que él era el héroe de la Reforma...

¿O será el héroe de la Reforma porque de 1882 a 1911 en la Suprema Corte Federal «todo negocio recomendado por Díaz, era fallado favorablemente» y «todo negocio condenado por Díaz, lo era también por los jueces y magistrados [...]? Había también otra regla: toda diferencia surgida entre mejicanos y extranjeros, era fallada a

[222] García, 1930, pp. 250-252.

favor de estos últimos»;[223] ¿o héroe por haber mandado el telegrama más escalofriante de la historia moderna de México: «Mátalos en caliente», asesinando así, sin juicio, a varios civiles que pretendían derrocarlo; o por haber repatriado en 1895, a instancias de su suegro, a Leonardo Márquez, el asesino de Melchor Ocampo; o por asentar en su diario oficial que la esclavitud era «una forma de progreso económico»; o porque durante las elecciones «la mayoría de las boletas eran llenadas en la penitenciaría (en la parte llamada 'La Herradura') por tres o cuatro prisioneros sentenciados»;[224] o porque –según González Roa y Tannenbaum– «los salarios reales disminuyeron en treinta por ciento durante la era porfiriana»;[225] o porque durante su dictadura era «más barato comprar un esclavo en 45 dólares, hacerlo morir de fatiga y hambre en siete meses y gastar otros 45 dólares en uno nuevo, que dar al primer esclavo mejor alimentación»;[226] o por haber hecho exclamar a Francisco Vázquez Gómez: «Esto que se enseña en la Escuela Nacional Preparatoria no es la ciencia, es una farsa risible», mientras su secretario de Educación declaraba que «el espíritu tiene derecho a vivir en las escuelas»; o porque en junio de 1906 rechazó las peticiones de los trabajadores de la Cananea Consolidated Copper Company, consistentes en aumento salarial a 5 pesos, jornada de trabajo de 8 horas y trato igual a trabajadores mexicanos y norteamericanos; o por haber reprimido este movimiento, con un saldo de 30 muertos, 40 heridos y más de 50 encarcelados en las tinajas de San Juan de Ulúa; o porque en la represión de la huelga de Río Blanco, en el mes de enero de 1907, fueron fusilados entre 400 y 800 obreros, o porque los federales dispararon contra mujeres y niños indefensos?

¿O héroe de la Reforma por haber echado para atrás la ley del 12 de julio de 1859, la más importante de toda la reforma, al aceptar un régimen de *contentas*, «que consistían en una cuota pagada a la mitra por aquellos que, con base en las leyes de desamortización, habían adquirido propiedades del clero»;[227] o por hacer de los con-

[223] López Portillo, *op. cit.*, p. 332.

[224] Beals, 1982, pp. 315-316.

[225] Katz, 1984, p. 13.

[226] *Ibid.*, 27.

[227] «Religión, una cuestión de fe», en http://www.blogger.com/feeds/4276152538720208717/posts/default

fesionarios fuentes de información para la perpetuación de la férrea dictadura tuxtepecana? ¿Vendrá a ser el héroe de la Reforma el tirano juzgado por Daniel Cosío Villegas como «una aberración dentro de la lenta evolución de México hacia la libertad política»; o se le concedió semejante título porque «la acción de la Iglesia Católica en México [fuera] totalmente ilegal, transgrediendo las regulaciones de la Constitución Mexicana y las Leyes de Reforma», como afirmó Luis Cabrera;[228] o por haber obsequiado al obispo de Oaxaca, Eulogio Gillow, «una esmeralda rodeada de brillantes», o por haber aceptado el nombramiento de «Duque de Chapultepec» sólo porque se lo había gestionado el obispo Guillow, «Duque de Puebla» ni más ni menos?[229] ¿Héroe porque a este señor obispo «se le hicieron concesiones ferrocarrileras»;[230] o simplemente porque «aparentaba acatar las Leyes de Reforma, pero cuando era denunciada la existencia de algún convento, consentía en que su esposa mandase aviso oportuno a las religiosas a fin de que se ocultasen a tiempo»?

Para Jesús Reyes Heroles, «[Porfirio Díaz] no es un descendiente legítimo del liberalismo [y] si cronológicamente lo sucede, históricamente lo suplanta...». Para Ralph Roeder es el gran enterrador del liberalismo mexicano del siglo XIX...

En fin, no acabaríamos nunca. Baste decir, con otro de sus apologistas, que

> durante los 34 años de régimen tuxtepecano, deben haber sido exterminados por la ley fuga, para limpiar de bandidos la república, no menos de 10,000 personas. Esto a pesar de que el general Díaz acostumbraba medir la sangre derramada con *el litro de lo indispensable.*[231]

Este asesino, golpista, dictador, traidor a la Constitución de 1857 y restaurador de los privilegios del clero, no puede ser el héroe de la Reforma...

[228] Cabrera, 1977, pp. 198-199.

[229] Taracena, 1960, p. 130.

[230] Castañeda, 1990, p. 202.

[231] Aguirre, *op. cit.*, p. 20.

Hidalgo y Morelos no murieron excomulgados

En tiempos de las bárbaras legiones, de lo alto de las cruces colgaban a los ladrones. Hoy, en pleno siglo del progreso y de las luces, del pecho de los ladrones cuelgan las cruces.

Anónimo

La Conferencia del Episcopado Mexicano concluyó no hace mucho que Miguel Hidalgo y Costilla, el Padre de la Patria, no murió excomulgado y que se mantuvo en el seno de la Iglesia católica hasta el final de su vida... ¡Horror! ¿A dónde quiere llegar la alta jerarquía católica, la más siniestra enemiga de la muy dolorida historia de México, con este nuevo embuste con el que pretende lavarse su rostro ensangrentado? Por supuesto que el cura Miguel Hidalgo, al igual que Morelos, fue excomulgado, obviamente por su propia iglesia, por los suyos, cargo que nunca podrá sacudirse la jerarquía católica mexicana. Es evidente que el hecho de haber arrestado, torturado, excomulgado y fusilado a Hidalgo –y mutilado su cadáver–, a ese gran patriota, es una realidad que los representantes del clero católico quieren ocultar en este año en que se conmemora el bicentenario de la Independencia de México.

¿Que Hidalgo no fue excomulgado? Veamos: el 24 de septiembre de 1810 Manuel Abad y Queipo publicó un edicto en el que excomulgaba al cura de Dolores y a sus partidarios:

> Un sacerdote de Jesucristo [...] el Cura de Dolores don Miguel Hidalgo, levantó el estandarte de la rebelión y encendió la tea de la

discordia y la anarquía, y seduciendo a una porción de labradores inocentes, les hizo tomar las armas [...] En este concepto, y usando de la autoridad que ejerzo como Obispo electo y Gobernador de esta Mitra, declaro que el referido [...] Cura de Dolores y sus secuaces [...] son perturbadores del orden público, seductores del pueblo, sacrílegos y perjuros, y que han incurrido en la excomunión mayor del canon *Siquis Suadente Diabolo* [...] Los declaro excomulgados vitandos, prohibiendo, como prohíbo, el que ninguno les dé socorro, auxilio y favor, bajo pena de excomunión mayor *ipso facto incurrenda*.

La anterior excomunión fue ratificada por otros obispos, entre ellos el arzobispo de México, Francisco Javier Lizana y Beaumont, pero como hubo quien dudara de la legitimidad de Abad y Queipo, por haber sido nombrado por la Regencia, el arzobispo Lizana expidió un edicto el 11 de octubre de 1810 en el que declaraba que la censura del obispo electo era válida e impuesta conforme a los cánones:

> Nos, D. Francisco Javier de Lizana y Beaumont, arzobispo de México [...] Habiendo llegado a nuestra noticia que varias personas de esta ciudad de México y otras poblaciones del arzobispado disputan y por ignorancia o malicia han llegado a afirmar no ser válida ni dimanar de autoridad legítima la declaración de haber incurrido en excomunión las personas respectivamente nombradas e indicadas en el Edicto que con fecha de 24 de septiembre último expidió y mandó publicar D. Manuel Abad y Queipo [...] por lo cual hacemos saber que dicha declaración está hecha por un superior legítimo con entero arreglo a derecho, y que los fieles cristianos están obligados [...] bajo pena de pecado mortal y de quedar excomulgados, a la observancia de lo que la misma declaración previene, la cual hacemos también Nos por lo respectivo al territorio de nuestra jurisdicción.

La abominación fanática, la crueldad que la jerarquía eclesiástica decimonónica demostraba hacia la persona de Hidalgo era descomunal. He aquí otra muestra de ello:

> Sea condenado Miguel Hidalgo y Costilla, en dondequiera que esté. Que sea maldito en la vida o en la muerte, en el comer o en el beber;

> en el ayuno o en la sed, en el dormir, en la vigilia y andando, estando de pie o sentado; estando acostado o andando. Que sea maldito en su pelo, que sea maldito en su cerebro, que sea maldito en la corona de su cabeza y en sus sienes [...] Que el hijo del Dios viviente, con toda la gloria de su majestad, lo maldiga. Y que el cielo, con todos los poderes que en él se mueven, se levante contra él. Que lo maldigan y condenen.

El propio arzobispo de México, días antes de la citada ratificación, prohibió a sus feligreses «que se unieran a la Revolución», asemejando a Hidalgo con el anticristo:

> Al frente de los insurgentes se halla un ministro de Satanás, preconizando el odio y exterminio de sus hermanos y la insubordinación al poder legítimo. Mirad qué precursor del anticristo se ha aparecido en nuestra América para perdernos [...] Yo no puedo menos de manifestaros que semejante proyecto no es ni puede ser de quien se llama cristiano [...] Si el observar lo que él mismo nos manda os conducirá al cielo, el practicar lo contrario [luchar por la independencia] os llevará infaliblemente al infierno.

¡Claro que la doctora Patricia Galeana tiene razón cuando señala que «la esencia de la expulsión religiosa de Hidalgo del seno de la Iglesia católica era descalificarlo frente al pueblo, en el momento en que era el líder de un movimiento insurgente!». ¡Claro que «la Iglesia católica no tiene por qué participar en esta conmemoración, porque México es un Estado laico...»! Ni se le debe permitir que doscientos años después, en lugar de mostrar arrepentimiento, recurra una vez más a los embustes para lavarse el rostro con el que traicionó a la patria...

El Siervo de la Nación

José María Morelos y Pavón, el ilustre continuador de la obra libertaria de Hidalgo y Allende, acusó a Abad y Queipo de haber lanzado «el terrible rayo de la excomunión contra un pueblo cristiano y generoso [...] Usted, con sus persuasiones y escritos [lo acusaba], es el que más ha soplado la hoguera en que se han inmolado tantas víctimas». Esto es precisamente lo que la jerarquía eclesiástica quiere ocultar hoy en día mediante toda clase de embustes. Recordemos también que la Inquisición condenó a la Constitución de Apatzingán, «dada su herética naturaleza», a que «fuera quemada en la plaza mayor de la capital por mano de verdugo, lo que se llevó a cabo en julio de 1815».[232] Eso es lo que debemos recordar hoy en día, no las falsedades que irresponsablemente difunde la Iglesia católica tratando de capitalizar el desconocimiento de nuestro pasado, también propiciado por ella con insólita tenacidad.

Recordemos, en fin, que Morelos fue torturado salvajemente y degradado en medio de la burla y la ignominia, en una ceremonia sádica y siniestra, unos días antes de su ejecución. El 22 de diciembre de 1815, habiendo sido trasladado a San Cristóbal Ecatepec, el presbítero Salazar, por segunda vez, ofrece su asistencia espiritual a Morelos, pero éste la rechaza firmemente, pues «ya se había puesto a sí mismo en manos de su creador».[233] Instantes después fue fusilado de espaldas, como traidor al rey. De manera que también es mentira que Morelos no hubiera muerto excomulgado, supuestamente porque se confesó..., tal como pretenden imponer ahora los eternos enemigos de la libertad de los mexicanos. ¿Por qué razón? ¿Te imaginas, querido lector, que los padres de la patria no fueran miembros de la comunidad católica que, según presume todavía la cúpula eclesiástica, «es la inmensa mayoría del país»?

¡Craso error del clero romano combatir a los próceres de la lucha por nuestras libertades¡ ¡Y craso error, también, pensar que ello será lavado con mentiras! Para rescatar los nombres de Hidalgo y de Morelos el clero católico debería canonizarlos, como corresponde a los padres de la patria, esa sería una buena señal eclesiástica de auténtico arrepentimiento...

[232] José Herrera Peña, *Morelos ante sus jueces*, pról. de Miguel Acosta Romero, 1985, p. 156.

[233] José Fabián Ruiz, «Morelos en tres tiempos», Morelia, Michoacán, julio, 2005, p. 65.

Los curas no han gobernado

Las reiteradas declaraciones de la jerarquía eclesiástica que llaman a respetar la separación iglesia-Estado son, además de una cruel ironía del destino, una hipocresía que pretende sugerir que el clero católico ha sido respetuoso de dicha separación. Nada más falso: jamás en la historia de México la iglesia ha renunciado al poder que desde la conquista ha ejercido sobre los mexicanos. Recordemos que durante la Colonia «ninguna familia podía prescindir del director espiritual, verdadero amo y señor de ella».[234]

Pero los curas no sólo gobernaban en los hogares, también dominaban las estructuras formales del poder. Ahí estaban los virreyes-arzobispos de México, nítida imagen de la fusión de la iglesia y el Estado que imperaba en perfecto acuerdo con las ideas totalitarias, teocráticas y dogmáticas propias de la época. No conformes con esto, hubo algunos arzobispos que, fieles a la sentencia famosa de que «es preciso obedecer a Dios antes que a los hombres», se dieron el lujo de derrocar a virreyes, como ocurrió el 15 de enero de 1624 cuando el arzobispo excomulgó al corregidor y fue a solicitar audiencia con el virrey, pero éste no lo recibió y le mandó decir que se fuera a su casa,

> y viendo que no se iba, proveyeron un auto en que mandaron que llevasen al arzobispo a Veracruz y le embarcasen a España, y lo declararon por extraño de estos Reinos [...] Se metieron con el arzo-

[234] Alfonso Toro, *La Iglesia y el Estado en México*, Talleres Gráficos de la Nación, México, 1927, p. 50.

bispo en un coche y le sacaron de México a la una del día, siendo grande el clamor, lágrimas y alarido de la gente que le vio salir y le acompañó hasta Guadalupe.[235]

Dos días más tarde, cuando el arzobispo se hallaba a ocho leguas de México, un tumulto hizo arder en llamas las puertas de Palacio, exigiendo que fuera capturado el virrey.

> Traían los amotinados por banderas unas cruces altas y algunos crucifijos. Decían los amotinados: ¡Viva Cristo y viva el Rey, y muera el mal gobierno hereje luterano![236] [...] Entraban algunos clérigos a Palacio, tirando arcabuzasos [...] Llegando el arzobispo a su casa, se acabó de sosegar la gente del motín, no obstante que poco después, de casa del Arzobispo tiraron arcabuzasos a los que estaban dentro de Palacio, defendiéndolo.[237]

El virrey fue depuesto por la Audiencia al día siguiente.

Recordemos también la criminal actuación de la Santa Inquisición, que gobernó plácidamente en Nueva España desde el momento en que «a merced del odioso tribunal cuyo poder era absoluto, estaban la libertad, la honra, los bienes y la vida del acusado [a quien] se le incomunicaba rigurosamente, a tal extremo que no se volvía a saber de él».[238]

La censura ejercida en perjuicio del desarrollo de las capacidades de los habitantes, así como la quema de personas en las hogueras de San Hipólito, eran asimismo acciones de gobierno; pero es preciso decir que los inquisidores no limitaron su poder (su gobierno) a estos palmarios abusos: también conspiraron y también derrocaron a otros virreyes: así pasó con Iturrigaray, sospechoso de conspirar a favor de la independencia y cuya caída fue orquestada en las sombras por el inquisidor Matías Monteagudo, primer golpista del México independiente:

[235] Genaro García, *Tumultos y rebeliones acaecidos en México*, Centro de Estudios Históricos del Agrarismo en México, México, 1981, p. 10.

[236] García, 1981, p. 13.

[237] *Ibid.*, p. 21.

[238] Toro, *op. cit.*, p. 36.

Esta pinza punzaba incesantemente en el corazón del P. Monteagudo; lloraba los males que habían sido la consecuencia de su error involuntario en política, y trató de remediarlos [...] y tratando de libertar a esta América de la gangrena que ha devorado a la España [el liberalismo], tomó de su cuenta hacer nuestra emancipación. En la Profesa se consultaron los planes de Iguala, y el cooperador más eficaz de ellos, fue el P. Monteagudo [...] He aquí en sólo este rasgo descrito cuánto debe la nación mexicana a este hombre respetable, y por lo que el señor Iturbide lo nombró individuo de la primera junta gubernativa que instituyó.[239]

¡Hélo ahí! El verdadero y oculto Padre de la Patria decidiendo el destino de México, alejándolo de las ideas liberales y precipitándolo en las formas monárquicas, bajo las cuales el clero siempre tiene un mayor margen de gobierno, mientras él se daba a las tareas de la junta gubernativa.

La diestra del excelso

En el año de 1832, el obispo de Puebla, Francisco Vázquez Vizcaíno, pudo decir:

Prohibimos en virtud de nuestra autoridad a todos y cada uno de los fieles estantes y habitantes en esta nuestra Diócesis, bajo la pena de escomunión mayor *latae sententiae*, reservada a Nos, la lectura y retención de los siguientes escritos en cualquiera idioma, como respectivamente heréticos, blasfemos, escandalosos, subversivos, e injuriosos a la religión [...].

Y procedía a enlistar algunas obras de Rousseau y de otros autores de la Ilustración. Esto, que indudablemente es una obra de gobierno, y no de cualquier gobierno sino de uno despótico y oscurantista, es sólo una muestra de lo que este conductor de hombres pudo hacer en aquellos años en que nacía el México independiente. Dos años después, en 1834, el obispo Vázquez fue desterrado por el gobierno, pero se ocultó, y desde su escondite –a semejanza del *modus ope-*

[239] *El Siglo Diez y Nueve*, 17 de octubre de 1841.

randi de los obispos doscientos años ha– contribuyó a la caída del gobierno de Gómez Farías. Sobre el derrumbe de éste, que ha sido uno de los pocos gobiernos verdaderamente patrióticos que hemos tenido, dejó escrito el obispo Vázquez:

> El que saca la luz resplandeciente del centro de las tinieblas, hizo nacer de este caos la más ordenada, la más santa revolución que ha visto nuestra república [...] y la religión de Jesucristo se vio enérgicamente proclamada, se vio levantada y establecida en aquel instante mismo que parecía destinado a su total destrucción [...] La obra es toda de Dios: la mutación de la escena se debe exclusivamente a la diestra del Excelso.

Santa Anna, quien se había puesto al servicio del clero para cometer esta felonía a cambio de que aquél lo sostuviera como dictador, nombró («como una satisfacción al clero y para garantizar su gestión política») ministro de Justicia y Negocios Eclesiásticos al doctor Juan Cayetano Portugal, obispo de Michoacán, «cuyas ideas ultramontanas eran bien conocidas». De inmediato fueron derogadas las leyes expedidas por Gómez Farías, lo que sin duda constituyó un acto de gobierno y cambió la estructura federal por una centralista que trajo graves consecuencias al país.

La conjura monárquica

Pocos años más tarde, cuando estaba por comenzar la guerra contra los Estados Unidos a causa de la anexión a este país de la república de Texas, el arzobispo de México, esta vez Manuel Posada y Garduño, volvió a gobernar al presidir la reunión en que se discutió y aprobó el programa del gobierno golpista de Mariano Paredes y Arrillaga, el cual se dedicó, a partir de entonces, a establecer una monarquía encabezada por un príncipe extranjero. Al efecto, el militar golpista designó ministro de Justicia al señor José Luciano Becerra, obispo electo de las Chiapas. Poco después, al caer Paredes y su ridículo gobierno, el arzobispo Irisarri también asumió las riendas del poder al levantar en contra del gobierno a los batallones más aristocráticos del ejército, durante la llamada «rebelión de los polkos», financiada por dicho jerarca en respuesta a las peticiones de ayuda que el gobierno le hiciera para la defensa del país ya invadido.

No podía faltar en este cuadro la figura del obispo de Puebla, Francisco Pablo Vázquez, quien tras haber negociado con los ejércitos invasores la entrega de Puebla, recibió esta clase de atenciones: «El ejército americano respeta y respetará siempre la propiedad particular de toda clase y la propiedad de la iglesia mexicana, y desgraciado aquel que no lo hiciese donde nosotros estamos [...]». Winfield Scott, Jalapa, 11 de mayo de 1847.

Una nueva generación de jerarcas estaba a la vista y las glorias de Matías Monteagudo serían honradas por los nuevos obispos: Munguía, de Morelia, Garza y Ballesteros, de México, y De Labastida y Dávalos, de Puebla. Pero la República, no obstante que su marcha había sido frecuentemente interrumpida y saboteada, había podido erigir a los hombres que sabrían vencer a los poderosos arzobispos, amos y señores del país desde los tiempos de la Colonia. Escuchemos a uno de ellos:

> Por donde quiera que el clero pretenda mezclarse en la política, ya prestando a los gobiernos su influencia para oprimir, ya poniéndose en pugna con el poder civil por cuestiones en que sólo se trata de intereses materiales, sufren a un tiempo la respetabilidad del clero, la causa del Estado y la de la religión. La intolerancia y el rencor sustituyen a la caridad evangélica. El clero se convierte en facción política. La cuestión religiosa se mezcla en todas las cuestiones de gobierno, y al fin se entabla una lucha de funestos resultados y se corre el riesgo de llegar por ambas partes a lamentables exageraciones. De la inquisición a la impiedad no hay más que un paso. El atraso de algunos países como España, Portugal e Italia, se debe sin duda a la influencia política del clero, que descuidando su misión se convierte en aristocracia y pretende encargarse del gobierno. Todavía en España el clero se opone a toda reforma útil, y sus pretensiones suelen exceder a las de la Santa Sede [...] Nos creemos dispensados de entrar en detenidas consideraciones acerca de estos hechos, y nos limitamos a apuntarlos, dejando su apreciación al lector.[240]

Un año después de la publicación de este comentario editorial, el clero ya se había adueñado de la ciudad de México mediante un gol-

[240] Francisco Zarco, «El clero y los movimientos reaccionarios», editorial de *El Siglo Diez y Nueve*, enero 13 de 1857.

pe de Estado, imponiendo un gobierno que de inmediato derogaría la Constitución de 1857 y que combatiría en el terreno de las armas, en una guerra cruel, al gobierno legítimo de Benito Juárez. Este gobierno estuvo encabezado por un sacerdote llamado Francisco Xavier Miranda y Morfi, quien desde su cargo de ministro de Justicia llevó a cabo la obra de mayor importancia de ese gobierno traidor y quizá el más totalitario que hemos padecido, capaz de alarmar incluso a los miembros del llamado partido conservador.

El mismo secretario de Gobernación trató de renunciar a su cargo, pero «no habiendo sido admitida por el supremo gobierno a este señor la renuncia del ministerio de gobernación, ha vuelto a prestar sus servicios en la misma secretaría», según consignó la prensa de entonces. Más tarde, ante la amenaza de este gobierno clerical de dar a conocer el origen de las fortunas más prominentes si se seguían negando a facilitar dinero para la guerra, los mismos conservadores, arrepentidos, intentaron un golpe de Estado, señalando claramente a dicho gobierno como «insostenible por sus ideas retrógradas, repugnantes a la ilustración de la época», lo que en boca de un conservador mexicano no es poca cosa.

El padre Miranda, no obstante, logró esquivar el golpe y, a pesar de que abandonó el ministerio de Justicia, impuso a Miguel Miramón en la presidencia, supeditando a éste a los autores del golpe, Manuel Robles Pezuela y Miguel María Echegaray. El gobierno clerical siguió dedicándose a la guerra, a las exacciones y a la represión... hasta que fue derrotado por el gobierno constitucional encabezado por Juárez, quien

> para poner un término definitivo a esa guerra sangrienta y fratricida que una parte del clero está fomentando hace tanto tiempo en la nación, por sólo conservar los intereses y prerrogativas que heredó del sistema colonial, abusando escandalosamente de la influencia que le dan las riquezas que ha tenido en sus manos, y del ejercicio de su sagrado ministerio, y desarmar de una vez a esta clase de los elementos que sirven de apoyo a su funesto dominio, cree indispensable: 1°. Adoptar, como regla general invariable, la más perfecta independencia entre los negocios del estado y los puramente eclesiásticos.[241]

[241] Manifiesto del Gobierno Constitucional a la Nación, anunciando las Leyes de Reforma, Veracruz, julio 7 de 1859.

Desde entonces los curas han debido ingeniárselas para desobedecer la ley y para poder seguir gobernando, siendo a este respecto memorables los logros del arzobispo de México, Pelagio Antonio de Labastida y Dávalos, quien habiendo obligado a Porfirio Díaz a suspender la aplicación de la Constitución, pudo gobernar e imponer, entre otras acciones de gobierno, y por obra de su propio dedo, a varios diputados en los falsos congresos de aquella tiranía.

Sobre las relaciones iglesia-Estado durante el porfiriato, añadiremos solamente que:

> a la muerte del Arzobispo Labastida, acaecida en enero de 1891, Porfirio Díaz presidió sus funerales. El nuevo Arzobispo de México, Próspero María Alarcón, tuvo como padrinos de consagración episcopal a Ignacio Mariscal, Secretario de Relaciones Exteriores, Manuel Romero Rubio, Secretario de Gobernación, y al general Hermenegildo Carrillo, Comandante Militar de la Ciudad de México.[242]

La Revolución reabrió la posibilidad (a los ojos del clero) de acrecentar su poder y de consolidar una vez más un régimen dictatorial de carácter militar, pero sus intentos (el más destacado de los cuales fue sostener a Victoriano Huerta) fueron vanos en esta ocasión, no obstante ser igualmente reprobables que los utilizados a lo largo del siglo XIX para sabotear a la República y a la legalidad.

Sin escatimar en guerras, en pastorales subversivas, en la organización de grupos clandestinos de criminales y en toda clase de conspiraciones internacionales (con los petroleros norteamericanos o con los nazis, por ejemplo), el clero siguió por un tiempo combatiendo al régimen ateo de la Revolución, incluso cuando, por obra de los arreglos con los que se dio fin a la guerra cristera, las pequeñas dictaduras priístas se dieron a la tarea de hacer a un lado la Constitución, regresando la vida de nuestra República, como lo hiciera Porfirio Díaz, para ejercer por espacio de siete décadas «la dictadura perfecta».

[242] José Adame Goddard, *El pensamiento político y social de los católicos mexicanos (1867-1914)*, UNAM, 1981, p. 105.

En México no había nazis

[México es] el mejor y más rico país del mundo, con la población más perezosa y despreocupada que haya sobre la faz de la tierra [...] un país que pide a gritos un amo capaz. Su gobierno lo está arruinando [...] Podrías comprar a este México por un par de cientos de millones.

ADOLFO HITLER[243]

Cuando pensamos en México y la Segunda Guerra Mundial vienen a nuestra mente el hundimiento de los navíos petroleros *Faja de Oro* y *Potrero del Llano*, o el famoso Escuadrón 201 y su simbólica participación; en general recordamos la adhesión de México al bando de los países aliados. Sin embargo, suele pasarse por alto el hecho de que algunos miembros del clero católico, de la Unión Nacional Sinarquista (UNS), del Partido Acción Nacional (PAN), falangistas, espías, magnates, funcionarios del gobierno y personajes como Vasconcelos, tomaron parte muy activa en el movimiento nazi.

La Unión Nacional Sinarquista

«Entre nosotros no se discute, he aquí nuestra fuerza. Quitad la disciplina, quitad la fidelidad al jefe, el sinarquismo no es nada». La UNS es fundada el 23 de mayo de 1937 en la ciudad de León, Guanajuato, por los Trueba Olivares, unos españoles y falangistas activos, bajo la

[243] Serie «El sinarquismo en México», William F. Wertz, Jr.

dirección del ingeniero alemán Hellmuth Oskar Schreiter.[244] En un informe desclasificado, emitido el 31 de octubre de 1941 por Harold P. Braman,[245] se lee que:

> Los sinarquistas mexicanos son un grupo totalitario peligroso controlado por falangistas españoles y por la Iglesia, con nazis que tiran de las cuerdas tras bambalinas [...] El programa sinarquista, diseñado por falangistas, aspira a establecer un Estado totalitario bajo el control de España, en el que México formaría parte de un nuevo Imperio Español que estaría dominado por Alemania.

A su vez, Juan Alberto Cedillo, en *Los nazis en México*, dice que: «La Falange dirige el trabajo de la propaganda del Eje en la unión, y su aliado secreto, Acción Nacional, ha tenido una conexión tan cercana con el Arzobispo de México y de varios obispos claves, por lo que toda la actividad de la iglesia en lo referente al sinarquismo ha sido sospechosa».[246] ¿Cómo se daría la relación entre la UNS y el arzobispo de México? El 6 de agosto de 1940 tomaba la dirigencia de la UNS un viejo cristero llamado Salvador Abascal, un fascista antisemita bien decidido a acabar con la Revolución mexicana. Según otro informe de Braman, éste publicado el 30 de marzo de 1942, Abascal probaría ser un gran líder de la UNS dado que aceptaría órdenes; además, había sido alumno del seminario de Morelia bajo el rectorado de Luis María Martínez, arzobispo para esas fechas.[247] ¿Relación fortuita?

Para el 12 de diciembre de 1940, día de la Virgen de Guadalupe, se repartía un volante con la imagen de la virgen por un lado, y por el otro, una declaración que describía a Hitler como protector del catolicismo: «El volante continuaba en la tradición antisemita de la Inquisición española, diciendo que Hitler perseguía a los judíos porque habían sacrificado a Jesucristo en Palestina».[248]

Según Braman, el organismo que fungió como la unión entre la falange y la iglesia de México se llamó «Consejo de la Hispani-

[244] Toledano, 1941, s/p.

[245] Agregado naval auxiliar de la embajada de los Estados Unidos en México.

[246] Juan Alberto Cedillo, *Los nazis en México*, 2007, p. 80.

[247] Serie «El sinarquismo en México», William F. Wertz, Jr.

[248] *Ibid.*

dad», entre cuyos militantes encontramos a Augusto Ibáñez Serrano, agente secreto del general Franco; Alfonso Junco, director de *Nación*, el semanario de Acción Nacional, y principal apóstol de la «hispanidad» en México; Manuel Gómez Morín, fundador del PAN y director de *Nación*, y el lugarteniente de Ibáñez Serrano, Alejandro Quijano... Esto no es de sorprender, la relación entre el PAN, la UNS y los nazis es clara, sobre todo si tomamos en cuenta que Abascal sería después líder del Yunque, hasta su muerte en el año 2000, legándonos a dos de sus hijos, Salvador y Carlos, este último secretario de Trabajo en el gobierno de Vicente Fox.[249]

El poder que ejerció la UNS no era de menor consideración: el 10 de abril de 1944 José Antonio de la Lama y Rojas, guardia en el elevador privado de Ávila Camacho en Palacio Nacional, le disparó a quemarropa al presidente... sin éxito en el atentado. Al respecto, Vicente Lombardo Toledano haría circular «fotos de De la Lama con un cura jesuita de apellido Sáenz, quien, según Mario Gill, era uno de los jesuitas asesores de la UNS». El funeral de José Antonio tendría lugar cuatro días después del atentado, en la sede de la UNS.[250]

La profunda y meditada actividad nazi en México tuvo tentáculos hitlerianos en varias partes del gobierno, e incluso una de las principales estrategias para atraer partidarios contaba con una despampanante mujer, conocida como Hilda Kruger, nacida en Berlín el 11 de septiembre de 1914. Actriz bajo el régimen de información de Goebbels, así como parte de la «bandada de chicas» de Adolfo Hitler, Kruger fue designada espía en tierras mexicanas. En nuestro país se relacionó con las cúpulas del gobierno mexicano para así garantizar el abasto de hidrocarburos y de materias primas... Sus amoríos involucran a Ramón Beteta, Ezequiel Padilla, Juan A. Almazán y Miguel Alemán, quien le renta un departamento en la colonia Juárez, al cual «llegaba [...] a las 11 de la noche y salía cerca de las cuatro de la mañana».[251]

Sabemos que Hilda Kruger iba «a diferentes partes de la República, protegida siempre por la Secretaría de Gobernación».[252] Dada

[249] *Ibid.*

[250] *Ibid.*

[251] Cedillo, *op. cit.*, p. 29.

[252] *Ibid.*, p. 38.

esta amenaza, algunos miembros de la inteligencia naval norteamericana consideraron la posibilidad de secuestrarla y tenerla bajo custodia.[253] Cuando Ávila Camacho llama a reunión de gabinete para analizar la postura de México ante la guerra, sólo dos personas se niegan a que nuestro país ingrese en el conflicto armado: «el Secretario de Marina, Heriberto Jara, y el Secretario de Gobernación, Miguel Alemán Valdés».[254]

A pesar de que Kruger fue denunciada por el gobierno norteamericano y arrestada en marzo de 1942: «La entrega de Hilda al gobierno estadounidense no tuvo lugar [...] se casó con un mexicano muy importante en los círculos sociales: Ignacio de la Torre [...].[255]

La actividad nazi también estaba en los medios de comunicación, como la inolvidable revista *Timón* de ese olvidado nazi Vasconcelos (quien dicho sea de paso, también escribió el prólogo del libro *Derrota mundial*, de Salvador Borrego, uno de los principales ideólogos antisemitas de México y colaborador cercano de Abascal), y la radiodifusora XEW, que permitió el envío de frases cifradas por su canal internacional...

La participación nazi en México fue mucho mayor de lo que se ha reconocido: grandes figuras del país que militaron bajo la ideología nacionalsocialista se reunían una vez al año, seguramente en una ostentosa fiesta para jurar fidelidad, el 20 de abril, día del cumpleaños de Hitler.[256]

¿Por qué se habrá ocultado esta patética realidad, es decir la proclividad hacia Alemania de varios dirigentes mexicanos, como sucedió con Huerta y sus relaciones con el káiser alemán; Villa y Columbus a través del alto mando germano; Carranza y el famoso telegrama Zimmermann, y finalmente los involucramientos de políticos y líderes mexicanos con Hitler durante la administración de Ávila Camacho...?

[253] *Ibid.*, pp. 38-39.

[254] *Ibid.*, p. 39.

[255] *Idem.*

[256] Toledano, *op. cit.*

Las cicatrices de México son invisibles

Según sugieren los admiradores de la conquista, «poco a poco el zelo, caridad y paciencia de los misioneros triunfó de estos sentimientos [de odio y de venganza] que parecían indomables [y] embelesados los indios con las máximas y consejos de una religión que respira amor, perdón y olvido de las injurias, consintieron en dejarse civilizar por sus cariñosos padres».[257] Pero es inútil, y aun perverso, hacer creer que el perdón y el olvido están en la base de nuestra sociedad. Lo cierto es que la piedra y el cuchillo, la pira y las flamas, forjaron el alma del mexicano.

La primera cicatriz la infligió la piedra de los sacrificios, donde las doncellas, los esclavos y los guerreros enemigos eran sacrificados, atados boca arriba, de cara al Sol o a la Luna, de modo que un sacerdote tenochca, vestido con una túnica intensamente púrpura y la cabeza cubierta por un enorme penacho confeccionado con plumas coloridas de pavo real, les pudiera extraer el corazón con un afilado cuchillo de obsidiana negra, mientras la víctima, aterrorizada, profería espantosos gritos de horror. La otra cicatriz, que nunca terminará de doler, se originó en la pira de la Santa Inquisición, en la hoguera, donde quemaban vivos a los apóstatas, a los traidores y, sobre todo, a los herejes reacios a someterse a la conquista espiritual de México, una eficaz herramienta española, además de la militar, para imponer su hegemonía en el Nuevo Mundo.

¿Cómo entender nuestra personalidad actual si no se toma en

[257] Benito María de Moxo, *Cartas mejicanas*, FCE, México, 1999, p. 25.

cuenta el pasado, es decir, nuestra infancia como nación? Pasamos de una sociedad teocrática militar a un Estado inquisitorial en el que la intransigencia, el despotismo, el desprecio, los recelos y la desconfianza dejaron una huella imborrable en el subconsciente del mexicano.

Los Estados Unidos, al momento de independizarse, calcaron y continuaron con los mismos principios que habían regido cuando eran colonias de Inglaterra. La sabiduría consistía en no innovar nada de lo establecido, en mantener un criterio evolucionista. Por el contrario, los mexicanos, ya libres de la Corona española, insistieron en ignorar su tradición política virreinal y de ahí, entre otras razones, advino el caos. El norteamericano se mostraba orgulloso de su origen inglés, mientras que el mexicano se negaba a ser español, al extremo de exigir la expulsión de los peninsulares en los años siguientes a la independencia.

Herencias coloniales

Mientras que en las trece colonias de Norteamérica se luchó desde un principio por conservar las instituciones políticas inglesas -el gobierno representativo, la ley común, el sistema de jurado popular, la supremacía de la ley, el sistema de impuestos, la subordinación del ejército a la autoridad civil y la separación de la iglesia y el Estado- en tanto se daba el feliz fenómeno de la unidad nacional, en la Nueva España se consolidaban el despotismo y la imposibilidad de votar, de elegir ni a las más elementales autoridades políticas o religiosas.

No debe perderse de vista que, como bien lo decía Octavio Paz, los mexicanos somos hijos de la contrarreforma religiosa europea. Pasamos de noche por los años luminosos del enciclopedismo y la Ilustración, que le dieron a Europa la posibilidad de alumbrar nuevos caminos, otras opciones sociales y políticas.

En la Nueva España no sólo no se dieron los procesos electorales para nombrar a los representantes populares en los gobiernos civiles, sino que se enajenaban los puestos públicos al mejor postor. Las autoridades civiles y las eclesiásticas, en contubernio suicida en contra de la población, resolvían lo que a su juicio era más conveniente de cara a sus propios intereses de grupo, sin considerar la trascendencia de sus decisiones en relación con la ciudadanía. La justicia en la Colonia mexicana se impartía de acuerdo con las conveniencias de la élite que rodeaba a la autoridad civil. La corona otorgaba monopolios, concedía privilegios, extendía concesiones y exenciones o las revocaba según los estados anímicos del virrey en turno, quien igualmente intervenía en las decisiones judiciales, contradiciéndose, si así lo deseaba, al día siguiente.

¿En qué se convierte un pueblo cuando desde sus años más jóvenes invariablemente es ignorado en su voluntad popular y desconocido en sus pretensiones legales? ¿Cómo será un adulto que en su juventud invariablemente fue atropellado sin que se le reconocieran sus derechos? Freud sentenciaba con gran certeza: ¡infancia es destino!

Debe subrayarse asimismo que cuando Iturbide llega al poder en 1821, el 98% de los habitantes de México eran analfabetos, dado que la educación había privilegiado a los hijos de los burócratas de alto rango, a los del clero y a los máximos jerarcas del ejército y de la aristocracia. ¿A dónde va una nación con 98% de analfabetos? Claro está que si la Iglesia católica se hubiera empeñado en divulgar el evangelio, en lugar de haber dedicado sus mejores esfuerzos al acaparamiento de bienes materiales, y hubiera condenado a vivir eternamente en el infierno a quien tuviera más hijos de los que pudiera mantener, sin duda habría cambiado, hace ya casi quinientos años, la dinámica económica de los pobladores de nuestro territorio, y más tarde del país actual.

Basta imaginar en qué se habría convertido México si el clero nacional hubiera sentenciado que aquel que muriera en la miseria viviría al lado de Lucifer... ¿verdad que la Iglesia católica, ya desde los años de la Colonia, podría haber sido un extraordinario agente generador de bienestar si hubiera advertido a quien osara morir en la pobreza extrema, sobre el futuro que le esperaba en un infierno pestilente y sofocante al lado de Satanás?

Los conquistadores no tenían mística de progreso ni construyeron sus casas ni trabajaron la tierra con sus propias manos. Su categoría social lo impedía; de hecho, era una falta de delicadeza asistir a una reunión social con los zapatos sucios, porque ello delataba incapacidad económica para adquirir un carruaje, un atentado imperdonable...

Ellos venían a enriquecerse, a ser servidos, a aspirar a títulos nobiliarios en razón de las tierras poseídas, a tener hijos por doquier con la esperanza de gozar posteriormente de su fortuna en la madre patria, no en el territorio que los había acogido. Nunca vieron a México como una segunda patria, sino como una oportunidad para hacer dinero a costa de los demás y, en todo caso, como una aventura existencial.

¿Independencia sin cicatrices?

En 1800 la productividad *per cápita* de México era la mitad de la de los Estados Unidos. La distancia era ya enorme. Sin embargo, en 1877, o sea tan sólo setenta años después, se había desplomado, para significar el 10 o el 15% de la americana, tal como acontece, más o menos, en la actualidad. ¿Causas? El 75% de los ingresos del Estado provenían de la minería. Cuando ésta se derrumbó, entre otras razones por la guerra de Independencia, el gobierno se desintegró. La inestabilidad política, económica y jurídica impidió todo avance. El desorden institucional reflejó el estancamiento de la economía. En medio siglo asistimos a cincuenta cambios de gobierno. Sólo el pintoresco Santa Anna ocupó once veces la presidencia de la República. ¿Cómo poner así una piedra sobre la otra? Mientras los mexicanos, recién liberados de la Corona española, invertíamos nuestro tiempo y nuestros recursos en la destrucción masiva de nuestro país o en su defensa, los países del Atlántico del Norte se empeñaban en estimular la revolución industrial, cuyos avances tecnológicos nos harían a la larga aún más dependientes.

El camino idóneo a seguir para México no podía ser otro que el de la monarquía constitucional, por enfatizar la unidad política y coincidir con la tradición política mexicana. Ya más tarde, dependiendo del proceso evolutivo, se podrían haber instrumentado los cambios que exigiera la coyuntura política, pero en ningún caso se debería haber «copiado» la Constitución de los Estados Unidos para adaptarla a una sociedad naciente, incapaz de entender ni de administrar conceptos propios de otras nacionalidades, los cuales respondían a otra experiencia social. La renuncia a lo nuestro habría de resultarnos muy cara en el corto y en el largo plazo.

¿Cómo sanar nuestras viejas heridas? ¡Al contrario! Las cicatrices se sucederían, una tras otra desde la Independencia hasta nuestros días, pasando por una independencia hecha por el clero (específicamente por Matías Monteagudo, cuya conspiración llevó a Iturbide al poder), la expulsión de los españoles, la independencia de Texas, la Guerra de los Pasteles, la pérdida del territorio en 1848, la sangrienta guerra de Reforma, la intervención francesa y el Imperio de Maximiliano, la restauración de la República en tiempos de Juárez, más de treinta años de dictadura porfirista, la esclavitud ejercida por Díaz, la represión de Cananea y Río Blanco –todo ello enmedio de un estado de analfabetismo deplorable–, una revolución, la decena trágica, la fumigación de yaquis por Obregón y los crímenes políticos, entre ellos la masacre de Huitzilac, los vasconcelistas ahorcados en Topilejo, la guerra cristera –en la que coludidos el Estado y la jerarquía católica mandaron al matadero a las masas fanáticas–, el fascismo nazi y el italiano y la falange española, la persecución de ferrocarrileros y de estudiantes del 58, la matanza de estudiantes del 68, el halconazo de 1971...; finalmente, la dictadura del PRI, la falta de libertad de expresión y los asesinatos de periodistas, la nula aplicación de la Constitución, el dramático cambio a la «democracia», la dirección de los conservadores, y por supuesto, el deporte favorito del país: la traición...

Los mexicanos no somos xenófobos

Según lo acreditó la Primera Encuesta Nacional sobre Discriminación en México, en nuestro país hay «sentimientos, percepciones y actitudes bastante generalizados que son claramente discriminatorios hacia los extranjeros», destacando el dato, derivado de la misma encuesta, de que el 42% de los mexicanos no estarían dispuestos a compartir su casa con un extranjero.[258] Más de uno se sorprenderá de estos resultados, pero preguntémonos: ¿qué otra clase de prejuicios podía haber desarrollado una nación en la que, durante los trescientos años de vida colonial y las primeras décadas de vida independiente, se prohibió la inmigración de personas que no fueran católicas? ¡Cuánta justificada desconfianza!

¿Cómo vamos a querer compartir la casa con un extranjero si la Santa Inquisición nos educó en la quema de judíos y mahometanos y las autoridades virreinales en la esclavización de negros y en el abuso y persistente denigración de los pueblos indígenas, sin olvidar las persecuciones y torturas sufridas por todo aquel que «pensara peligroso»?

En cuanto a los judíos, recordemos que la Inquisición trabajó arduamente para detectar, y eliminar, el «vaho de tan infame gente», pues en su concepto

> deslucían el cristalino espejo de la piedad mexicana y de todas estas católicas provincias, viviendo licenciosos y viles los hebreos entre la numerosa familia de los católicos. Dios, cuyas disposiciones son

[258] Carbonell, 2.

admirables, quiso, dándolos a conocer, que se impidiesen los graves daños que pudieran resultar y se iban ya experimentando, si se quedasen ocultos semejantes enemigos de la Fe.[259]

Y en consecuencia procedió a quemarlos, como hizo con el poeta Luis de Carvajal, hombre brillante y ejemplar que durante su primer encarcelamiento «convirtió al judaísmo a su compañero de celda, nada menos que un fraile».[260]

Su carácter de tabú hace de nuestra xenofobia algo sumamente paradójico, pues a pesar de que la ostentamos en nuestras relaciones cotidianas y hasta en nuestro lenguaje, permanece oculta a nuestros ojos... o eso simulamos. Lo cierto es que el mexicano es y ha sido un pueblo profundamente xenófobo a pesar de estar históricamente conformado por múltiples nacionalidades, etnias y razas. Hacia 1692 don Carlos de Sigüenza y Góngora, legítimo orgullo de nuestra mexicanidad, describió así a una parte de la sociedad colonial:

> Preguntárame Vmd. cómo se portó la plebe en aqueste tiempo y respondo brevemente que bien y mal, bien, porque siendo plebe tan en extremo plebe, que sólo ella lo puede ser de la que se reputare la más infame, y lo es de todas las plebes, por componerse de indios, de negros, criollos y bozales de diferentes naciones, de chinos, de mulatos, de moriscos, de mestizos, de zambaigos, de lobos y también de españoles que, en declarándose zaramullos (que es lo mismo que pícaros, chulos y arrebaracapas) y degenerando de sus obligaciones, son los peores entre tan ruin canalla.[261]

Además de lo ilustrativo del fragmento en cuanto a la diversidad que caracteriza la composición de «la plebe», nótense los términos despectivos con que Sigüenza se refiere a la misma: infame,[262] canalla (del latín *can, canis*, perro),[263] ruin... Cabe señalar que los libros de

[259] Lewin, pp. 17-18.

[260] Maurice Birckel, «La inquisición en América», Biblioteca digital Gonzalo de Berceo, en: http://www.vallenajerilla.com/berceo/florilegio/inquisicion/inquisicioenamerica.htm

[261] Sigüenza y Góngora, *Relaciones históricas*, p. 128.

[262] Según la Real Academia: «que carece de honra, crédito y estimación...» o «muy malo y vil en su especie».

[263] «Del latín *can, canis*, perro: gente baja, ruin... hombre despreciable y de malos proce-

texto de Ciencias Sociales del año 2006, en lo relativo al periodo de la Colonia, mencionan «a Sigüenza y Góngora como intelectual de la época [pero no] a la otra figura de mayor importancia, como Sor Juana Inés de la Cruz», según señaló Hugo Arturo Cardoso Vargas en el interesante ensayo «La mexicanidad en el libro de texto gratuito».[264]

Proverbiales son, por otra parte, los reconocimientos hechos a Sigüenza como el anunciador del «nacionalismo criollo»... ¿pero quién se va a atrever a negárselo? Precisamente es nuestro «nacionalismo criollo» lo que resulta profundamente xenófobo. Y es que ya lo decía fray Luis: «Lo que es ajeno a lo nuestro siempre desagrada».[265]

Recordemos la frase con que dio comienzo la lucha por la Independencia: «Señores, somos perdidos: aquí no hay más remedio que ir a coger gachupines»; y recordemos también que Morelos, en sus *Sentimientos de la Nación*, recomendaba: «que no se admitan extranjeros, si no son artesanos capaces de instruir y libres de toda sospecha», y «que los empleos sólo los americanos los obtengan».

Ahí están también los «declamadores despreciables», los «díscolos inquietos» y «perturbadores del orden público» (como los llamó el doctor José María Luis Mora) que tras la ley de expulsión de los españoles de noviembre de 1827, exigieron, hasta que consiguieron nuevamente, «la expulsión de la maldita raza de los godos» en 1829. ¿Y qué decir de don Lucas Alamán, otro «orgullo» de nuestra intelectualidad oficial, que buscaba «la forma de librarse de esas *hordas de Haití*», refiriéndose a la población indígena y negra que habitaba el país?[266]

Porfirio Díaz, el pacificador, ¿no «estuvo descaradamente ligado a la esclavización de multitudes de indios yaquis y mayas»[267] durante su breve dictadura modernizadora? Y don Ricardo Flores Magón, el ilustrísimo precursor de la lucha contra la tiranía porfirista y periodista ejemplar, fundador además del Partido Liberal Mexicano, ¿no se quejó amargamente en 1906 de la creciente migración de chinos, «cuya suciedad y servilismo son legendarios [y] cuya presencia en

---

deres», según una vez más la Real Academia de la Lengua Española.

[264] *Odiseo, Revista electrónica de pedagogía*, enero-junio, 2006, en http://www. odiseo. com.mx/2006/01/print/cardoso-mexicanidad.pdf

[265] Sara Sefchovich, *La suerte de la consorte*, Océano, México, 1999, p. 6.

[266] Theodor, G. Vincent, *The Legacy of Vicente Guerrero: Mexico's fisrt Black Indian president*, University Press of Florida, Gainesville, 2001, p. 202.

[267] Katz, 1984, pp. 32-33.

nuestra patria indica la falta de patriotismo de nuestro gobierno»?[268] ¿Y no el 13 de mayo de 1911 en la plaza Dos de Abril -hoy plaza de armas- de Torreón, «la población se levantó en armas bajo el extraño grito de: ¡Viva Madero [...] y mueran los chinos!»?[269] ¿Y Pancho Villa, el Centauro del Norte, no ordenó la matanza de chinos en Parral y en Torreón, y como «gobernador militar constitucionalista» de Chihuahua, no decretó una nueva expulsión de españoles en diciembre de 1913? ¿Y Obregón? ¿No hizo a los yaquis (que le habían ayudado a vencer a Villa en Celaya) «una guerra moderna [...] que incluyó el uso de gases venenosos y el bombardeo desde el aire y barcos de guerra surtos en el litoral»?[270] Asimismo, cuando el exilio español llegó a México «la pregonada hospitalidad de nuestro país -escribió un periodista de entonces-, si bien ha sido brindada a los refugiados, no lo ha sido como se ha querido hacer creer, con la aprobación unánime del pueblo mexicano».[271] Y en efecto:

> Los universitarios, especialmente, nos sentimos humillados y postergados cuando vemos que individuos que no han servido directamente a nuestra patria en forma alguna, que no pertenecen a nuestra Universidad, que ni siquiera han presentado ante ella sus títulos científicos o literarios, adquieren de golpe y porrazo una situación favorable, en honores, magníficos sueldos y facilidades de todo género, que a los mexicanos se les ha negado sistemáticamente, desde que México es nación independiente. [El gobierno] mantiene la «Casa de los Amigos de España» con fondos del erario nacional, es decir, con el dinero de los contribuyentes, no del partido comunista, ni de los líderes obreros, ni de los secuaces de Lenin y Stalin, ni del oro sacado de España por los rojos, ni de la CTM., sino, repito, con pesos de nosotros los contribuyentes, que no somos comunistas ni queremos nada con los prófugos españoles.[272]

[268] *El Colmillo Público*, 3 de junio de 1906.

[269] *El Siglo de Torreón*, «La matanza de los chinos», 11 de mayo de 2004.

[270] Alejo Almada Bay, *Álvaro Obregón Salido: nuevos datos y nuevas interpretaciones*, El Colegio de Sonora, en http://www.colson.edu.mx/absolutenm/ articlefiles/944-inherm-obregon.pdf. p. 25

[271] Roque de Santiago, «Los refugiados y el sentimiento popular», *La Prensa*, ciudad de México, 14 de junio de 1939.

[272] Eduardo Pallares, «Los universitarios postergados», *El Universal*, ciudad de México, 13 de junio de 1939.

¿No fustigó José Vasconcelos a la población judía de México a través de la revista *Timón*, que dirigió en 1940 y que era financiada por los nazis? En fin: ahí está el famoso «grupo de extranjeros de ideologías políticas extremistas que se infiltraron en la masa estudiantil» durante 1968, que la prensa no dejó de denunciar hasta que se creó el ambiente propicio para ejecutar a los estudiantes que buscaban un México más democrático.

Aceptémoslo: somos xenófobos. ¡Cuánto se hubiera enriquecido México, en todos los órdenes de la vida nacional, si desde un principio hubiera abierto las puertas a las corrientes migratorias del mundo entero, en lugar de amurallarnos, con todas sus conocidas consecuencias...!

El tratado Mon-Almonte no comprometió a México

La guerra de Reforma comenzaba su etapa descendente. Juárez había dictado en julio de 1859 sus famosas leyes de Reforma y al hacerlo lanzó un desafío mortal a aquellos que sostenían a los ejércitos reaccionarios, que prestaban dinero al clero con la garantía de sus inmensos bienes. Fue un golpe letal: era previsible, con sus debidas reservas, que los ejércitos liberales resultaran tarde o temprano vencedores, y ello obligó al gobierno conservador a seguir la senda de la conspiración con el extranjero, a fin de reinstaurar una corona europea al frente de los destinos de México, lo que terminaría consiguiendo efímeramente...

El tratado Mon-Almonte fue, pues, un instrumento encaminado a cumplir esta santa misión, como lo demostrarán los hechos posteriores; sin embargo, aún se escucha decir que dicho tratado sólo buscaba restablecer el crédito del gobierno conservador y obtener dinero para la continuación de la guerra. Y se afirma también que, en el colmo de la ambición insaciable, visto a la luz del tratado McLane-Ocampo, que «ambos tratados eran lesivos para el país: mucho más el segundo que el primero, desde luego».[273] Esto es falso, y sólo puede ser producto de la confusión o la ignorancia que priva respecto de aquella difícil coyuntura, decisiva para nuestra República y para nuestra independencia política.

El tratado Mon-Almonte fue firmado en París el 26 de septiembre de 1859. Juan Nepomuceno Almonte –sí, el hijo de José María Mo-

[273] Wigberto Jiménez Moreno, José Miranda y María Teresa Fernández, *Historia de México*, ECLALSA, México, 1975, p. 485.

relos y Pavón, el inmenso patriota–, a la sazón ministro del gobierno reaccionario en Francia, lo suscribió en nombre y representación de México, y por España el embajador Alejandro Mon, también acreditado ante el gobierno de Napoleón III. El tratado consigna elementos fundamentales, por ejemplo: que México reconocía la vigencia de un tratado suscrito por ambos gobiernos durante la dictadura de Santa Anna, en 1853, y que se indemnizaría a los súbditos españoles por daños y perjuicios sufridos a consecuencia de los crímenes cometidos (contra intereses españoles) en la hacienda de San Vicente Chiconcuac y en el mineral de San Dimas.

Por lo que hace a los crímenes de San Dimas y Chiconcuac, «el gobierno de Ignacio Comonfort ordenó la persecución, captura y castigo de los culpables de estos delitos»,[274] pero ello no bastó para contentar al embajador español, por lo que éste declaró rotas las relaciones diplomáticas el 19 de enero de 1857 y se marchó a su país, no sin antes depositar en manos del ministro francés la seguridad de los súbditos de la corona. El presidente Comonfort decidió entonces enviar a España a José María Lafragua con el objeto de reanudar relaciones con aquel gobierno, pero los españoles le exigieron indemnizar a España por los destrozos causados durante las guerras de Independencia y reconocer una serie de deudas –por lo demás injustas, sustentadas en documentos falsos–. Lafragua, desde luego, no aceptó tales exigencias y patrióticamente se retiró de Madrid.

Pero tan pronto como se verificó el golpe de Estado del 17 de diciembre de 1857, con el que dio comienzo la guerra de Reforma, el gobierno falaz de Félix María Zuloaga –a través del padre Francisco Javier Miranda, el encumbrado sacerdote ministro de Justicia– cumplió a cabalidad con la «justicia» exigida por la Corona española a propósito de los sucesos de Chiconcuac y San Dimas, y sin más ni más fusiló a cinco miserables, casi todos menores de edad, dando así satisfacción a la Corona española, de la mano de la cual se dispuso a instaurar una monarquía europea en México.

El 3 de marzo de 1858 el gobierno conservador nombró como ministro plenipotenciario ante España a Juan Nepomuceno Almonte –ya bastante experimentado en materia de traiciones–, quien a la vez desempeñaba el mismo cargo ante el Imperio francés. Zuloa-

[274] Jorge Fernández Ruiz, *Juárez y sus contemporáneos*, UNAM, México, 1986, p. 206.

ga, por medio de Luis Cuevas, su secretario de Relaciones, ordenó a Lafragua que entregara los archivos a Almonte, a lo que Lafragua respondió: «Con verdadera repugnancia me niego a obsequiar esa determinación...».[275]

Ya en España, el general Almonte fue recibido por Carlos VI, reunión en la que se discutió el nombramiento del hermano de este último, don Fernando, ¡como emperador de México![276] ¡Por supuesto que Maximiliano no fue la primera opción de la Iglesia católica mexicana! ¡Y por supuesto también que la gestión de Almonte en Europa tenía el objetivo de conspirar contra la independencia de México! ¿Cómo puede negarse que el tratado Mon-Almonte constituía una flagrante traición a la patria? ¿Cómo es posible que se compare siquiera este tratado con el McLane-Ocampo, firmado el 14 de diciembre de 1859 en clara respuesta a la tentativa clerical de enajenar la soberanía nacional haciéndola recaer en un europeo de sangre real?

El tratado Mon-Almonte fue un eslabón más de esa cadena de traiciones que llevó a cabo una eficiente diplomacia empeñada en lograr la intervención tripartita (integrada por España, Francia e Inglaterra) contra la República Mexicana.

Otro eslabón de esta cadena de compromisos ignominiosos contraídos por el *gobierno conservador*, poco después, fueron los llamados «bonos de Jecker», instrumento financiero que implicaba, a grandes rasgos, que por la cantidad de 600 000 dólares, México debería pagar la cifra de 15 millones, adeudo que por obra de la misma gran conspiración orquestada por el clero, sería cobrado con lujo de amenazas nada menos que por la gloriosa Francia. El general Miguel Miramón ordenó la emisión de estos bonos el 29 de octubre de 1859, para su eterna vergüenza, con tal de hacerse de recursos para ganar la guerra.

La pinza se cerraba sobre la República y los reaccionarios se frotaban las manos a la espera de la instalación de una corona duradera y ultraclerical en México, que echara por tierra a la Constitución de 1857, las leyes de Reforma y la memoria de la desastrosa y sangrienta derrota que el indio Juárez le había propinado a los enemigos de la independencia nacional y del progreso de nuestro país.

[275] Sánchez, 2002, p. 165.

[276] Weckmann, 1961, vol. I, p. 216.

A propósito del tratado, el general Juan Prim sentenció: «El senado entiende que el origen de esas desavenencias es poco decoroso para la nación española y por lo mismo ve con sentimiento los aprestos de guerra que hace vuestro gobierno, pues la fuerza de las armas no nos dará la razón que no tenemos».[277] Pero fue una vez más Benito Juárez quien, el 30 de enero de 1860, describiera las cosas con la mayor claridad y justicia:

> El partido que, fundando los títulos de su poder en la defección de una parte de la fuerza armada, se ha establecido en la ciudad de México, denominándose Gobierno de la República [...] ha concluido en París, con el representante de Su Majestad Católica, en septiembre del año anterior, un tratado injusto en su esencia, extraño a los usos de las naciones por los principios que establece, ilegítimo por la manera en que ha sido ajustado y contrario a los derechos de nuestra patria [...] el representante de Su Majestad Católica no podía ignorar que la obligación de las naciones respecto de los delitos de orden común, directamente perjudiciales a los extranjeros, es perseguir y castigar, con sujeción a sus respectivas leyes, a los autores de aquéllos y no la de conceder indemnizaciones pecuniarias por los daños que causen esos delitos; y es ciertamente extraño que la persona que figuraba en el convenio indicado como representante del supuesto Gobierno de México, haya admitido para su país, contra toda razón y contra todo derecho, obligaciones que la misma parte reclamante no vacilaba en declarar implícitamente fundadas; obligaciones que, si existieran, acabarían por reducir a la nulidad la independencia nacional [...] Felizmente [...] un partido político cuyo poder procede de una rebelión que la mayoría del país condena; una facción que con las fuerzas sublevadas está impidiendo en las ciudades del centro la libre emisión del voto público; un partido que ha inaugurado su poder manifestando que sería el Gobierno de algunos Departamentos, de algunas ciudades, según el apoyo que la nación quisiera darle; un partido, en fin, que no obstante la horrible guerra que ha sostenido y fomentado durante dos años, valiéndose de todo género de medios, no ha podido adquirir la representación que busca, no es ni puede ser el Gobierno de la República Mexicana [...] El gobierno constitucional [...] protesta de la manera más solemne

[277] Agustín Cué Cánovas, *El tratado Mon-Almonte*, México, Ediciones Los Insurgentes, 1960, pp. 20-21.

> contra el tratado referido, celebrado en París en septiembre del año anterior, manifestando que sus cláusulas no pueden comprometer los intereses de México, por falta de poderes en las personas que, por su parte, han intervenido en él, y declarar que se reserva el derecho de arreglar las diferencias pendientes con España, conforme a los principios de la justicia universal y de un modo conveniente a la dignidad de ambas naciones.- Heroica Veracruz, enero 30 de 1860.

Por lo que hace a Juan Nepomuceno Almonte, quien suscribió este vergonzoso tratado, y para que quede claro cuál era el verdadero objetivo del mismo, baste decir que tan pronto como se consumó la ocupación del país por parte de las tropas de Napoleón III, Almonte se proclamó, en abril de 1862, Jefe Supremo de la Nación, a la espera del arribo del archiduque Maximiliano de Habsburgo, a quien había frecuentado en Europa para detallar esta imperdonable felonía, a la que Juárez, el recio indio oaxaqueño, se sobrepondría más adelante.

Benito Juárez inició la Reforma

Los clericales han perseguido más allá de la muerte a Valentín Gómez Farías: además de que no se conformaron con negarle la posibilidad de ser enterrado en un cementerio, sus historiadores han hecho cuanto han podido para deslavar su figura y sus méritos. Hoy casi nadie recuerda que Gómez Farías se enfrentó al clero católico para obtener los recursos económicos con que enfrentar a los invasores estadounidenses, y que por ello la jerarquía eclesiástica lo atacó sin misericordia, mientras que Santa Anna lo despojó de todos sus poderes. Igualmente, casi nadie sabe que Gómez Farías firmó las dos primeras constituciones del México independiente y que defendió a la federación a capa y espada; pero, más aún, nadie lo recuerda como el hacedor de las primeras leyes de reforma.

Es cierto, en los libros de texto y en las obras de los historiadores oficiales y clericales se afirma que Benito Juárez fue el artífice de la Reforma gracias a las leyes que publicó a finales de los años cincuenta del siglo XIX; sin embargo, casi treinta años antes de que el Benemérito marcara la ruptura definitiva entre la iglesia y el Estado, entre la libertad de conciencia y la sujeción a los púlpitos, Valentín Gómez Farías llevó a cabo la primera reforma liberal de nuestra patria.

Gómez Farías: la reforma olvidada

Al comenzar los años treinta del siglo XIX, Santa Anna –el caudillo marcado por la impostura– era el hombre más poderoso del país. Él era el presidente, pero el cargo no le resultaba del todo cómodo:

prefería las peleas de gallos y las luchas en el lecho con las fogosas mulatas... el país, en realidad, le importaba un bledo, de lo cual dio varias muestras irrefutables. Así, Santa Anna, con el fin de dedicar sus esfuerzos a las labores que realmente le importaban, confió el Poder Ejecutivo al vicepresidente de la República: Valentín Gómez Farías, quien de ningún modo era un improvisado ni estaba marcado por los mismos estigmas que el caudillo: por sus venas corría la sangre liberal, estaba unido fuertemente a José María Luis Mora –el primer gran ideólogo del liberalismo en nuestro país– y poseía una notable experiencia legislativa, pues había formado parte de los congresos de 1822 y 1824, había sido secretario de Hacienda y, junto con el doctor Mora –un distinguido sacerdote doctor en Teología–, había hecho la primera propuesta para secularizar los bienes de la iglesia en beneficio de la economía del país.

Entre abril de 1833 y abril de 1834, Valentín Gómez Farías se hizo cargo del Poder Ejecutivo y emprendió la transformación absoluta del país. México, a fuerza de leyes y decretos, debía abandonar su pasado colonial, separarse de la iglesia y emprender la ruta del liberalismo. De esta manera, durante casi doce meses, él –siguiendo también las ideas políticas del doctor Mora– dictó 265 leyes, decretos, bandos y provisiones de corte liberal. Pero, obviamente, cada una de sus disposiciones fue bloqueada y atacada por la jerarquía eclesiástica y por los cangrejos, sepultados en el pasado.

Efectivamente, las disposiciones dictadas por Valentín Gómez Farías sólo pudieron llegar a buen puerto gracias a los diputados liberales que estuvieron dispuestos a jugarse el todo por el todo con tal de que México progresara. Estas leyes, nuestra primera reforma, quedaron plasmadas para que la siguiente generación de liberales –la de Juárez, Ocampo y los hombres que se enfrentaron a los conservadores, a Francia y al Imperio de Maximiliano– pudiera hacerlas plenamente efectivas.

Las leyes de 1833 buscaban que nuestro país se liberara de las taras del pasado y del yugo eclesiástico, y que sus ciudadanos pudieran llevar a cabo sus aspiraciones sin quedar sujetos a las jerarquías que supuestamente había dictado el mismo dios. Una de las más trascendentales disposiciones de Gómez Farías fue sin duda la ley del 27 de octubre de 1833, que a la letra dice: «Art. 1. Cesa en toda la República la obligación civil de pagar el diezmo eclesiástico, dejándose a cada ciudadano en entera libertad para obrar en esto con arreglo a lo que su conciencia le dicte».

Asimismo, extinguió por decreto el colegio de Santa María de Todos los Santos, disponiendo el gobierno que las fincas y rentas de dicho colegio se administraran con absoluta independencia de los ramos de hacienda y se invirtieran en el ministerio de Instrucción Pública, en cuyas manos se pusieron también varios conventos y edificios de beneficencia, como el convento y templo de San Camilo, el hospital de Jesús, el de Belén, la antigua Inquisición y el templo del Espíritu Santo. Para redondear esta magna obra educativa, inspirada, como hemos dicho, por el doctor Mora, Gómez Farías creó por decreto la Biblioteca Nacional y mandó establecer las escuelas normales de maestros, de modo que la reforma educativa comenzara por la enseñanza primaria. Así, las leyes de la reforma de Valentín Gómez Farías pretendían:

- Extinguir los privilegios del clero y del ejército.
- Separar la iglesia del Estado.
- Destruir el monopolio económico y cultural del clero.
- Garantizar la libertad de cultos, de pensamiento y de expresión.
- Establecer la enseñaza obligatoria y gratuita.
- Crear la enseñanza profesional.
- Contribuir a una repartición más equitativa de la riqueza.
- Colonizar e integrar el territorio patrio.

El obispo de Puebla calificó las leyes reformistas de «pronunciamientos sacrílegos [...] señal de cisma y grito de alarma de la más osada impiedad contra la jerarquía eclesiástica».[278]

El ataque de Valentín Gómez Farías a la iglesia y a los conservadores no tardó en provocar reacciones terribles: al grito de «¡Religión y Fueros!» los grupos reaccionarios se levantaron en armas para frenarlo y volver al *statu quo* anterior, a la sacrosanta inmovilidad que tanto le ha convenido a la jerarquía eclesiástica. Los cangrejos y los curas clamaron por el regreso de Santa Anna, el hombre que sí los comprendía y que se conformaba con sobornos para dejarlos en paz. Así, a finales de 1833, con el pretexto de impedir la proclama-

[278] Alfonso Toro, *op. cit.*, p. 114.

ción de ciertas disposiciones que clausurarían algunos conventos, Santa Anna –ahora convertido en el «ángel de la paz» por los clericales– encabezó la rebelión del clero en contra de estas reformas.

El «ángel de la paz» regresó de Veracruz a la ciudad de México en abril de 1834 y, a partir de diciembre de ese año, la iglesia lo cubriría de honores: «sea mil veces bendito el hombre que con tan diestra mano ha sabido volver a Dios su legítima herencia», decían los sacerdotes en los púlpitos. Santa Anna, el autoproclamado protector de dios, disolvió el Congreso, suprimió el cargo de vicepresidente para anular a Gómez Farías y nombró ministro de Justicia a su ilustrísima Juan Cayetano Portugal, obispo de Michoacán, suspendiendo sin miramientos las leyes de la primera reforma. Derrotado, Valentín Gómez Farías, en mayo de 1834, abandonó la capital del país y se refugió en Zacatecas, donde se enteró de que la iglesia lo llamaba hereje, loco e inmoral, por conspirar en contra «de la porción escogida» y a favor «de la canalla soez».

Una vez que Santa Anna se afianzó en el poder gracias a los jerarcas de la iglesia y a los sectores más retardatarios de la sociedad, la reforma se fue al caño y se publicaron las siete leyes constitucionales que alumbraron el centralismo, la reacción y la debilidad de una nación que pronto pagaría muy caro el abandono del federalismo y el liberalismo: la guerra contra los estadounidenses mostraría, con toda su crudeza, el fracaso del proyecto de Santa Anna y de los religiosos.

Esta es, en sus líneas más generales, la historia de la primera reforma, de la reforma de Gómez Farías, que –a pesar de los intentos de la iglesia y de los historiadores oficiosos– iluminó el camino que recorrerían los juaristas para romper con el pasado virreinal y católico.

En 1846, durante la intervención armada de los Estados Unidos en contra de México, don Valentín volvió a ser vicepresidente, con Santa Anna otra vez como titular del Poder Ejecutivo, pero esa es otra historia en la que, por supuesto, el clero católico volvió a jugar otro papel indigno como protagonista de nuevas e históricas felonías...

El Nigromante: el anticristo apocalíptico[279]

Hoy en día, a más de cien años de la muerte de Ignacio Ramírez, «el Nigromante», con sólo mencionar el nombre de este coloso del liberalismo mexicano se genera todavía una gran polémica social y política. El clero, siempre petulante, no le perdona la enorme blasfemia de haber sido el ideólogo incuestionable de las garantías individuales del pueblo mexicano, así como de la educación laica y gratuita que emancipó a la nación de la interdicción mental a la que había sido condenada nuestra sociedad del siglo XIX por parte de la mafia clerical, que con ideas como el pecado mortal y la excomunión extorsionó por siglos a nuestros héroes nacionales, a nuestros letrados y al pueblo en general.

Los conservadores y el clero habían condenado a la miseria más lacerante a la población civil, so pretexto de que ésta alcanzaría la gloria por medio del sufrimiento y la devoción, cuando en realidad lo único que perseguían era el objetivo de mantener sus fueros y sus privilegios. En ese tiempo el clero era dueño de una tercera parte del territorio nacional, sobre lo que el Nigromante escribió: «Nosotros los trabajadores decimos a los propietarios de los bienes espiritualizados, vuestra pobreza evangélica apenas posee una tercera parte de la república y del territorio nacional, pero ¿no pudiéramos lograr la gloria a menor precio?».

El poder conservador y el clerical deseaban un México colonial modernizado, por lo que habían condenado a la inmensa mayoría

[279] Agradezco a Emilio Arellano, bisnieto del Nigromante, la redacción de este texto tejido en torno de una de las grandes figuras del liberalismo mexicano: Ignacio Ramírez.

del pueblo pobre al látigo, a la cruz y a la excomunión, a una miseria general desde su nacimiento y a su explotación masiva en las parcelas agrícolas. En ese ambiente casi feudal nació Ignacio Ramírez Calzada, hijo del liberal Lino Ramírez, que participó en la conspiración de la Independencia junto con Josefa Ortiz de Domínguez. En ese tiempo el padre de el Nigromante fungía como interventor de rentas de Querétaro (posteriormente llegó a ser gobernador de esa entidad, apoyando en 1833 las leyes de Valentín Gómez Farías, llamadas las primeras leyes de Reforma). Un dato desconocido es que Lino Ramírez, como la mayoría de los insurgentes, fue condenado por el tribunal de la Inquisición en 1815, y a consecuencia del tormento que sufrió en el edificio de Santo Domingo de la capital mexicana, quedó inválido de las piernas: esa era la «Santa Inquisición»...

Ignacio Ramírez, en su labor periodística, fundó varios periódicos, como *Don Simplicio* y *La Insurrección*, en el que sostuvo la legendaria polémica con Emilio Castelar, el tribuno español, quien luego de salir derrotado de la misma, le envió a Ramírez un retrato con la siguiente dedicatoria: «A D. Ignacio Ramírez, al que la elocuencia y el talento, estuvieron siempre de su parte, del vencido, al vencedor; Emilio Castelar, París, 1866». A lo que el Nigromante contestó, confirmando su permanente aversión a lo español: «En ser indio mi vanidad se funda, porque el indio en su miseria, socorre a los vasallos de Isabel II». Instituyó también *El Clamor Progresista*, *El Club Popular*, *La Sombra de Robespierre*, *Themis y Deucalión* (en el que lanzó su legendario «Manifiesto Indígena», texto que se encuentra plasmado en el muro lateral del Museo del Templo Mayor), *La Estrella de Occidente* y otros más, hasta llegar a dieciocho diarios, en los cuales escribió más de seiscientos artículos defendiendo a los más desprotegidos y denunciando la incompetencia de los gobernantes mexicanos en turno.

A los 23 años de edad, en 1846, Ignacio Ramírez fue designado secretario de Finanzas, Educación y Guerra del Estado de México, donde estableció por primera vez la educación laica y gratuita, el libro de texto gratuito y las becas para alumnos de escasos recursos, en el afamado Instituto Científico y Literario de Toluca. Luego ocupó la jefatura política del estado de Tlaxcala y fue jefe del ayuntamiento de la ciudad de México, en 1861. Antes, en 1856, siendo secretario de Gobierno del estado de Sinaloa, y como diputado electo por esa entidad, había regresado a la ciudad de México para formar parte del Congreso Constituyente de 1857.

Considerado el Nigromante como el más puro de los liberales en dicho Congreso y el intelectual más visionario de su época, presentó varias reformas a la Constitución que cimbraron a la sociedad de su tiempo, como fueron: la igualdad del hombre y la mujer, los derechos y la protección de huérfanos, minusválidos y madres solteras; la libertad de prensa y la abolición de la pena de muerte. Ideó también la supresión de los delitos de imprenta, el divorcio, la jornada laboral de ocho horas, la constitución de los sindicatos de obreros y campesinos, la revocación del mandato de funcionarios públicos, el plebiscito y el referéndum popular, la independencia del Poder Judicial, la designación del ministro de Justicia por el Congreso de la Unión, la participación de los trabajadores en las utilidades de las empresas, la separación de la iglesia y el Estado, y la educación laica y gratuita, lo mismo que preceptos tan avanzados como: «la tierra y sus frutos son de quien la trabaja, no importando los títulos de propiedad que ostenten sus dueños», idea que Antonio Díaz Soto y Gama, abogado de la familia Ramírez, años después le transmitió a Emiliano Zapata. Igualmente, Ignacio Ramírez estableció el calendario cívico nacional, la aplicación en México del sistema métrico decimal, el libro de texto gratuito y el concepto radical de un Estado laico. Sobre esto último, cuando se discutía la redacción del artículo primero de la referida Carta Magna, y que a la letra decía: «En el nombre de dios los mexicanos nos obscquiamos esta constitución», el Nigromante dijo:

> No venimos en calidad de iluminados a elaborar esta constitución, por lo que tampoco reconozco mi calidad de mensajero de la divinidad; tan sólo soy un representante popular, no sujeto a una ficción, ni puedo sustentar mi trabajo en fábulas populares; señores diputados, nuestro encargo es un acto de devoción a la patria, como para que yo comience mintiendo...

De inmediato el clero nocivo, representado por su más peligroso miembro, Pelagio Antonio de Labastida y Dávalos, Arzobispo Primado de México, al ver el contenido visionario y de justicia social de la Constitución de 1857 excomulgó a varios liberales, entre ellos a Ignacio Ramírez, y desde el púlpito de la Catedral el clérigo, convirtiendo el referido altar mayor en tribuna legislativa del partido conservadorclerical, condenó la Constitución en los siguientes términos: «Tan sólo leer esa constitución me causa una gran aflicción, porque puede hacerlo a uno reo de un pecado mortal». El Papa dictador, desde Roma, tan sólo repetía con gran indignación: «Non possumus!, Non possumus!». Así consideraba el clero a las garantías individuales, como lo siguen haciendo hasta nuestros días.

Pasaron los años y el presidente Juárez, a pesar de que Ignacio Ramírez era dieciocho años menor que él, le reconoció su talento intelectual, de dimensiones casi legendarias, y le encomendó simultáneamente la cartera de cuatro secretarías de Estado: Educación Pública, Justicia, Fomento y Economía. El Nigromante estuvo a la altura de las exigencias de la nación: estandarizó la educación nacional, estableció hospitales para personas de escasos recursos, creó la primera escuela en América Latina para niños sordomudos e impulsó la línea del ferrocarril que iba de México a Veracruz.

Sin embargo, el país se vio de nuevo amenazado por los mismos poderes siniestros asociados, como fueron los conservadores y el clero, por lo que se determinó que El Nigromante, como ministro de Justicia y Asuntos Religiosos, del que todos sabían que era el verdadero redactor de las leyes de Reforma, hiciera efectivas estas leyes en todo el territorio nacional. El liberal mexicano causó estupor cuando comenzó a exclaustrar los conventos de la ciudad de México, de Puebla, de San Luis Potosí y de otros estados. De esos inmuebles decía: «Estaban destinados hasta antes de las referidas leyes de Reforma [...] a centros de ocio y vagancia del clero, a cosas obscenas y a crímenes espantosos». Ramírez los convirtió en escuelas, hospitales, bibliotecas públicas y observatorios meteorológicos. Las obras de arte sacro las envió a la Academia de San Carlos y a otros museos.

Ignacio Ramírez nunca estuvo satisfecho con las Leyes de Reforma, ya que Melchor Ocampo, erróneamente, había suprimido algunas disposiciones que, al igual que en la Constitución de 1857, fueron eliminadas por los liberales moderados; ello resultó desastroso, pues entre aquellas disposiciones había algunas que incluso el día de hoy pueden considerarse verdaderamente visionarias, como el que la figura de la excomunión sea equiparable al delito de extorsión agravada; el prohibir que el clero esté sometido a la voluntad de un gobierno extranjero –el Vaticano–; el deber de las congregaciones religiosas de pagar a sus sacerdotes un salario digno por las actividades comunes que desempeñan fuera del rito religioso –acabando así con la esclavitud voluntaria que por devoción o por fe esos sacerdotes sufrían–, y la sujeción de los curas a la legislación penal nacional.

El Nigromante exigía que el clero pagara renta a la nación por las iglesias y otros inmuebles que ocupaba, propiedad del gobierno mexicano. Era inadmisible que cada vez que se ponía en vigencia una ley contraria a sus intereses, el clero desconocía al gobierno mexicano, por lo que Ramírez pedía que esa conducta fuera considerada como traición a la patria y que se desconocieran los cargos eclesiásticos otorgados por el Vaticano. Asimismo, pugnó por eliminar las limitantes eclesiásticas que eran contrarias a la Constitución, como el divorcio matrimonial, el matrimonio de los sacerdotes y la libertad absoluta de creencias.

La participación de Ignacio Ramírez en la vida política y social del México del siglo XIX fue explosiva, y tan amplia que sería imposible resumirla en estas páginas. A los 17 años de edad elaboró los dibujos del cuerpo humano y el texto del libro de anatomía humana del doctor Luis Jecker, que fue obligatorio en la escuela de medicina hasta 1880. En su exilio en Yucatán hizo el diccionario de jeroglíficos y lenguas maya, quiché y náhuatl-español para el explorador inglés J. Williams, quien se llevó el crédito de haber descifrado las lenguas mexicanas… sin reconocer a su verdadero autor, Ignacio Ramírez.

Pero si lo anterior no fuera suficiente para consagrarlo a la inmortalidad, en 1868 el Nigromante fundó la Sociedad Mutualista de Escritores de la República Mexicana, antecedente de la actual Sociedad General de Escritores de la República Mexicana. Adicionalmente, se afirma que escribió más de veinte obras de teatro –entre las que se encontraba la versión original de *Pocahontas*– y más de setenta estudios científicos de diversas ciencias, entre ellos el *Atlas de recursos naturales y forestales de la República Mexicana* para la Sociedad Mexicana de Geografía y Estadística, y el *Estudio de las sensaciones y de los sentidos humanos*, en 1843. Igualmente, entre otros proyectos importantes para el desarrollo nacional, en 1850 estableció las primeras granjas perlíferas y camaroneras de Sinaloa y Baja California.

Ignacio Ramírez Calzada fue excomulgado por el clero en dos ocasiones y estuvo en prisión más de cinco veces por defender al pueblo mexicano de los abusos del poder y de la tiranía; personajes como Santa Anna y Maximiliano lo enviaron al paredón de fusilamiento –del cual, por fortuna, se salvó–; cuando recibió la carta de excomunión del Papa dispuso: «Enviar al Ministerio del Interior y archívese donde no estorbe», y renunció a la gloria eterna por servir a su nación con verdadera lealtad. Al respecto, el Nigromante escribió:

> el clero me ha anatemizado y con su odio irracional le ha negado el supuesto paraíso a mis descendientes, hasta la cuarta generación; yo les digo a mis hijos y nietos, no se aflijan, escogimos un credo superior, como dogma de fe que es y será siempre el pueblo pobre mexicano. Nuestro evangelio es nuestra nueva constitución, que pregona los principios fundamentales de todo buen creyente, que son: «Justicia, Igualdad y Legalidad», y que desde 1857, México, por fin, ha llegado a la tierra prometida...

Mientras la sociedad mercantil llamada «el clero» y los conservadores le decían a Ignacio Ramírez ateo, hereje, masón y excomulgado, el criterio general de la nación mexicana se consolidaba, terminaban por fin y para el bien de nuestro país la supuesta dictadura divina sobre la conciencia humana y la esclavitud espiritual del pueblo pobre.

Quien quiera aquilatar la figura de este insigne mexicano debe recordar las palabras de Guillermo Prieto cuando invocó al Nigromante en los siguientes términos: «Yo para hablar de Ramírez necesito purificar mis labios, sacudir de mi sandalia el polvo de la musa callejera, y levantar mi espíritu a las alturas en que se conservan vivos los esplendores de Dios, los astros y los genios». El día de su muerte diversos diarios citaron lo siguiente:

> En este día la nación mexicana está de duelo por la pérdida de uno de sus más queridos hijos, D. IGNACIO RAMÍREZ CALZADA, que le dio un futuro próspero a nuestras futuras generaciones por medio de la educación laica y gratuita, el Estado laico y las tan ansiadas garantías individuales, su herencia y legado, por el que sufrió persecución, destierros y hasta las prisiones más infames. ¡Pueblo de México!, ¡de

pie y en silencio!, que pasa el cortejo fúnebre de su hijo amado, «El único apóstol laico de esta nación».

«¡Qué extraño, la nación entera se volcó a su entierro y no era un presidente! Miren, el pueblo pobre, estudiantes, colegios y academias científicas lo acompañan, portando lágrimas en sus ojos, como tributo y gratitud al egregio maestro!», escribió Ignacio M. Altamirano ese 15 de junio de 1879.

El 5 de febrero de 1957 el Congreso de Sinaloa designó a Ignacio Ramírez Calzada «Benemérito del pueblo mexicano»... aunque para el clero católico Ignacio Ramírez, el gran defensor de los derechos humanos, fue el anticristo apocalíptico...

Los gobiernos revolucionarios hicieron valer la Constitución

Cualquiera pensaría que los gobiernos emanados de la Revolución mexicana encontraron en la Constitución de 1917 la fórmula de su sorprendente permanencia en el poder (nada menos que por más de ocho décadas, contando gobiernos revolucionarios y posrevolucionarios). Desafortunadamente para los mexicanos, no fue ese precisamente el régimen de la relación entre la ley y los gobiernos revolucionarios, ni tampoco fue por el acatamiento y la vigencia de dicho código que los gobiernos emanados del Partido de la Revolución Mexicana, después Partido Nacional Revolucionario, y finalmente, y todavía, Partido Revolucionario Institucional, se perpetuaron en el poder: de hecho, fue precisamente lo contrario: gracias a la simulación, a su interpretación unilateral y a su aplicación subjetiva fue posible la continuidad de ese régimen ignominioso, artero, alevoso, intransigente y totalitario que no sólo produjo 40 millones de mexicanos viviendo en la miseria, sino que impidió a cualquier precio la sana alternancia en el poder.

La costumbre de desobedecer

«Se acata pero no se cumple»: tal es la fórmula de nuestro ancestral desprecio por la ley, arraigado en nuestras relaciones cotidianas al paso de trescientos años de derecho aplicado con arreglo a los estados de ánimo. Es proverbial, en este sentido, la desobediencia de las leyes encaminadas a la protección de los indios, así como el carácter decorativo (y en todo caso económico) de la famosa bula papal por la cual los indios venían a adquirir el estatuto de seres provistos de alma.

Durante el México independiente los esfuerzos por hacer valer las sucesivas constituciones que pretendieron conducirnos por la vía de la legalidad, a pesar de ser célebres, fueron asimismo derrotados, ya por la megalomanía de Santa Anna (que aliado con el clero echó por tierra la Constitución de 1824), por la intolerancia clerical que hizo abortar la Carta Magna de 1857 y que condujo al país a una guerra fratricida, o ya por la ambición desmedida de Porfirio Díaz, quien «gobernó» a su voluntad y capricho, ignorando, en todo caso, la ley. ¿La Constitución? ¡se acata pero no se cumple!

Los consusuñaslistas

Cuando Porfirio dobló las manos ante el *Non Possumus* (no podemos) del clero (lo que se negó a hacer Juárez por tratar de instalar a la nación en un régimen legal), demostró transitoriamente cómo era posible la subsistencia de tres entes nominalmente antagónicos y excluyentes en un mismo espacio: una ley, un gobierno encargado de hacerla cumplir y un sujeto que la viola continuamente. Este modo de (no)ser ciudadanos trascendió naturalmente al largo reinado del oaxaqueño y ayudó a configurar, también, al régimen posrevolucionario. A este respecto, observemos que ni Venustiano Carranza, ni Adolfo de la Huerta, ni el inmarcesible general Álvaro Obregón aplicaron los artículos constitucionales que más enorgullecen a los mexicanos, sin saber generalmente por qué...

Lo cierto es, pues, que ni durante los gobiernos revolucionarios ni durante los llamados posrevolucionarios la Constitución pudo gozar del respeto que merece todo código legal en una República de ciudadanos libres. No sólo eso: los mismos presidentes revolucionarios fueron los primeros en violentar el espíritu de los artículos más emblemáticos de la Constitución y de la Revolución; tal fue el caso de las reformas a los artículos 82 y 83 que el Manco llevó adelante gracias al servilismo del Congreso, pronto siempre a satisfacer al caudillo. A pesar de que la Constitución fue en este caso reformada de acuerdo con sus propias disposiciones, ¿no resultaba descarado echar abajo el principio de No Reelección? ¿No fue este principio el origen mismo del movimiento revolucionario?

Naturalmente, fue el propio Manco quien unos años antes, mediante los famosos acuerdos de Bucareli, redujo a cenizas el artículo 27, en cuya situación permaneció hasta que su sucesor, Plutarco Elías Calles, en 1925, decidió amagar con aplicar lo dispuesto por el artículo a propósito de la propiedad estatal de los recursos nacionales; pero sólo fue un amago, pues el 17 de noviembre de 1927, presionada por Calles a través de su ministro de Industria y Comercio, la Suprema Corte reconoció los derechos de propiedad de la empresa norteamericana «Mexican Petroleum Company», lo que tácitamente significaba la anticonstitucionalidad de la ley de 1925 sobre el petróleo, la cual, «para no alarmar a los sectores radicales que apoyaban su gobierno, Calles no la revocó expresamente».[280] Es decir, el artículo 27 ¡se acata pero no se cumple!

No sería esta la única claudicación de los revolucionarios a los poderosos «intereses creados» que históricamente han inhibido la fortaleza del Estado mexicano: recuérdese que durante gran parte de los pequeños reinados del priato se permitió a la iglesia desarrollar actividades al margen de la ley, y en ocasiones contra la ley misma, haciendo así del artículo 130 mera letra muerta. Una vez más, y como premio al esfuerzo desplegado por la jerarquía durante la llamada guerra cristera, la Constitución de 1917 ¡se acata pero no se cumple!

¿Y qué diremos del respeto al artículo 41 constitucional: «La renovación de los poderes Legislativo y Ejecutivo se realizará mediante elecciones libres, auténticas y periódicas»? Baste decir que durante la dictadura perfecta del priísmo nuestras elecciones sólo fueron periódicas... Las listas se «palomeaban» en Los Pinos y la ciudadanía «ratificaba» la decisión presidencial en las urnas.

¿Y del artículo 7°: «Es inviolable la libertad de escribir y publicar escritos sobre cualquiera materia [...] ninguna ley ni autoridad puede establecer la previa censura [...] ni coartar la libertad de imprenta, que no tiene más límites que el respeto a la vida privada, a la moral y a la paz pública»? Simplemente recordemos que el Estado ejerció el monopolio del papel durante el siglo XX... aunque, por supuesto, eso no quiere decir que no se persiguiera, se secuestrara y se asesinara a los periodistas que no aceptaban convertirse en peleles del presidente en turno.

[280] Urioste, p. 71.

¿Y del artículo 9º: «No podrá coartarse el derecho de asociarse o reunirse pacíficamente con objeto lícito»? Debe observarse que el origen mismo del movimiento de 1968 fue la violación de las garantías individuales, el asesinato en masa, la aniquilación de la libertad de expresión, el encarcelamiento indiscriminado de comunistas y no comunistas, y en fin: todo el gobierno autoritario y criminal de Díaz Ordaz. ¿No llamó el movimiento a la restauración del régimen constitucional suplantado por las paranoias de Díaz Ordaz?

¿Qué diremos, en fin, de la rampante impunidad en la que permanecen todavía hoy los cientos de políticos negligentes y corruptos que durante ochenta años se apropiaron de las instituciones políticas con el pretexto de hacer valer la Constitución de 1917?

Nótese que en la fórmula del artículo 87 constitucional: «Protesto guardar y hacer guardar la Constitución Política de los Estados Unidos Mexicanos y las leyes que de ella emanen, y desempeñar leal y patrióticamente el cargo de presidente de la República que el pueblo me ha conferido, mirando en todo por el bien y prosperidad de la Unión, y si así no lo hiciere que la nación me lo demande»... no sólo está implícita la responsabilidad presidencial, sino también la ciudadana de demandarle al presidente que cumpla con los mandatos constitucionales. Este precepto, al igual que muchos otros, por lo general ha sido letra muerta a nivel federal, estatal y municipal, además de que se ha ignorado, con todas las comillas que se desee, en el orden legislativo y judicial.

Elizondo, único autor de la captura de Hidalgo y Allende

Sobre los últimos momentos de Miguel Hidalgo, Ignacio Allende y demás insurgentes de 1810, solemos escuchar:

> Después de la derrota de Calderón [...] La mayor parte del ejército se internó en el desierto con destino a los Estados Unidos, en donde pensaban comprar armas para continuar la guerra. Aquel propósito no pudo cumplirse, porque Ignacio Elizondo sorprendió a los insurgentes en Acatita de Baján, apoderándose de una parte de ellos y de sus principales caudillos [...] Las autoridades virreinales ordenaron la ejecución de los jefes más destacados.[281]

Algunos textos más generosos hacen también alusión a la traición de Elizondo, asegurando (lo cual es cierto) que este oficial realista se había unido a la causa insurgente pero que después, precisamente cuando los caudillos se dirigían a los Estados Unidos, prefirió recuperar su carácter realista y aprehendió a los próceres. Esta traición, aunque verdadera, fue sólo parte de una conjura mucho mayor: Elizondo no trabajaba solo... ¿por qué, de nuevo, se ha de encubrir la labor organizada de la iglesia en la contrarrevolución de Independencia?

La conjura de Porras

Desde octubre de 1810 el obispo de Linares, don Primo Feliciano Marín de Porras, peninsular y antiguo miembro de la corte española,

[281] Martín Quirarte, *Visión panorámica de la historia de México*, Librería Porrúa Hermanos, México, 1986, p. 55.

lanzó sus tremendos anatemas contra los insurgentes, siguiendo con ello al resto de la jerarquía eclesiástica, fanática combatiente de la causa independentista. Cuando el 7 de enero de 1811 Marín de Porras se entera de la derrota de Cordero a manos de las tropas de Mariano Jiménez, abandonaba su obispado de Monterrey para ir a Refugio (Matamoros). Pero el señor obispo no podía dejar pasar la oportunidad de mostrar su fidelidad al rey y a su iglesia; más que temeroso, el sigiloso obispo Marín habría de preparar una cortina de humo para esconderse de los eventos que estaban por ocurrir. De Porras, «el Capellán de honor del Rey de España, y también su predicador de número y Penitenciario de su Real Capilla»[282] nunca llegó a Refugio: «se regresó y anduvo de incógnito»[283] de rancho en rancho para poder dar forma a su conjura contrarrevolucionaria. El plan de Marín, que era más que astuto, usaría para la contrarrevolución en Texas al subdiácono Juan Manuel Zambrano, y en Monclova, a Benigno Vela y, finalmente, a Ignacio Elizondo... Tiempo atrás el tal Zambrano había tenido problemas con el gobernador de Texas, Manuel Salcedo, hasta que este último lo envió a la ciudad de México en 1807. Pero el brazo del clero no dejaría pasar mucho tiempo sin que revirtiera la decisión y Zambrano reapareciera en la provincia de Texas: el gobernador Salcedo arresta a Zambrano y prontamente el obispo de Nuevo León, Marín de Porras, excomulga a Salcedo y le da treinta días para que se retracte de su decisión.[284] Tiempo después, ya iniciada la Independencia, Zambrano se encargará de los trabajos de la contrarrevolución en Texas.[285] En aquellos años dicha entidad era gobernada, por el lado de la insurgencia, por don Juan Bautista Casas, quien también había comenzado ahí la revuelta.

El 24 de febrero salían de Saltillo el licenciado Juan Aldama y el padre Salazar con la orden de pasar a los Estados Unidos y convertirse en embajadores de la causa independiente. Tan sólo tres días separaban a los insurgentes del territorio donde el obispo de Linares tejía la red que impediría la negociación con el país del norte. La noche del 27 llegaron al fin a San Antonio Béjar, y Zambrano (el

[282] De la Fuente (1910), p. 323.

[283] *Ibid.*, p. 337.

[284] http://www.tamu.edu/ccbn/dewitt/zambrano.htm#bishop

[285] De la Fuente, 1910, p. 337

brazo del obispo De Porras) no se hizo esperar, intrigando con el padre Salazar para convencerlo sobre la mala conducta del gobernador Casas y de la necesidad de formar una junta de gobierno que lo controlara. El padre Salazar replica que «ni él ni Aldama tenían facultades para formar juntas, ni menos para revocar lo que Jiménez determinaba…».[286] Zambrano, entonces, no cambió de estrategia, sólo cambió de mentira: corrió el rumor de que Aldama se había coloreado napoleónico, y que sus intenciones en el vecino del norte no eran las consabidas por los insurgentes, sino entregarle el país al pequeño de Córcega.[287] Pasados cuatro días Zambrano había convencido a algunas personas, y para el primero de marzo «antes de amanecer ya estaba preso el gobernador Casas y detenidos en su alojamiento Aldama y Salazar, a pretexto que su pasaporte no era bastante para un embajador…[288]

Al día siguiente los conjurados convocaron a los principales vecinos para nombrar una junta de gobierno, en la que se nombran once vocales zambranistas y, gran sorpresa, otorgan la presidencia al mismo Zambrano. Como primer acto de gobierno «se juró defender los derechos de Fernando VII y de la dinastía Borbón, quedando ya declarada la contrarrevolución y presos en toda forma, Aldama, Salazar y el gobernador Casas y todos los adictos a la independencia que allí se encontraban».[289] Podemos decir que «en San Antonio de Béjar había recogido el obispo Marín una buena cosecha...».[290] La contrarrevolución estaba dando sus frutos.

Así como Zambrano operaba en Béjar, así lo hacía en Monclova don Benigno Vela, el ahijado de casamiento de Elizondo, el traidor. Vela, bajo el manto del obispo de Linares, había invitado a Elizondo a la contrarrevolución, pero no había recibido buena respuesta por parte del insurgente: «pero Vela, que era activo y empeñoso […] para no hacerse sospechoso con el gobernador Aranda, se vendía por su muy amigo y adicto [y] seguía ocultamente en sus trabajos».[291] En

[286] *Ibid.*

[287] *Ibid.*, pp. 337-338

[288] *Idem.*

[289] *Ibid.*, p. 338.

[290] Mancisidor (1944), p. 139.

[291] De la Fuente, *op. cit.*, p. 339.

aquel 24 de febrero que Allende llegó a Saltillo, Elizondo fue inmediatamente a ponerse a sus órdenes y volvió a solicitar el empleo de teniente general, previamente negado por Jiménez... Allende también negaría dicho ascenso. Saturado de rencor, Elizondo regresaría a Monterrey.[292]

El obispo Marín no dejaría todo en manos de Benigno Vela. Don Eleuterio González, en su historia de Nuevo León, nos cuenta de una plática que tuvo con el hermano de Elizondo, de nombre José María, a quien preguntó el año de 1839 respecto de la traición:

> Y me respondió: «El obispo salió de Monterrey desde que se ganó la batalla de Agua Nueva, con ánimo de embarcarse, pero no llegó ni a Refugio (hoy Matamoros), sino que de por allí como de Camargo se volvió y andaba por los pueblos del norte. El día que mi hermano vino resentido de los Generales, porque no habían atendido su mérito, el obispo, que estaba cerca de Salinas, vino y pasó la noche en la casa de mi hermano Ignacio. Yo no sé lo que hablarían ni vi a mi hermano al día siguiente, porque al amanecer, el obispo se fue al rancho de donde había venido y mi hermano para Monclava».[293]

El obispo por fin atrajo a Elizondo a su contrarrevolución: en esa entrevista que tuvieron el obispo y el traidor se decidió el futuro de los primeros caudillos insurgentes: al menos un libro de texto, *La evolución de México*, rescata estos sucesos para la enseñanza de nuestra juventud, siquiera brevemente, al afirmar que «Pocos días después de ser rechazado su ascenso por Allende, Elizondo conferenció con el obispo de Linares, quien, aprovechando esta situación, lo indujo a volver a las filas realistas y apoderarse de los caudillos insurgentes».[294]

Pero sigamos. En Monclova, a donde se dirigió Elizondo después de ver al obispo Marín de Porras, gobernaba para la insurgencia el señor Aranda, nombrado por el insurgente Jiménez. Elizondo llegó al anochecer del 17 de marzo y estuvo oculto en la casa de Benigno Vela hasta las nueve de la noche, hora en que salió de incógnito para

[292] *Ibid.*, p. 340.

[293] *Ibid.* La entrevista también se ratifica, entre otros historiadores, por Bulnes, véase *La Guerra de Independencia*, p. 178, del general de brigada Juan Gualberto Amaya.

[294] Ángel Miranda Basurto, *La evolución de México,* Ed. Porrúa, México, p. 26.

disponer a su gente y dar un importante golpe durante un baile organizado por el gobernador:

> Aranda (el gobernador) no bailaba: desde el principio de la fiesta estuvo sentado en uno de los ángulos de la cabecera de la sala, junto a una rinconera; a su lado estaban el dueño de la casa y su esposa, cuando no estaban bailando; serían como las once de la noche y acababan de sentarse las parejas que habían bailado una pieza, cuando entró precipitadamente Elizondo y se dirigió a donde estaba el gobernador...[295]

Elizondo se acercó al gobernador y le informó que no habría novedad si se daba por preso, después le puso una pistola en el pecho. Elizondo logró que Aranda firmase una carta que decía: «que toda la Villa esperaba con gran entusiasmo para recibir a los caudillos insurgentes, a los que se les preparaban grandes fiestas: que él, por su parte, había dispuesto que Elizondo con parte de las fuerzas que guarnecían la plaza saliera a situarse en Baján, para que les hiciera los honores correspondientes».[296] La carta fue entregada a los insurgentes para fomentar su credulidad.

Así pues, en menos de tres horas, sin ninguna alarma y sin disparar un tiro, los conjurados se habían adueñado de Monclova. Elizondo, presuroso, preparaba el nuevo gobierno contrarrevolucionario, mientras el virrey nombraba a aquel que podría ocupar el cargo.

> A las tres de la mañana del 18 de marzo de 1811, reunidos en la sacristía antigua de la parroquia de Monclava, se llevó a cabo una reunión: convocados personalmente por los padres Manuel Camacho y Juan José Borrego, se reunieron en la sacristía de la propia parroquia una gran junta de personas notables, los más europeos, y todos los conjurados, con objeto de formar una junta de gobierno.[297]

Gracias a esto fue que se peinaron los alrededores, «buscando insurgentes que pudieran haber eludido la captura de la noche anterior, así

[295] De la Fuente, *op. cit.*, p. 345.

[296] *Ibid.*, pp. 345-346.

[297] Regino F. Ramón, *Historia general de Coahuila*, vol. 3.

los monclovenses tuvieron éxito en evitar que las noticias del golpe dado por Elizondo llegaran a los que venían de Saltillo». A esta reunión siguió otra junta en la casa del cura José María Galindo Sánchez Navarro frente a la plaza de la villa.[298] La connivencia de la iglesia no puede negarse. Ella tramó la traición y la ejecutó a la perfección.

Hacia el 21, el ejército insurgente esperaba una bienvenida. La sed era un tormento. Se marchaba en total desorden y el ejército se encontraba en la retaguardia, mientras Elizondo esperaba en Baján con una fuerza de 342 hombres estratégicamente colocados frente a unas lomas, creando una especie de callejón por el cual los insurgentes serían capturados uno a uno con la mayor facilidad, de la manera que ya todos conocemos. Se les ofreció agua y confianza: primero Aldama, que encabezaba la caravana, luego Allende, con quien Elizondo intercambia disparos, resultando muerto Indalecio Allende, hijo del prócer; y finalmente Hidalgo, que venía a la retaguardia montando un caballo, casi completamente abandonado. Les esperaban el ultraje, la muerte, la mutilación y la gloria eterna por su sacrificio.

Es claro, pues, que fueron varios los conjurados que tomaron parte, pero podemos decir que «El principal de estos individuos fue, sin duda alguna, el Illmo. señor Obispo de Linares don Primo Feliciano Marín de Porras [...] a sus instigaciones y activos trabajos se debió la contrarrevolución que dio por resultado la prisión y muerte de los primeros caudillos insurgentes».[299]

Al igual que Feliciano Marín, muchos sacerdotes que torcerían una y otra vez el rumbo de México desaparecerán de nuestra historia y de nuestra memoria. ¿Por qué no se habla de ellos?, ¿por qué tantas personas informadas no tienen idea de la existencia de estos personajes?, ¿por qué otorgarles el privilegio de permanecer en las sombras? ¿Qué sucedió con Matías Monteagudo, el verdadero Padre de la Patria?, ¿qué con el padre Miranda, uno de los grandes enemigos de Juárez y de México? ¿Y Francisco Pablo Vázquez Vizcaíno, quien derrocó a Gómez Farías y se alió a las tropas invasoras de los Estados Unidos en 1847? ¿Y Pelagio Antonio de Labastida y Dávalos, el aliado y consejero áulico de Porfirio Díaz para enterrar

[298] Charles Harris III, *El imperio de los Sánchez Navarro, 1765-1867*, Monclova, 1989, pp. 146, 154.

[299] De la Fuente, *op. cit.*, p. 323.

al liberalismo del siglo XIX? ¿Y Francisco Orozco y Jiménez, llevado por Labastida a educar a Roma sólo para regresar convertido en un guerrillero y financiar la rebelión cristera? ¿Y el padre Jiménez, autor intelectual del asesinato de Álvaro Obregón? ¿Y el padre Bergöend, jefe militar de las juventudes fanáticas que combatieron a la Revolución? ¿Y el padre Arenas? ¿Y el padre Cuadros? ¿Y el padre Vega? ¿Y el padre Angulo? ¿Y el padre Pedroza? ¿Y el padre Campomanes? ¿Y el padre Garibi? ¿Quién los conoce? ¿Quién? La historia oficial, con su silencio, es sin duda cómplice de esta ignorancia.

España
Av. Diagonal, 662-664
08034 Barcelona (España)
Tel.: (34) 93 492 80 00
Fax: (34) 93 492 85 65
Mail: info@planetaint.com
www.planeta.es

Paseo Recoletos, 4, 3.ª planta
28001 Madrid (España)
Tel.: (34) 91 423 03 00
Fax: (34) 91 423 03 25
Mail: info@planetaint.com
www.planeta.es

Argentina
Av. Independencia, 1682
1100 C.A.B.A.
Argentina
Tel.: (5411) 4124 91 00
Fax: (5411) 4124 91 90
Mail: info@eplaneta.com.ar
www.editorialplaneta.com.ar

Brasil
Av. Francisco Matarazzo,
1500, 3.º andar, Conj. 32
Edificio New York
05001-100 São Paulo (Brasil)
Tel.: (5511) 3087 88 88
Fax: (5511) 3087 88 90
Mail: ventas@editoraplaneta.com.br
www.editoraplaneta.com.br

Chile
Av. 11 de septiembre, 2353, piso 16
Torre San Ramón, Providencia
Santiago (Chile)
Tel.: Gerencia (562) 652 29 43
Fax: (562) 652 29 12
www.planeta.cl

Colombia
Calle 73, 7-60, pisos 7 al 11
Bogotá, D.C. (Colombia)
Tel.: (571) 607 99 97
Fax: (571) 607 99 76
Mail: info@planeta.com.co
www.editorialplaneta.com.co

Ecuador
Whymper, N27166,
y Francisco de Orellana
Quito (Ecuador)
Tel.: (5932) 290 89 99
Fax: (5932) 250 72 34
Mail: planeta@acces.net.ec

México
Masarik 111, piso 2.º
Colonia Chapultepec Morales
Delegación Miguel Hidalgo 11560
México, D.F. (México)
Tel.: (52) 55 3000 62 00
Fax: (52) 55 5002 91 54
Mail: info@planeta.com.mx
www.editorialplaneta.com.mx
www.planeta.com.mx

Perú
Av. Santa Cruz, 244
San Isidro, Lima (Perú)
Tel.: (511) 440 98 98
Fax: (511) 422 46 50
Mail: rrosales@eplaneta.com.pe

Portugal
Planeta Manuscrito
Rua do Loreto, 16-1.º Frte.
1200-242 Lisboa (Portugal)
Tel.: (351) 21 370 43061
Fax: (351) 21 370 43061

Uruguay
Cuareim, 1647
11100 Montevideo (Uruguay)
Tel.: (5982) 901 40 26
Fax: (5982) 902 25 50
Mail: info@planeta.com.uy
www.editorialplaneta.com.uy

Venezuela
Final Av. Libertador con calle Alameda,
Edificio Exa, piso 3.º, of. 301
El Rosal Chacao, Caracas (Venezuela)
Tel.: (58212) 952 35 33
Fax: (58212) 953 05 29
Mail: info@planeta.com.ve
www.editorialplaneta.com.ve

Grupo Planeta — Planeta es un sello editorial del Grupo Planeta